中国互联网企业诉讼报告

2006~2016

杨东　许坚／主编

法律出版社
LAW PRESS · CHINA

编 委 会

序　言

随着互联网技术的不断成熟与发展,互联网日益改变人类的生产生活方式,给人类社会发展带来新的机遇与挑战。改革开放30多年来的经济高速发展和国民生活水平的提高,为互联网在中国的应用与发展提供了前所未有的广阔空间,也激发了中国人的互联网创业热情。一批具有前沿意识和创业精神的企业家在全新的互联网领域深耕细作,创造着属于自己的互联网创业奇迹。腾讯、百度、阿里巴巴、京东、360等一批互联网行业领军企业的快速发展改变着中国普通民众的日常生活。不断推出的计算机技术和互联网服务使人们的生活变得更加简单、方便。与此同时,各大互联网公司在保持原有优势业务的同时,积极涉足互联网的新兴业态,构建庞大的多元化业务生态系统,在互联网各个领域攻城略地,从而产生了互联网领域的激烈竞争。

互联网企业之间的公平竞争理应是一种新常态,这样有利于整个互联网行业的健康有序高效发展。然而,现实中互联网也带来了新的社会问题和法律问题:一方面,中小型互联网企业时刻面临着来自大型互联网企业的变相恶性竞争。大型互联网企业具有雄厚的资金实力、强大的技术能力、完善的市场营销网络、完备的综合管理能力等,逐渐在互联网业务领域形成部分垄断,恶意提高进入相关业务领域的竞争门槛,保护自己所谓的合法市场份额和市场利益,从而引发各个互联网公司之间的不正当竞争与反垄断诉讼。另一方面,随着互联网的普遍性、便捷性、快速性,涉及企业和个人的隐私数据保护也迎来了新的挑战,互联网领域不断频发的隐私数据泄露、名誉权与著作权侵权、诋毁商誉等事件,使本不平静的互联网领域的诉讼争议更加激烈。

互联网行业影响力的增加,使互联网行业存在的问题也越来越不容忽视。针对互联网行业典型诉讼的研究,能够在一定程度上预防问题的发生并减少互联网行业存在问题所带来的负面影响。因此,本书主旨在于对当前互联网领域存在的竞争类型、侵权行为等进行梳理,并根据争议类型对当前互联网领域的诉讼进行实证研究,试图为当前互联网领域争议的解决贡献绵薄之力。

本书将中国互联网领域的诉讼分为互联网不正当竞争案件、互联网人格权侵权案件、互联网著作权侵权案件、互联网商标侵权案件、网络反垄断案件五类,并分五个章节分别进行论述。

第二章,互联网企业间的不正当竞争案件。本章将互联网企业间的不正当竞争案件分为"互联网领域内传统不正当竞争"和"互联网新型不正当竞争",并根据人民法院对互联网不正当竞争案件判决的思路和精神,对我国《反不正竞争法》的具体规则进行研究。同时,指出当前网络不正当竞争案件快速增加与反不正当竞争法立法滞后之间的矛盾凸显,建议完善《反不正当竞争法》的"一般条款"、明确不正当竞争行为的监督主体、加大对网络不正当竞争行为的处罚力度等,从而增强《反不正竞争法》的可操作性。

第三章、第四章,互联网领域存在的人格权侵权以及著作权侵权案件。本章主要分析了当前互联网领域存在的名誉权、隐私权侵权诉讼情况,指出了当前互联网竞争态势下,个人与公司相关名誉与隐私数据所面临的窘境。针对我国隐私权保护立法的缺失,建议借鉴美国、英国、欧盟等国家和地区成熟的隐私保护立法模式,积极完善我国的隐私保护立法。针对网络著作权侵权纠纷,通过对典型案例司法裁判的研究,指出当前网络著作权保护存在的问题,提出了著作权法需要更加细化的解释以及引入"技术中立"原则等建议。

第五章,互联网商标侵权案件。本章主要针对互联网环境下商标侵权的现状进行调查、总结、归纳和分析,明确网络环境下商标侵权的概念、特点。将网络商标侵权法律规制困境的症结主要分为"侵权主体的判定存在困难""混淆可能性的判断因素不确定"两大原因,并从宏观和微观两个角度对网络环境下的商标侵权行为进行了细化分类。针对网络环境下的商标侵权纠纷,通过对典型商标权侵权案例及司法裁判的研究,指出当前网络商标保护存在的问题和应由之路，提出完善网络环境下商标权保护法律规定的具体建议，倡导在完善行政保护的同时，提高企业商标保护意识，充分发挥行业协会的作用。

第六章，互联网领域的反垄断案件。本章关注针对滥用市场支配地位行为的反垄断诉讼。我国反垄断法对滥用市场支配地位的行为作出了禁止性规定，针对这方面的法律问题主要为：界定相关市场；评估市场支配地位；认定滥用市场支配地位的行为。在我国互联网领域，唐山人人、百度、腾讯、360、上海盛大等著名互联网公司已经涉及一些典型的反垄断案件，本部分通过对这些反垄断案件进行比较研究，指出了当前互联网领域反垄断纠纷的特征以及趋势，并对我国的反垄断法实施情况进行总结，为反垄断立法的完善提出建议。

质言之，在市场经济条件下，自由竞争是本质、核心、灵魂。互联网企业间发生诉讼，可谓“社会和谐体”出了病痛，想要预防和治疗病状，可从两方面入手。一方面，互联网企业应承担社会责任，而“守法责任”是互联网企业最低限度的社会责任；另一方面，既然“守法责任”是最低限度的责任，那么应在网络背景下完善相关的法律法规。我们相信，只要企业和社会各界的齐心协力，再加上立法的完善和法治的进步，互联网时代不应也不会是“最坏的时代”，而应是最好、最有活力的时代，我们有责任使之成为最好的时代。

杨东　许坚

2017 年 12 月 15 日

目录

第一章
中国互联网企业诉讼总体概况

一、互联网快速发展利弊互现

随着互联网越来越普及，全球互联网用户数量成倍增长，不断推出的计算机技术和互联网服务使人们的生活变得更加简单、方便。人们可以通过文本、音频、视频等方式进行更快的交流，很多时候，在 WIFI 覆盖的地方，人们就能通过手机实现与互联网的高速互联。同时，网络也给全球市场带来了显著变化，买卖双方都处于这场巨大的变革之中。互联网为人们提供了全球范围内的交易平台和丰富的资源，使大众可以享受来自不同地区和国家的商品和信息服务。然而，互联网也带来了新的社会问题和法律问题。其中，互联网企业之间发生的诉讼案件值得关注。

互联网行业影响力的增加，使互联网行业存在的问题也越来越不容忽视。互联网行业存在的问题，引发了企业或个人相关诉讼事件的产生，也推动了学术界对互联网行业发展过程中出现问题的思考，进而有利于促进相关法律法规的完善。目前，有学者从诉讼的角度对互联网行业的法律法规进行研究，研究的内容包括互联网侵权纠纷的诉讼管辖、互联网民事诉讼程序、互联网民事诉讼管辖权制度、侵犯版权的第三方责任制度等。这些研究在一定程度上能够预防问题的发生并减少互联网行业快速发展所带来的负面影响。

二、法律类型化的互联网企业诉讼

本书将中国互联网企业的诉讼案件在法律层面上分为以下四类：网络

不正当竞争案件、网络人格权侵权案件、著作权与网络信息传播权侵权案件（网络知识产权案件）、网络反垄断案件。具体综述如下：

（一）网络不正当竞争案件

网络不正当竞争案件中所涉及的行为，也可称为“网络不正当竞争行为”，网络不正当竞争行为既表现为现实社会中传统不正当竞争行为在网络环境中的延伸，也表现为互联网领域特有的不正当竞争行为，并具有隐蔽性、广泛性、不确定性、危害严重性等特点。通过列举的方式，我国《反不正当竞争法》第二章明确禁止了诸如商业诋毁、侵犯商业秘密、虚假宣传等几种主要存在于传统市场中的不正当竞争行为。而在互联网领域，网络不正当竞争行为主要存在两种表现形式：一种是网络传统不正当竞争行为；另一种是网络新型不正当竞争行为。

（二）网络人格权侵权案件

网络人格权侵权是互联网侵权诉讼中的一个重要部分。人格权是指民事主体基于其法律人格而享有的、以人格利益为客体、为维护其独立人格所必需的权利。它通常分为一般人格权和具体人格权。在互联网企业诉讼中，涉及网络人格权侵权的案例主要集中在名誉权、隐私权、肖像权和姓名权四大方面。

1. 名誉权

在诉讼中，关于名誉权争议的焦点主要有如下几个：(1)网络服务提供商究竟应当对网络名誉侵权承担严格责任还是过错责任；(2)用户个人资料和信息的保护问题；(3)关于网络侵权内容的证据保全和认定；(4)关于侵权责任的承担方式及精神损害赔偿数额的确定；(5)网络服务提供者是否应当承担事前审查义务。

2. 隐私权

在现代社会中，权利与权利的冲突是一种较为普遍的现象。隐私权和知情权、网络言论自由便是一对相互冲突的权利。但是在不同的条件下保护的侧重点有所不同，平衡与协调网络个人隐私权与知情权、网络言论自由的冲突应做到：(1)坚持利益衡量原则；(2)完善相关法律制度；(3)借助科技发展,保护网络环境下的个人隐私。

3. 肖像权、姓名权

从案例反映的情况来看,与过去传统侵权相区别,最能体现互联网特点的,主要体现在注意义务与责任承担上。在互联网高速与海量信息化时代,信息更新快捷、高效。通常各大门户网站,为争取第一时间提供信息,而会对同一信息相互转载发布。此外,一些小型网站或其他类型的 IT 公司,也希望借助门户网站的实力,及时进行相关的宣传。这时,对于不属于其一手信息中的肖像、姓名权的审核义务,以及在侵权行为发生后管理责任的认定,则成为网络姓名权、肖像权侵权诉讼的特征。

(三)网络著作权侵权案件

自人类社会进入信息时代以来,在网络社会环境下产生的网络著作权,在与传统著作权拥有诸多相似之处的同时,也有着自身独特的权利内涵。不难看出,在网络著作权制度中出现的网络服务提供者,在当今社会无疑是指大量的互联网企业。一个新主体的加入势必会使法律出现新的制度设计。这既是一个相关法律制度不断完善的过程,也是新的纠纷争端不断产生的过程。

从审判实践来看,网络著作权案件具有以下较为突出的特点:(1)侵权手段复杂多样。在手法上,从对作品进行数字化复制以及将数字化后的作品上传至服务器等直接侵权行为,发展为提供链接、搜索和信息存储空间服务等多种方式的间接侵权行为。(2)关联案件数量众多。不少案件是同一个权利人分别起诉不同的被告侵权,系列案件、串案较多。被诉侵权的对象有时涉及整个行业,如 KTV 和网吧被大规模起诉侵权。(3)新型案件层出不穷。这主要表现为在网络技术迅猛发展下,新的网络功能和新的网络经营模式不断推出,司法审判所面临的新情况、新问题不断涌现,司法审判面临持续挑战。

(四)网络商标侵权案件

随着网络经济的发展,更多企业将业务从线下发展到线上,网络环境下商标侵权现象急剧增加,如域名抢注侵犯商标权、网络广告和网络链接中的商标侵权等。网络上的商标使用相对于传统意义商标使用而言,不过是传统商标使用在网络领域的延伸,由此网络商标侵权亦是传统商标侵权在网络领域的发展,其改变的只是形式和手段,但在法律适用上应遵循相同的条款。但二者显著不同之处在于网络商标侵权对象的无形性、侵权地的不确定性、侵权证据的隐匿性。这些不仅使网络商标侵权的手段、方式等发生了变化,发生的频率有所增加,而且使网络商标侵权的主体和对商标侵权案件的管辖权难以确定。

受立案登记制及我国推进互联网+战略的影响,涉及网络商标侵权案件数量明显增长。网络商标侵权案件所涉及的领域,不仅包括日常生活中的购物、娱乐、旅游、美食等领域,亦开始涉及理财、融资、信贷等金融领域。2015年以来,各地人民法院受理了多起涉及网络游戏仿冒、侵犯注册商标专用权及不正当竞争的案件,预测游戏产业可能成为侵权案件的重灾区。

在大众创业、万众创新的背景下,每个市场主体都应认识到商标侵权的法律风险,如何在现有网络环境下树立商标品牌、防止商标侵权、减少商标纠纷,将是正确对待网络商标权侵权案件的关键。

(五)网络反垄断案件

我国反垄断法中规定的垄断行为的主要种类为:经营者达成垄断协议;经营者滥用市场支配地位;具有或者可能具有排除、限制竞争效果的经营者集中;滥用行政权力,排除、限制竞争。其中,反垄断法的第二大支柱是禁止滥用市场支配地位行为,这也是互联网反垄断的核心。因为世界各国一般都鼓励企业的创新和发明,很多国家还制定了专门的法律制度如专利法、著作权法等保护知识产权,反垄断法不会谴责企业因其自身经济效益或者知识产权而取得的市场支配地位。然而,由于占市场支配地位的企业只是有限度地受到了竞争的制约,或者根本不受竞争制约,它们就可能滥用其市场势力,排除、限制竞争,损害消费者的利益。因此,我国《反垄断法》第三章对滥用市场支配地位的行为作出禁止性规定。这方面的法律问题主要体现在以下三个方面:(1)界定相关市场;(2)认定市场支配地位;(3)认定滥用市场支配地位的行为。

因此,互联网一方面为企业提供了一个广阔的新市场;另一方面在这个虚拟的市场中，市场主体的竞争激烈程度比真实市场环境下有过之而无不及。作为市场经济的一种形式，竞争永远具有双重性，既包括正当竞争，也包括不正当竞争。本书主要针对互联网企业间的诉讼案件进行法律上的类型化研究，将已有的如垃圾邮件、恶意软件、黑客攻击、网络钓鱼、拒绝服务攻击、点击欺诈、侵犯隐私、诽谤、诈骗、侵犯数字财产等个案进行法律关系上的归类整理，从而更有利于从法律层面对相关问题进行剖析、梳理和总结。

第二章
互联网企业间不正当竞争

一、互联网企业不正当竞争概述

（一）网络不正当竞争的内涵

目前，国内有学者从两方面概括网络不正当竞争的内涵与本质：其一，认为网络不正当竞争与传统不正当竞争本质相同，但网络服务商的介入、网络体系的高技术含量使得网络不正当竞争行为的责任认定在某些情况下显得更为复杂，因此法律适用上只能根据《反不正当竞争法》的一般条款随机应变；其二，网络不正当竞争没有改变不正当竞争行为的性质，所以对网络不正当竞争行为的认定不能脱离《反不正当竞争法》所确定的基本框架。

上述观点，在法律适用上未免过于主观且过于保守。而对于网络不正当竞争，最根本的内涵是侵犯其他网络经营者、消费者和公众的利益，扰乱网络市场秩序和社会经济秩序。因此，可将网络不正当竞争定义为：在网络市场竞争中，违背诚实信用原则，采用网络技术手段和方式获取网络用户资源，谋取非法经济利益，损害其他网络经营者及消费者和公众利益，扰乱社会经济秩序的行为。

（二）互联网行业竞争乱象反映的问题

随着互联网企业的兴起及壮大，彼此在日趋激烈的竞争中竞相争夺商机，互联网亦成了硝烟弥漫的战场，“3Q 大战”“3B 大战”“3S 大战”①等互联

---

① 奇虎公司与腾讯公司不正当竞争及垄断纠纷案被俗称为“3Q 大战”；奇虎公司与百度公司不正当竞争纠纷案被俗称为“3B 大战”；奇虎公司与搜狐公司不正当竞争纠纷案被俗称为“3S 大战”。

网企业之间的不正当竞争纠纷频频曝光于各种媒体，屡屡成为社会关注焦点。与此同时，人民法院受理的涉及互联网企业的不正当竞争诉讼逐年攀升，诉讼标的额亦屡创新高，涉及的法律问题从诚实信用原则的适用到互联网环境下商业诋毁的构成，从投机取巧和“搭便车”到引人误解的虚假宣传，几乎涵盖传统环境下的主要不正当竞争纠纷的类型，新的不正当竞争行为也逐渐呈现出来。

互联网一方面为企业提供了一个广阔的新市场；另一方面在这个虚拟的市场中，市场主体的竞争激烈程度比真实市场环境下有过之而无不及。作为市场经济的一种形式，竞争永远具有双重性，既包括正当竞争，也包括不正当竞争。网络环境中存在大量新型的不正当竞争行为，任其发展下去势必危及网络交易的安全，最终将制约电子商务的发展。

中国网络不正当竞争的乱象可以印证以下问题：

第一，中国网络企业不够成熟，尚处于低层次的消灭式竞争阶段。成熟的网络市场常采用差异式竞争、合作式竞争、合作共赢等方式。比如，美国微软公司和苹果公司两家行业巨头之间的竞争并没有出现两败俱伤的恶性缠斗，而他们的暗中较量又促进了技术的创新和产品换代。全球的消费者都是这种差异式竞争的受益人。中国的互联网企业虽然已经足够强大，但经营理念还处在你死我活的消灭式竞争层次。网络市场成熟竞争主体的培育，还需要很长的路要走。

第二，企业社会责任意识淡薄，缺乏对法律的敬畏。网络技术发展日新月异，立法的滞后是难免的。网络服务企业在发展技术和建立新的经营模式的同时，应秉承诚信经营的理念，恪守公认的商业道德，自觉关注自己的行为是否对其他竞争对手构成利益损害。在追求经济利益的同时承担社会责任，营造健康的互联网环境。

第三，网络不正当竞争手段多样化、低俗化、技术化、隐蔽化。网络竞争手段从模仿、复制转向挟持用户、拒绝兼容、流量劫持、软件攻击、拦截屏蔽、恶意测评、商业诋毁、营造社会舆论等方式演变。这些新的手段不断挑战现有的法律规定，不断摒弃人格操守、刺穿基本的商业道德底线。通过网络媒体和网络水军散布虚假消息、营造网络舆论、肆意攻击竞争对手逐渐成为一种趋势，使竞争问题社会化。

第四,同质化竞争严重。我国网络市场自主创新能力欠缺,市场竞争同质化严重,可以颠覆市场格局的替代性竞争薄弱,模仿与复制层出不穷。网络不正当竞争多发生在同质业务主体间,如开心网和千橡网、360 与金山、360 与百度。基于商业模式模仿的同质化竞争,弱肉强食的丛林法则成了当前我国网络市场竞争的主导法则,扰乱了我国互联网市场的基本秩序,加剧了网络市场竞争的激烈程度。

第五,法律诉讼很容易沦为互联网企业攻击对手的造势手段。很多网络不正当竞争案件的一个特点是,网络不正当竞争最终会转化为社会问题,借助网络炒作,最后再诉诸法律。在这里,法律仲裁的结果倒不重要,反而使诉讼变成了双方的造势手段。网络炒作很容易形成偏向于一方的舆论氛围,决策者会被民众的这种情绪和态度挟持。我国互联网竞争的乱象一方面是网络市场发展阶段的特定产物;另一方面也反映了我国互联网市场监管乏力、常态化监管机制不完善、对新型不正当竞争行为的立法滞后、执法依据和手段不足、司法诉讼流程过长难以有效制止等现实困境。

(三)网络不正当竞争行为的新特点、新形式

随着信息时代的到来,互联网发展势头迅猛,具有决策参与、提供娱乐、文化传承和教育等功能的网络,被誉为“第四媒体”。虚拟的网络社会经济潜力巨大,面对利益之争,不正当竞争也会频繁出现。同时还可能对其他经营者造成直接或间接的损失。网络不正当竞争行为既是现实社会中传统不正当竞争行为在网络环境中的延伸,又具有以下特点:第一,网络的高科技性造成网络不正当竞争行为具有隐蔽性,不易被发现;第二,网络覆盖的全球性造成网络不正当竞争行为发生地点跨度大、范围广;第三,网络空间的虚拟性造成网络不正当竞争行为由实际地理空间转移至虚拟社会空间,造成网络不正当竞争行为的不确定性;第四,网络的便捷性、行为的低成本性造成了危害结果广泛蔓延。由此可见,就网络不正当竞争行为其本质而言,仍然是不正当竞争行为,网络是不正当竞争行为发生所依附的媒介,网络不正当竞争行为理应受到我国《反不正当竞争法》的规制。

通过列举的方式,我国《反不正当竞争法》第二章明确禁止了诸如商业诋毁、侵犯商业秘密、虚假宣传等几种主要存在于传统市场中的不正当竞争

行为,但是就网络领域的不正当竞争行为而言,主要存在两种表现形式:

一种是网络传统不正当竞争行为,此类行为并不涉及网络高科技技术,仅是传统市场中的不正当竞争行为空间转移至网络经济市场。常见的表现形式主要有:(1)网络虚假广告宣传行为,即通过网络渠道制作并发布虚假的、引人误解的广告行为;(2)利用论坛、网络排名、博客或微博等网络特有渠道捏造、散布事实的商业诋毁行为;(3)通过网络渠道销售仿冒的知名商品、假冒他人注册商标的商品、冒用他人企业名称的商品及虚假表示的商品等。通常这一类行为认定比较容易,因为其只是不正当竞争行为的空间转移。

另一种是网络新型不正当竞争行为,此类行为主要是运用网络高科技手段,以网络为特有环境。常见的网络不正当竞争行为主要涉及搜索引擎、浏览器竞争、关键词竞价排名、恶意软件冲突、网络域名抢注、仿冒域名、网站名称混淆等类型。但是,由于网络的虚拟性、高技术性、开放性、跨国性、高速发展性,使得网络不正当竞争的形式和特点也不断翻新。

(四)互联网企业不正当竞争案件的新趋势

2014 年 6 月 18 日北京市第一中级人民法院针对“涉互联网不正当竞争案件”发布十大典型案例,互联网巨头百度、腾讯、360 等均涉其中。典型案例主要涉及域名抢注、搜索引擎排名、商业诋毁、恶意插标等企业竞争行为。

北京第一中级人民法院知识产权审判一庭庭长崔学锋介绍说,通过第一中级人民法院的审理,发现互联网不正当竞争纠纷存在以下四方面突出问题:第一,重复侵权情况较为严重。部分早已被法院判决认定的不正当竞争行为,仍在持续出现;甚至还出现了某些互联网企业重复实施相同不正当竞争行为的情形。第二,从受害者转变为施害者的情况频发。在部分案件中作为原告的互联网企业,随后成为了同类案件的被告,从不正当竞争行为的受害者转变为施害者。第三,互相实施的不正当竞争行为增多。近期,个别互联网企业之间互相实施不正当竞争行为的状况有所增加,此类“以牙还牙”的状况,增加了互联网不正当竞争的混乱程度。第四,不正当竞争行为的新型表现形式不断涌现。随着技术的不断创新,互联网领域迎来了云计算、移动互联网、大数据时代等一系列技术变革,同时互联网企业的经营模式也时刻发生着变化,由此催生了一批新型的不正当竞争行为手段,使互联网领域的不正当竞争行为日趋多样化。

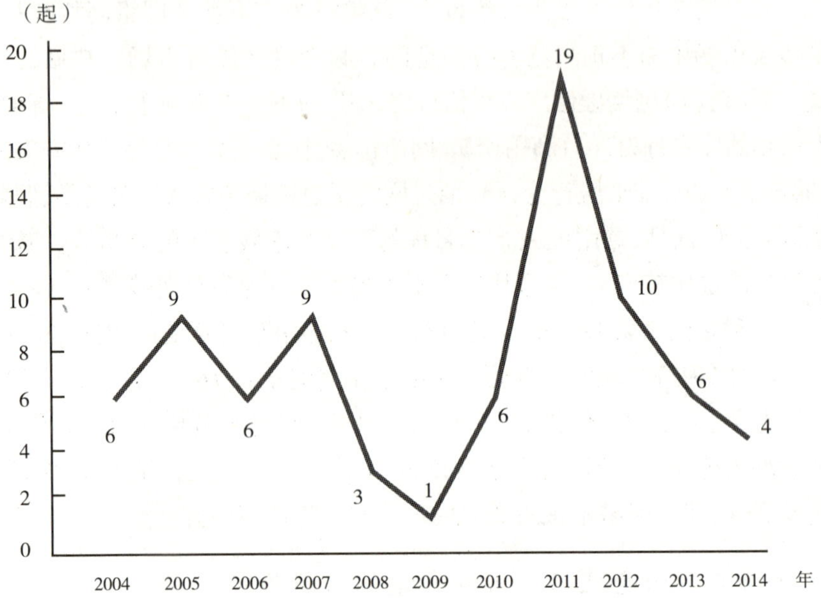

图1 互联网行业不正当竞争案件数量年份分布

图片来源:腾讯新闻。

(五)我国目前网络竞争立法及研究现状

在我国法律制度发展的历史上,《反不正当竞争法》还从未像近年这样如此高调地成为社会关注的焦点。始于2010年的“3Q”之争,创造了我国反不正当竞争法历史上的多个“之最”,堪称里程碑式的案例。诉讼是利益争端解决的一种方式,它为各种利益的对抗和思想的交锋提供了平台,最终形成的裁判文书是对这种博弈过程和结果的情景化记载,具有自身独特的价值。[①] 而裁判文书是知识累积和制度演进的重要组成部分,表达了各利益主体在多元化的法治社会中对法律的思考和实践。通读《反不正当竞争法》的33个条款,没有关于网络的只字片语。由于我国的《反不正当竞争法》颁布时间较早,且此后20多年一直未曾修改,有些规定显得呆板陈旧,所以,用它

① 谢晓尧著:《在经验与制度之间:不正当竞争司法案例类型化研究》,法律出版社2010年版,第2页。

来规范网络市场行为显得力不从心。

关于规范网络市场竞争行为的相关立法,除了《反不正当竞争法》之外,大多是一些行政法规和部门规章。例如,1997 年国务院信息化领导小组颁布的《中国互联网络域名注册暂行管理办法》、2000 年国务院颁布的《中华人民共和国电信条例》、2000 年 9 月 25 日国务院第 31 次常务会议通过并公布施行的《互联网信息服务管理办法》、2004 年 9 月中国电子商务协会政策法律委员会发布的《网络交易平台服务规范》和商务部于 2007 年 3 月发布的《关于网上交易的指导意见(暂行)》。此外,还有一些最高人民法院、最高人民检察院针对网络问题作出的一系列司法解释,也对规范网络市场竞争行为起到引导作用。上述法规虽然具体,但是对网络不正当竞争行为的规制尚属空缺。这就要求我们对于网络市场竞争规制投入更多精力,要求立法者在修订《反不正当竞争法》时要特别注意将网络市场上的竞争行为考虑其中。

我国现行网络经济中反不正当竞争法律规制存在的不足:

1. 反不正当竞争法关于一般条款的不足之处

"一般条款"是对反不正当竞争行为的一种定义性说明,其中包括了对不正当竞争行为的特征和基本内涵的描述。通过一般条款可以扩大不正当竞争行为的适用范围,将很多游离于竞争法规制之外的不正当竞争行为,特别是网络经济中的不正当竞争行为囊括其中。可以有效地弥补我国现行《反不正当竞争法》在规制 11 种不正当竞争行为时的局限。所以有必要在这部法律中进一步增加一般条款。利用一般条款的原则性规定,拓宽违背公正、公平和诚实信用、商业道德的各种不正当竞争行为,尤其是受互联网影响而变异的网络不正当竞争行为。

2. 网络经济中《反不正当竞争法》适用主体及适用范围过窄

《反不正当竞争法》只适用于经营者的行为,即从事商品经营和营利性服务的法人、其他经济组织和个人。对经营者的界定,在网络经济中其范围不宜过窄,宜从行为角度而不是主体角度进行判断,这是与网络大众化带来的利益普遍化相关联的。网上从事经营行为的主体许多并无法定经营资格,其不正当竞争行为对其他经营者和社会经济秩序所造成的危害后果往往更严重。因此,在司法实践中凡是在网上从事营利性活动的法人、其他组织和个人都可以被认定为经营者,其利用网络从事的不正当竞争活动都应受到法律的规制。

传统的反不正当竞争法只在一国范围内具有效力,至于互联网上反不正当竞争法的适用范围,一般认为,至少在两种情况下行政机关和法院有管辖权:一是网站和网络服务提供商的注册登记所在地;二是实施侵权行为或原告发现侵权内容的网络服务器和计算机终端设备所在地。但由于网络缩小了地理距离,可能出现在国外设立网站或注册域名而向国内提供服务的现象,以逃避国内反不正当竞争法的规制。或者利用各国网络技术发展的非同步性,在国外的网站上主要针对外国经营者实施不正当竞争行为。这两方面都是今后《反不正当竞争法》立法与执法需要切实解决的问题。

国内学者近年来陆续推出一些与网络不正当竞争有关的法律研究专著。比较系统的专著有:薛红的《网络时代的知识产权法》《知识产权与电子商务》;张新宝的《互联网上的侵权问题研究》;李扬的《网络知识产权法》;郭懿美的《电子商务法经典案例研究》《电子商务法律与实务》;杨柏勇主编的《网络知识产权案件审判实务》等。不难看出,网络不正当竞争行为对知识产权的侵害是这些专著关注的重点。反不正当竞争法在经济法中具有举足轻重的作用,被欧美国家奉为"经济宪章"。这个"宪章"在国内并不是无人涉足的领域,但目前的研究显然还不够深入与全面,更鲜见从网络不正当竞争角度切入的有深度的研究和论述。

本部分主要对网络领域的有关不正当竞争诉讼真实案例进行研读,从案情简介、法院判决、理论评析三个方面向读者完整而详细地阐述中国互联网企业的不正当竞争诉讼。在分析案件事实、法律适用、理论探讨的基础上提出针对互联网企业不正当竞争行为的法律规制措施和立法建议,以期为网络经济中公平、公正、健康、高效的市场竞争秩序的建立和维护提供相应的法律思考和建议。本部分也是在对互联网不正当竞争行为归类的基础上进行案例选择与分析的,详细分类请见下文的具体阐述。众所周知,市场经济的发展,市场调节是基础,健全的法律是保障,我国的《反不正当竞争法》就是这样一部针对市场竞争行为进行规范的法律,面对日益激烈的市场竞争和变化莫测的不正当竞争手段,期待立法者加快完善法律的步伐,使法律真正为我国的经济快速发展保驾护航。

二、不正当竞争的类型

随着互联网产业的快速发展，互联网已成为商家激烈竞争的领域，新型互联网不正当竞争案件越来越成为社会关注的焦点。笔者对近10来年的互联网不正当竞争案件进行搜查整理，尝试通过分析案件数据来总结互联网不正当竞争案件类型及特征，旨在为新型互联网不正当竞争行为研究提供借鉴。

（一）互联网领域内传统不正当竞争

传统不正当竞争行为在互联网环境下的延伸，主要是指发生在互联网领域的属于《反不正当竞争法》第二章明确规定的具体不正当竞争行为，它较为全面地涵盖了非电子商务环境下的市场不正当竞争行为，包括采取假冒或混淆等不正当手段从事市场交易的行为、商业贿赂行为、引人误解的虚假宣传行为、侵犯商业秘密的行为、不正当有奖销售行为、损害他人商业信誉或商品声誉行为、公用企业或具有独占地位的经营者强制交易行为、滥用行政权力限制竞争行为、以排挤竞争对手为目的、以低于成本的价格销售商品的行为、搭售和附加不合理交易条件行为、串通投标招标行为等。

在互联网领域较为突出的为以下两种具体行为：

1. 涉及互联网的商业诋毁纠纷，主要是指将网络作为发布诋毁内容的途径的案件，如慧聪汽车网等网站上发布不实文章引发的纠纷；还包括互联网企业间的口水战引发的商业诋毁纠纷，如奇虎公司与金山公司互诉的商业诋毁案、奇虎起诉瑞星商业诋毁案。

2. 利用互联网平台实施的虚假宣传纠纷，即将互联网作为发布虚假宣传信息平台的案件。例如，大众点评网诉爱帮网有关“最大”“最全”的宣传用语构成虚假宣传；阿德利亚迈实公司在其经营的网站中宣称他人产品系自己开发构成虚假宣传，以及在淘宝网店页面上发布虚假信息等案件。

基于网络传播迅速的特点，涉及互联网的商业诋毁案件及虚假宣传案件与传统领域的同类案件相比，其影响范围更广泛，需要在损害赔偿计算问题上着重考虑互联网的特殊性。

（二）互联网新型不正当竞争

然而，技术的深化也带来了企业竞争行为的根本变化。竞争手段越来越具有隐蔽性和高技术性，很难笼统地将其归类于传统不正当竞争行为。也就是说，这类行为无论从行为方式还是本质属性，都无法直接对应于传统不正当竞争行为，本书统一称之为“互联网新型不正当竞争行为”，由于该类行为无法归入传统不正当竞争行为中，不能直接适用《反不正当竞争法》第二章中规定的不正当竞争行为的认定标准，因此，当前司法实践中只能运用《反不正当竞争法》的基础理论及原则性条款，即《反不正当竞争法》第 2 条进行认定。

互联网新型不正当竞争行为主要涉及搜索引擎、安全软件和普通软件、浏览器利用技术（如 robot 协议、垂直搜索引擎等）等互联网服务。

1. 搜索引擎竞价排名

与搜索引擎相关的不正当竞争行为中，又涉及竞价排名等多种行为。

互联网作为普遍使用的宣传推广平台离不开搜索引擎，搜索引擎对搜索结果的展示，除了按关键词要素进行匹配显示自然排名外，重要的规则就是竞价排名，即企业通过出价购买关键词提升自己网站的排名。在此过程中，一些企业为了提高网站曝光率，购买竞争对手的商标、字号等标识作为关键词，使用户输入该关键词时，排在搜索结果前列的却是自己的网站链接。这是法院审理的涉及互联网不正当竞争案件中数量最多的案件，所涉及的关键词涉及了“婷美”防辐射服、“指南针”炒股软件、“9588”机票预订服务等各个领域。同时，此类案件的被告大多为开展竞价排名服务的搜索引擎服务商。虽然对于此类恶意设置关键词的纠纷，应当作为商标侵权行为还是不正当竞争行为，仍然是司法实践尚未达成共识的问题，但法院在此类案件的审理过程中进行了探索，即由直接设置恶意关键词的主体承担不正当竞争的法律后果，而提供竞价排名服务的搜索引擎服务商在没有明知、应知的情况下，不承担连带责任。

在关于竞价排名引发的不正当竞争纠纷中，法院的现行做法是结合审判经验，看搜索服务提供者是否履行了提醒告知义务，从而判断其是否构成帮助侵权者进行侵权的行为；对于通过搜索引擎直接实施的其他行为，由于没有具体认定标准作为参考，法院多结合《反不正当竞争法》第 2 条的原则性规定，从主观上是否违背诚实信用原则及公认的行业道德、行业惯例，客观上是否造成实际损害为标准，直接对行为主体进行考量。

2. 恶意软件冲突

在涉及软件的不正当竞争案件中，软件之间的干扰和冲突较为普遍，具体表现为冲突提示和安装失败、强制卸载、死机故障等影响用户电脑性能的情形。

软件冲突或者不兼容，是用户运行计算机程序时产生的正常现象，特别是安全软件的安装使用。在计算机运行过程中，在后安装软件无法与在先安装软件共存通常是多种原因导致的。尤其是安全服务，安全软件不对其他厂商生产的安全软件承担兼容义务是安全软件行业的惯例。根据软件运行原理，软件之间的正常冲突应当表现为，在后安装的软件并不妨碍在先安装软件的存在，用户对于两软件的安装与否享有选择权。但是，如果在后安装的软件改变了用户计算机系统对于在先安装软件的识别，导致两软件在此之后产生不兼容，用户只能选择使用在后安装的软件，这种冲突现象事实上剥夺了用户对于软件使用的选择权，同时干扰了在先安装的软件，使其丧失了接受用户平等选择的交易机会。

事实上，恶意软件冲突已得到行业重视，在恶意软件冲突的行业自律方面，《互联网终端软件服务行业自律公约》第 17 条规定："禁止恶意排斥。恶意排斥是指某款终端软件在设计、安装、运行过程中，无正当理由，故意给其他合法终端软件设置障碍，妨碍用户安装或者使用其他合法终端软件"；第 18 条规定："终端软件在安装、运行、升级、卸载等过程中，不应恶意干扰或者破坏其他合法终端软件的正常使用。"

根据现有司法判例，认定软件冲突是否构成恶意软件冲突，关键在于行为人是否以软件冲突为手段达到不正当竞争的目的，具体应从以下几个因素判断：软件不兼容是否具有不可避免性；软件不兼容是否具有针对性以及破坏性；软件不兼容是否违反了行业惯例或行业内的习惯做法；软件的开发者是否对软件不兼容进行了合理的说明和警示，是否履行了对用户的告知义务。

国内涉及恶意软件冲突的案例有：百度公司诉 3721 公司侵犯著作权及

不正当竞争纠纷案；奇虎公司等诉金山安全软件公司不正当竞争纠纷案。

3. 恶意屏蔽广告

广告屏蔽，即广告过滤，安全软件和浏览器都可以对广告进行屏蔽。屏蔽广告是安全软件的功能之一，目的是保护计算机运行免受恶意广告插件的影响，主要是对含有木马、病毒的广告程序进行主动拦截或通过弹窗向用户进行提示。浏览器屏蔽广告有三种方式：对广告地址的屏蔽，浏览器内置广告屏蔽功能，以及通过第三方插件屏蔽。屏蔽广告是一项中立的技术行为，对其正当与否的评价首先要看被屏蔽广告的性质。屏蔽恶意广告的，屏蔽行为具有正当性，对恶意广告之外的广告进行屏蔽，特别是针对特定主体的广告进行拦截、屏蔽的，涉嫌恶意滋扰。

认定屏蔽广告的法律属性，先要判断广告的性质。目前尚无法律法规就恶意广告做出界定，《互联网终端软件服务行业自律公约》对于恶意广告的表现形态进行了列举，指出“恶意广告包括频繁弹出的对用户造成干扰的广告类信息以及不提供关闭方式的漂浮广告、弹窗广告、视窗广告等”。对于视频广告，应将其作为商业模式的组成部分，从整体上考察该商业模式是否为企业正常营业或者经营成果。接下来应再判断屏蔽行为正当与否。应当承认，广告收入是目前绝大多数互联网企业，特别是视频网站运营商的重要收入来源，在互联网免费获取环境之下，依托广告获取商业利益已成为公认的、惯常的商业模式。而一旦广告被屏蔽，运营商的收入来源就会被切断。当互联网广告为恶意广告时，安全软件的服务提供商有权对这类广告进行屏蔽。恶意广告不受法律保护，因此，对其进行屏蔽不构成不正当竞争。但是，当互联网广告不属于恶意广告，或者基于正常商业模式而投放的广告内容遭到屏蔽，则会滋扰网络经营者的经营活动，妨碍其通过正常营业获得经济利益，这种在客观上给经营者造成重大影响的滋扰行为构成不正当竞争。

从现有司法判例看，法院对互联网企业“付费 + 无广告”“免费 + 广告”的经营模式予以认可，若开发浏览器的主体将他人基于正当商业模式投放的广告予以屏蔽，即构成为争夺客户群体和交易机会而实施的不正当竞争行为。

由于恶意屏蔽广告行为引起的不正当竞争诉讼，目前，国内比较典型的有:腾讯公司诉360公司不正当竞争案;优酷诉金山公司不正当竞争案以及百度公司诉360公司不正当竞争案。

4. 设置不合理的Robots协议

Robots协议,即“机器人协议”或“爬虫协议”,该协议的作用是在网络机器人抓取网页时给予其指示,告知可以抓取哪些内容,不该抓取哪些内容。目前,国际上对于Robots协议的普遍看法是,它是规范搜索引擎抓取行为的一种行业惯例,其本身并不具有法律效力,只具备道德约束力和行业自律的效果。Robots协议具体呈现为一个存放在网站根目录下的Robots. txt纯文本文件,该文件中的程序语句是设置者自行编写的。网站为了防止其数据和敏感信息被他人获取,或是为了保护用户信息和个人隐私等正当性目的,当然可以设置Robots协议。但是,如果设置者所编写的Robots协议的具体内容是不合理的,该设置行为就具有了不正当性。按照行业惯例,Robots. txt文件的程序语句应该是针对网络机器人对网站内容的抓取是允许还是禁止,如允许搜索引擎抓取网页、新闻,但不允许抓取图片、文档等。但是,如果该程序语句不针对内容而是针对抓取主体进行限制,如排除某一个搜索引擎的抓取而允许其他搜索引擎抓取,则这种Robots协议就脱离了正当的防御性目的,成为了一种违背行业惯例的限制、排挤其他经营者的竞争手段,可能涉嫌构成不正当竞争行为。

对不合理Robots协议的认定,应当从主客观两方面来进行。从主观方面看,应当考察Robots协议的设置是否违反公认的行业惯例或惯常做法而对搜索引擎采取歧视性的分别对待,即限制抓取行为仅针对某特定的搜索服务经营者。如果符合这种情况,则可推定设置Robots协议的行为在主观上具有限制、排挤经营者的目的。从客观方面看,由于搜索引擎信息搜集覆盖面的广泛程度是衡量其搜索能力的重要指标,而不合理的Robots协议具有主体针对性,设置这种Robots协议必然会对特定主体的正常经营活动造成妨碍。可能导致的后果是,用户通过其他搜索引擎能够搜集到的信息,却无法通过受限制的搜索引擎搜索到,因而导致该搜索引擎的点击率下降,用户流失。

我国Robots协议的纠纷案件最典型的莫过于百度公司与360公司之间的Robots协议之诉。该案中,百度公司认为360公司违反了其设置的

Robots 协议,擅自抓取其明确设置了禁止抓取的百度搜索引擎内容,从而构成了不正当竞争。360 公司辩称,百度公司设置的 Robots 协议存在明显的主体针对性,是为了限制竞争对手而设置的,目的是禁止 360 公司抓取占据互联网内容搜索半壁江山的百度自身搜索内容,该 Robots 协议显然是不合理的,360 公司不予遵守具有合法性和合理性。在该案中,北京市第一中级人民法院和北京市高级人民法院认为,360 公司推出搜索引擎伊始(签署《互联网搜索引擎服务自律公约》之前)未遵守 Robots 协议的行为不当;截至本案审理过程中(签署《互联网搜索引擎服务自律公约》之后),360 公司未遵守 Robots 协议的行为正当。

5. 流量劫持

流量劫持,通常被称为点击量或浏览量,是衡量网站和网页的核心指标。在互联网免费模式下,用户访问量已经成为互联网企业之间角逐的对象。用户的点击量在一个侧面反映了用户对于互联网产品的整体使用状况,是企业衡量自家产品效果的重要指标之一。在竞争行为日益异化的情形下,劫持流量成为了新的竞争手段。流量劫持行为大致有 3 种情形:客户端劫持、DNS 劫持和运营商劫持。劫持行为,是一个含义宽泛的词语,伴随不断出现的互联网竞争行为,劫持流量的行为认定也需要结合具体案例加以考量。从行为本质上而言,其属于不正当地通过技术设置阻止用户访问竞争对手产品,引导用户转向自身经营的产品链接,这种行为依然应当被视为不正当竞争。

总的来说,劫持流量行为可能体现在互联网的多个方面、多个层次。认定某一行为是否属于劫持行为,需要从行为目的、行为属性和行为效果等方面进行考察,而非独立审视。

6. 其他类型

互联网不正当竞争行为除了上述的具体、独立行为外还存在这样一些行为,它们不是独立的互联网不正当竞争行为,而是与其他行为结合在一起,很难赋予其单独的性质认定,但是这类行为又显然与不正当竞争有关。因此,在此一并汇集说明。

(1)恶意风险提示

"风险"提示本身是个中性词汇,无论网站还是软件都会设置一定的风险提示语，告知用户某些网站或者软件可能存在木马、病毒和不良信息等，提示慎重点击或安装。特别是对包括杀毒软件、安全防护软件、系统优化工具在内的安全软件而言，风险提示更是惯例做法，它是安全软件的基本功能和作用。通常，风险提示与软件冲突/不兼容结合在一起，提示多以弹窗的方式体现。

但是，网站或者软件为了抢占市场份额，维护自身在互联网市场上的优势地位，而在自身网站或者软件上对竞争对手的网站或者软件进行恶意风险提示，包括捏造、散布虚伪事实，损害竞争对手的商业信誉、商品声誉。一般而言，认定网站或者软件经营者的风险提示行为是否构成不正当竞争的关键在于，其风险提示的弹窗是否符合法律规定的要求，是否具有正当性的理由。而认定该正当性的主要要素包括该风险提示的弹窗是否具有客观性、合理性、必要性和紧迫性。

以360公司诉金山安全软件公司不正当竞争纠纷一案为例。该案中，金山公司以杀毒软件不兼容为由设置提示框，逐步诱导用户卸载360公司的安全软件。其所使用的显著字样及图片“360惯用的诱导卸载手段”“建议您只保留一款杀毒软件”等负面评价，并突出显示“卸载360杀毒”按钮。法院经过审理认为，即使金山公司的相关风险提示内容属实，其也超出了客观和适当的提示范围。安全软件向用户的软件不兼容提示或其他必要提示均应限定在一定的合理范围。金山公司软件的提示框用语及相关图片带有明显的诱导倾向，用户在不能准确辨认的情形下极易被安全软件提供者的提示语误导，导致被提示软件大量被卸载的后果。这种通过弹窗方式诱导用户卸载竞争对手软件的行为，违背了公认的商业道德，构成不正当竞争。

由此可以看出，单纯的风险提示行为并不是我国反不正当竞争法直接规制的对象，而风险提示及其后续的诱导、诋毁等一系列行为，则可构成不正当竞争，受到反不正当竞争法的约束。其中值得关注的是风险提示与商业诋毁之间的关系，正当的、必要的和合理的风险提示对用户有益，而不正当的、带有恶意诋毁性质的风险提示则是法律所不允许的。这样的风险提示如果在后果上造成了用户对于网站或者软件的不使用或卸载、差评等，是可能构成商业诋毁的。也就是说，不正当的风险提示可能构成不正当竞争行为下的商业诋毁。

(2)恶意软件评分

恶意软件评分,是一个伴随互联网软件成长起来的词汇,主要被应用于安全软件的测评中。通过对电脑软件及运行状况进行打分,监控电脑的健康状态。评分系由安全软件通过对电脑硬件和软件的扫描和检测,依据一定的测评规则生成。一般情况下,终端用户只是使用此项服务而未曾关注安全软件是如何对电脑运行状况进行测评和打分的。根据互联网的平等竞争精神以及行业自律规范和遵守公认的商业道德的要求,安全软件的开发者本身作为兼具裁判者和竞争者的双重角色,应严格依照客观性原则对用户的电脑状况和相关软件做出客观、公正的评价,特别是在提示语的措辞使用上,更应尽到谨慎的注意义务。

而事实上,在互联网激烈竞争的环境下,一些安全软件开发者为了排挤竞争对手,占领市场份额和占据优势主动地位,有选择性地针对竞争对手的电脑软件打出低分并使用误导性语言,造成用户对于竞争对手产品的不信任和卸载。基于用户对于互联网安全软件的高度信赖,安全软件的提示语对用户而言具有较高的指引性。如果这样的提示语未能做到客观、公正,而是带有恶意的倾向性和攻击性,将会导致用户的心理恐慌,对竞争对手的产品产生负面影响和评价,甚至可能产生大量的产品卸载后果。因此,针对安全软件在相关电脑产品中的特殊地位,安全软件的开发者更应当严格控制软件评分的客观性和公正性,对于提示语的使用做到恰当、合理和中立,并努力尽到谨慎注意义务。对于明显带有恶意性的软件评分,应当认定属于超出了正当商业评价的范围,从而构成对竞争对手的商业诋毁,也即不正当竞争。

(3)恶意插标

插标,是指在搜索引擎的结果呈现页面上,于搜索结果处出现的标示,如红底白色感叹号图标。而与插标行为并行的往往是一个带有风险提示语的对话框,提示用户该网站或者网页所具有的风险。

事实上,插标行为在用户的普通网页浏览过程中并不常见。被插标的网站通常可能涉及未能被识别的欺诈信息网站、色情网站、带有木马病毒的游戏网站等。插标行为的实施主体为安全类软件经营者。北京市高级人民法院在百度公司诉360公司侵害商标权及不正当竞争纠纷一案中阐明,为了保护网络用户的合法权益,应当允许和鼓励网络安全软件经营者通过某种手段识别损害网络用户权益的信息并以适当的方式警示网络用户。但是,安全软件的经营者必须证明两点:第一,被插标的搜索结果网页将会损害网络用户权益;第二,插标行为是保护网络用户权益免受损害的必要手段。在很多情形下,安全软件的经营者很难完全、完整地证明被插标的搜索结果网页必然损害网络用户的合法权益,而只能是尽到提醒义务,提示用户风险的存在。插标不当,则有可能构成不正当竞争。也就是说,只有实质上为维护用户利益而为的插标行为才可能被认定为正当插标。因此,对于插标行为,法院一方面表达了对其可能引起不正当竞争行为的担忧,另一方面也对插标行为的必要性表示了认同,法院认为,"在用户点击进入搜索结果中被安全软件认定为存在风险的网站时,安全软件进行提醒、拦截等行为是正当的,符合安全软件的功能和价值,亦符合用户安装安全软件的目的"。

三、具体案例分析

(一)枫叶之都诉百度在线搜索引擎竞价排名案

竞价排名是搜索引擎服务商按照付费最高者排名靠前的原则,对购买了同一关键词的网站进行排名的一种方式。"有问题,找百度"的思想已经在中国超过80%的网民的脑海中根深蒂固。2012年7月中国互联网信息中心公布的一份数据显示,截至2012年6月底,搜索引擎用户规模达到4.29亿户,半年增长率为5.2%,在网民中的渗透率为79.7%。搜索引擎在网民生活中扮演着重要的角色,其所引发的法律问题,亦需要我们谨慎对待。那接下来就以北京枫叶之都诉百度搜索引擎竞价排名引发的不正当竞争纠纷一案作出分析。

案例索引

法院:北京市第一中级人民法院

案号:(2006)一中民初字第12408号

基本案情

原告北京枫叶之都旅游文化交流有限公司(以下简称枫叶之都公司)诉被告百度在线网络技术(北京)有限公司(以下简称百度在线公司)、北京百度网讯科技有限公司(以下简称百度网讯公司)不正当竞争纠纷一案,于2006年11月14日公开开庭进行了审理。

百度在线公司系百度中文搜索引擎的研发单位。2005年3月31日百度网讯公司取得北京市通信管理局核发的编号为“京ICP证030173号”的国家电信与信息服务业务经营许可证,有效期为2005年3月31日至2008年5月6日。百度网讯公司系名称为“百度”、域名为“www. baidu. com”网站的所有者。百度搜索引擎排名算法规则涉及两个因素,即网站内容及网站外链权值。同时,垃圾链接的存在将会影响网站的排名位置。另外,百度搜索引擎网站定期对降低排名的网站进行“回捞”(搜索引擎系统按照一定规则提取相应的网站数据再由人工对提取数据进行复核并对该网站重新排名),发现有需要修正的情况,即会恢复相关网站的排名。百度搜索引擎网站刊载的《百度搜索帮助——百度与站长》一文就“什么样的站点会受到百度欢迎”“关于垃圾网站的处理”等问题进行了说明。

枫叶之都公司系百度在线公司竞价排名服务的客户。2006年3月枫叶之都公司发现其网站网页在百度搜索引擎相关关键词搜索结果中自然排名位置出现大幅度变化。为此枫叶之都公司分别于2006年4月19日、4月28日、5月17日就该公司网站网页针对相关关键词搜索结果在百度搜索引擎网站的自然排名位置进行了公证。公证内容涉及以下相关关键词:加拿大旅游、加拿大旅行社、加拿大商务签证、加拿大商务考察、北京枫叶之都旅游文化交流有限公司、加拿大旅游公司、加拿大旅游导读、加拿大礼品、加拿大签证办理须知、加拿大中文网、加拿大旅游网、加拿大探亲旅游、美国签证、美国旅游签证。公证结果显示,针对上述相关关键词进行搜索,枫叶之都公司网站网页在百度搜索引擎网站中的自然排名位置均位于倒数第一页或倒数第二页之内。枫叶之都公司就此事于2006年6月20日给百度在线公司发出异议函。后百度在线公司、百度网讯公司重新对枫叶之都公司网站权值进行了评估,并于2006年6月28日通过“回捞”机制恢复了枫叶之都公司网站在百度搜索引擎网站相关关键词搜索结果的自然排名位置。为此枫叶之都公司于2006年7月3日就该公司网站网页针对相关关键词搜索结果在百度搜索引擎网站的自然排名位置进行了公证。此次公证过程涉及的相关关键词与恢复排名之前的公证所涉及关键词相比,相同的关键词包括:加拿大旅游、加拿大旅行社、加拿大商务签证、北京枫叶之都旅游文化交流有限公司、加拿大旅游公司、加拿大旅游导读、加拿大礼品、加拿大签证办理须知、加拿大旅游网、加拿大探亲旅游;但缺少以下关键词:加拿大商务考察、加拿大中文网、美国签证、美国旅游签证,同时增加了加拿大、加拿大旅游签证、加拿大旅游注意事项、加拿大签证、加拿大探亲签证、加拿大签证申请表、枫叶之都、北美枫叶之都、美国旅游等关键词。公证结果显示,针对上述相关关键词进行搜索,枫叶之都公司网站网页在百度搜索引擎网站的自然排名位置均位于正数第一页或正数第二页之内。后枫叶之都公司于2006年7月7日向百度在线公司、百度网讯公司发出《索赔交涉函》,要求其采取书面道歉、赔偿损失等措施。枫叶之都公司提供了共计19,211元的公证费、律师费票据。

法院观点

法院认为,根据当事人的诉辩主张,本案争议焦点有以下两点:

首先,百度在线公司、百度网讯公司的行为是否具有过错。搜索引擎技术是近几年互联网发展中出现的一项新技术,它帮助互联网用户在浩如烟海的信息中迅速地查找并显示其所需要的信息。目前,常见的搜索引擎搜索结果的排名方式有两种,即竞价排名与自然排名。竞价排名是搜索引擎服务商的一种营利模式,客户付款的数额与排名的顺序紧密相关,付款越多排名越靠前。自然排名则是非营利模式,被收录网站的所有者无须交纳任何费用,亦可拒绝收录。在自然排名方式下,网站网页的排名顺序是搜索引擎服务商根据其设定的排名算法规则形成的。目前,对于排名算法规则的设置尚没有明确的法律规定或行业规定,各搜索引擎网站均自行设定排名算法规则。本案中,百度搜索引擎排名算法规则涉及两个因素:网站网页本身的内容及网站外链权值。网站网页内容与相关关键词关联度高,被其他网站链接多都会使网站权值增加,从而使排名位置靠前。但是,如果被收录网站存在大量被百度搜索引擎视为“垃圾链接”的链接，搜索引擎系统则会自动识别并降低其权值，相应地该网站排名就会降低。同时，百度搜索引擎网站还设置了“回捞”机制，即对排名算法规则进行补充和修正。百度搜索引擎网站相关网页内容证明百度在线公司、百度网讯公司已经在一定程度上向公众公开了上述排名算法规则。百度在线公司、百度网讯公司虽曾在短期内降低枫叶之都公司网站网页在百度搜索引擎网站相关关键词搜索结果中排名位置，但在枫叶之都公司提出异议后，百度在线公司、百度网讯公司通过“回捞”机制已经恢复了其排名位置，且没有证据证明百度在线公司、百度网讯公司实施该行为具有主观故意和过失或仅针对枫叶之都公司网站采用了与众不同或歧视性的排名算法规则。枫叶之都公司所述百度在线公司、百度网讯公司降低其自然排名目的是迫使其参与竞价排名服务，因而认为百度在线公司、百度网讯公司的行为具有恶意的主张缺乏证据支持，本院不予采信。

其次，百度在线公司、百度网讯公司的行为是否构成不正当竞争。随着网络的发展和海量信息的形成，人们对搜索引擎的依赖愈加强烈，通过搜索引擎寻找特定信息越来越普遍。对于企业来说，其网站网页在相关关键词搜索结果中的排名，特别是自然排名是十分重要的，这其中不仅包含着一定的商机，排名的位置还可能会影响社会公众对企业经营状况的评价。本案中，枫叶之都公司网站网页在百度搜索引擎网站相关关键词搜索结果中自然排名位置一度降低，这在一定程度上确有可能影响相关公众对该公司经营状况的评价。但是，目前国家及行业对搜索引擎的商业模式及排名算法规则均没有明确的法律规范和技术标准。在枫叶之都公司不能证明百度在线公司、百度网讯公司的行为具有违法性的情况下，由百度在线公司、百度网讯公司就调整收录网站自然排名行为承担侵权责任，缺乏法律依据。

案件评析

综上所述，搜索引擎技术的出现和发展导致互联网环境中出现了一些新的矛盾和利益冲突。在本案纠纷中，虽然尚存在诸多需要进一步研究和探讨的问题，如搜索引擎系统自然排名算法规则有待规范等，但枫叶之都公司提出的百度在线公司和百度网讯公司曾降低其网站网页在百度搜索引擎相关关键词搜索结果中自然排名位置的行为侵犯了其名誉权、财产权，构成不正当竞争等主张缺乏事实和法律依据，本院不予支持。依据我国《民事诉讼法》第 64 条第 1 款及最高人民法院《关于民事诉讼证据的若干规定》第 2 条之规定，本院判决如下：驳回北京枫叶之都旅游文化交流有限公司的诉讼请求。

本案的主要焦点有两个，一个是百度在线公司、百度网讯公司的行为是否具有过错；另一个是百度在线公司、百度网讯公司的行为是否构成不正当竞争，但原告的诉讼请求都因为没有法律依据而被驳回。这就让人引起深思，在互联网服务迅速发展的现代社会，缺少相关法律的规制会是一个多么混乱的局面，这对保障双方的权益都是不利的。目前，国家及行业对搜索引擎的商业模式及排名算法规则均没有明确的法律规范和技术标准，搜索引擎系统自然排名算法规则有待规范。

首先，针对竞价排名对用户的侵害，应该在广告法中予以专门规定。虽然搜索引擎的这种竞价排名行为侵犯的是消费者的信赖利益，但究其性质应该是一种广告经营和发布行为，并且《广告法》也有保护消费者合法利益的立法目的，因此用《广告法》来规制应该更加合适。但是针对其产生垄断的忧患，有必要在《反垄断法》中对其予以规制。

其次，对于由搜索引擎的点击欺诈以及恶意屏蔽等行为给商户带来的损失，同样可以依照合同法以及民法的诚实信用原则和公平公正原则进行实例的评判，并建议在修订合同法或者订立网络法时加入对点击欺诈和恶意屏蔽的法律规制，明确其责任承担者，从而维护商家的利益以及网络的良好发展秩序。

最后，无论是从用户的不信任方面、商家利益受损方面还是从自身的隐患方面，搜索引擎都应该认识到，作为搜索结果的来源，网站对竞价排名应采取冷静态度，不可盲目跟风或绝对排斥，应视自身情况有选择性地接受和使用。

搜索引擎技术是近几年互联网发展中出现的一项新技术，它帮助互联网用户在浩如烟海的信息中迅速地查找并显示其所需要的信息。

搜索引擎排名纠纷是知识产权审判领域的新类型案件，该案也是北京第一中级人民法院受理的首起搜索引擎排名纠纷案件。通过对案件的审理,发现在搜索引擎排名方面存在一些问题,需要相关行政部门加强调查研究和进一步规范,尤其是在设置排名标准方面亟须加以规范。

(二)奇虎360公司诉百度网讯商业诋毁案

案例索引

法院:北京市第一中级人民法院

案号:(2014)一中民初字第12750号

基本案情

2014年原告奇虎公司因被告北京百度网讯公司对其的侵权行为,将其诉至北京市第一中级人民法院。诉讼请求为:

1. 被告立即停止涉案的不正当竞争行为,即停止在"www.hao123.com"主页以红色字体显示"360浏览器窃取用户密码";

2. 被告在百度网、新浪网、奇虎360网、"www.hao123.com"网站、《中国青年报》、《北京青年报》、《法制日报》显著位置公开刊登致歉声明,消除对原告的不利影响;

3. 判令被告赔偿原告经济损失990万元及制止被告侵权行为的合理支出律师费用10万元,共计1000万元。

被告百度公司在其首页(http://www.hao123.com/)发表名为"360浏览器窃取用户密码"(以下简称涉案新闻标题)的链接,点击该链接,跳转到《震惊!视频实录360浏览器泄露用户账户和密码》文章。原告奇虎公司诉称该文章存在事实严重不符之处,对该文章,被告恶意在首页显著位置对其进行了加红提示,而且故意对该文章标题进行了进一步的编造诋毁性修改,恶意攻击原告的360浏览器"窃取用户密码",散布虚伪事实,已经严重损害到原告的商业信誉和产品声誉。

被告百度公司辩称:(1)"www.hao123.com"网站链接的新闻真实客观、来源有据,不存在捏造、散布虚伪事实的诋毁行为;(2)360手机浏览器存在漏洞是客观事实;(3)涉案新闻报道来源于驱动之家网站,该网站具有权威性;(4)涉案新闻报道在网上广泛传播、转载,属于热点新闻;(5)被告与驱动之家网站不存在共谋，更不存在被告控制驱动之家的事实；(6)“www.hao123.com”网站链接标题系对新闻信息来源网站标题和内容的聚合，不构成对原告的商业诋毁；(7)原告的诉讼目的是打压、排挤百度网址导航站，诉讼动机不良；(8)原告诉讼主体不适格。

法院观点

最终北京市第一中级人民法院经审理后判决：

1. 被告连续15日在“www.hao123.com”首页新闻头条的第3条之前的位置以标红的方式刊登声明，连续7日在《法制日报》的显著位置刊登声明，以消除就其商业诋毁行为给原告造成的不良影响；

2. 判决生效之日起10日内，被告赔偿原告经济损失50万元，诉讼合理支出10万元。

另有一案例与上述案例极为相似。原告北京奇虎科技有限公司曾于2014年就诉过北京百度网讯有限公司和百度在线网络技术有限公司，具体诉讼请求为：

(1)在百度安全论坛(网址为“anquan.baidu.com”)、百度杀毒新浪微博、360安全中心(网址为“www.360.cn”)、搜狐网首页连续120日，以及《中国青年报》《北京晚报》《法制晚报》第1版显著位置刊登声明，向原告赔礼道歉，消除影响；

(2)赔偿原告经济损失190万元及律师费10万元。

原告诉称：其系360品牌的权利人，开发经营360浏览器、360安全卫士、360杀毒、360手机卫士等软件产品，二被告共同经营的百度安全论坛(网址为“anquan.baidu.com/bbs”)恶意举办“举报360恶意行为”和“真杀毒，心安全”活动，以向网民行贿的方式蛊惑网络用户发布图文信息。此外，二被告还通过百度杀毒微博发起“不骚扰、不胁迫、不窃取”话题，诋毁其公司商誉和产品声誉。

两被告共同辩称：第一，原告所诉行为并非为二被告共同的行为，第一被告经营百度安全论坛，第二被告经营百度杀毒微博。第二，原告提到的百度安全论坛中的两次活动，第一次活动是针对360恶意行为而举办，原因是原告针对互联网经营者一直实施各种不正当竞争行为；第二次活动不是针对原告,而是推广百度杀毒软件的活动,只是在推广过程中,360 产品对百度杀毒软件疯狂拦截,二被告为了正常经营需要才展开。第三,至于"不骚扰,不胁迫,不窃取"话题,是百度杀毒微博单独开展的活动,非二被告共同的行为,奇虎公司应对该行为另案起诉,二被告不同意奇虎公司的诉讼请求。

最终北京市海淀区人民法院经审理后判决:

1. 本判决生效之日起 30 日内,二被告在百度安全论坛网站首页、百度杀毒的新浪微博首页、360 安全中心网站首页连续 24 小时刊登声明,就本案不正当竞争行为为原告消除影响;

2. 驳回原告其他诉讼请求。

案件评析

商业诋毁行为发源于民事侵权的一般规定及民事诽谤,在我国,根据《反不正当竞争法》第 14 条规定,学界倾向于将商业诋毁定义为经营者捏造、散布虚伪事实,损害竞争对手商业信誉和商品声誉的行为,但该界定与其他国家和地区竞争立法的表述相比,仍存在一定缺陷,主要表现在以下两方面:

1. 对竞争关系与非竞争关系的认定

出于对商业诋毁行为目的的考虑,即减损受害者的商业吸引力、提升加害者的竞争优势,大多数国家要求当事人之间至少存在着某种类型的竞争关系,但目前,越来越多的国家提倡放弃对竞争关系的要求,非竞争者之间也可构成商业诋毁。这一考虑对规制网络条件下的商业诋毁行为具有实际意义:(1)网络服务商很多时候正是扮演新闻媒体的角色,其对竞争一方的偏袒及不恰当报道,在网络影响日益扩大的今天,极易被利用进行不正当竞争;(2)当网络服务商作为"中间人"出现时,若未对他人发布的涉及商业诋毁的信息尽到合理注意、及时处理等义务,相当于为网上侵权行为提供了便利,间接侵害了受害者的商誉。将商业诋毁行为的主体范围扩展至非竞争主体,无疑将督促网络内容服务商审慎言行,客观公正。

2. 陈述内容真假问题

即使陈述具有一定的真实性,但不恰当的表述方式仍会赋予其贬损的意义,最终导致对内含客观事实的扭曲,其实质属于一种隐晦的诋毁方式。

现实中,一方通过片面陈述事实诋毁竞争对手的情况屡见不鲜,因此,更倾向于将商业诋毁行为界定为:通过捏造、散布虚伪事实,或对真实事件进行歪曲、片面的陈述,或通过其他行为,直接或间接损害特定商事主体商业信誉和商品声誉的行为。

目前,对于涉及网络的不正当竞争行为我国并没有专门性法律,就制度层面而言,要有效规制网络环境中的商业诋毁行为,以下三个问题亟待解决:

(1)网络服务商间接侵权的确定,即使其未直接实施商业诋毁行为,但只要未尽到应有的注意、控制义务,即构成间接侵权。

(2)适度原则下网络服务商间接侵权的确定。面对商业诋毁行为,网络服务商所应履行的法律义务和承担的法律责任都应在一个合理的范围内。

(3)不同类型网络服务商的归责原则之细化。不同类型的网络服务商,其防控侵权行为的能力都有所不同,因此应采取不同的归责原则,使其在商业诋毁行为中的行为与责任相适应。

3. 我国网络中商业诋毁行为法律规制的完善

(1)从立法上构建起体系化的规制制度

由于网络环境的特点,导致参与商业诋毁行为的主体越发广泛,牵涉的社会关系也越发复杂。仅仅依靠现行的《反不正当竞争法》是远远不够的,因此,应当构建多位阶的法律体系,来规制网络商业诋毁行为,即"民法典(基本法)、知识产权法、反不正当竞争法、消费者权益保护法、产品质量法、广告法、单行条例等专门法规"这一由不同层次的法律规范所形成的对商誉权予以保护的体系。其自上而下、由一般到特别的设计理念,就立法层面而言具有系统性和统一性,没有留下法律的真空地带;就司法实践层面而言,则具有逻辑性,使法官在适用法律时不会产生疏漏。

(2)重新界定商业诋毁行为,明确界定直接侵权和间接侵权

首先,主体范围应扩展至非竞争主体;其次,表现形式不应局限于"捏造散布虚伪事实",而应将"真实而不合理、不恰当的陈述"包含在内;最后,应表明直接侵害和间接侵害都属于商业诋毁行为的范围。

(3)以适度原则为指导,明确网络服务商的法定义务

网络服务商承担相应责任应控制在一个适当合理的度上。网络服务商

尽到了合理的注意义务、控制义务等，对侵权信息及时进行了处理，并协助调查，就应当可以据此免于承担侵权责任。

(4)细化不同类型网络服务商的归责原则

不同的网络服务商，其预防、控制商业诋毁行为的能力并不一致，在确定其归责原则时需要区别对待。从是否可以事先审查的角度，可分为两类，第一类是事先较难审查用户是否侵权，但事后发现可疑及时处理的服务商，对该类服务商应适用过错原则；第二类是事先即可审查是否存在侵权的服务商，主要是指网络内容服务商，应适用过错推定原则。

(三)奇虎公司诉金山公司恶意软件冲突案

案例索引

法院：北京市海淀区人民法院

案号：(2013)海民初字第25224号

基本案情

原告奇虎公司诉称，其公司是专业提供计算机安全软件产品及服务的企业，旗下360品牌和360卫士产品在业内享有较高的知名度。金山公司也是提供计算机安全软件产品及服务的企业，销售新毒霸等产品，二者存在直接竞争关系。金山公司通过其“新毒霸”软件，诱导、欺骗用户对奇虎公司的产品进行卸载，删除奇虎公司产品，并阻碍、干扰奇虎公司安全软件产品的正常安装和运行。另外，金山公司采取了以显著字样及图片称“360惯用的诱导卸载手段”“建议您只保留一款杀毒软件”等手段，在上述页面捏造、散布虚伪事实，损害奇虎公司商业信誉、商品声誉，已构成不正当竞争。故请求法院判令金山公司立即停止不正当竞争行为，在网上澄清事实、消除影响，并赔偿损失300万元及合理费用22万元。

被告金山公司辩称：(1)奇虎公司提起本案诉讼主体不适格；(2)金山公司提供的涉案新毒霸软件具有客观性、合理性、必要性及紧迫性，本公司行为未对奇虎公司构成不正当竞争；(3)爱毒霸社区与百度贴吧非本公司经营管理，其中的相关内容也非本公司发布，与本公司无关。本公司不同意奇虎公司的诉讼请求。

法院观点

法院认为本案争议焦点主要有两项，一是奇虎公司是否有权提起本案诉讼；二是金山公司的行为是否对奇虎公司构成不正当竞争。

1. 奇虎公司是否有权提起本案诉讼

根据本案证据，奇虎公司为360杀毒软件的著作权人，其经营的"www.360.cn"网站提供360杀毒软件的下载服务，奇虎公司同时表示运营该软件。因此，奇虎公司对360杀毒软件的商业运营享有法律可保护的合法权益，有权就他人对该软件实施的不正当竞争行为提起诉讼。金山公司仅以360杀毒软件数字签名人信息否认奇虎公司对该软件享有可受法律保护之权益，缺乏事实和法律依据，本院不予采信。

2. 金山公司的行为是否对奇虎公司构成不正当竞争

法院认为，金山公司在新毒霸软件中设置涉案提示框，即使其中的相关内容属实，也已经超出了因不兼容或其他原因向用户提供保留或卸载软件的客观适当的提示范围。并且提示框相关图片文字等内容带有明显的诱导用户卸载360杀毒软件的主观倾向，会对用户产生诱导。故法院认定，金山公司通过弹窗方式诱导用户卸载360杀毒软件，并在弹窗中设置与360杀毒软件无关的链接，违反了经营者应当遵循的相关基本原则，违背了公认的商业道德，对奇虎公司构成不正当竞争。金山公司提出其设置的涉案提示框对操作按钮的设计与奇虎公司一致，符合行业惯例以及具有必要性和紧迫性的辩称，缺乏充分的事实依据，并非其否认构成不正当竞争的合法理由，法院不予采信。

对于奇虎公司主张的金山公司针对360杀毒软件采取歧视性措施，法院认为，先后安装不同安全软件时是否应出现提示框取决于相关软件的冲突程度和软件各自的设置，奇虎公司的主张证据不足。另外，对于奇虎公司提出的金山公司散布虚假事实，诋毁360杀毒软件及奇虎公司商誉的主张，法院认为，根据金山公司提供的相关证据显示，360杀毒软件确实向其他安全软件弹出过不兼容等提示，奇虎公司也确曾因其360系列软件发生过阻止他人软件安装、破坏他人软件等行为被法院判定构成不正当竞争承担相应的法律责任。另外，对于爱毒霸社区和百度贴吧发布的奇虎公司负面评价，则缺乏证据证明是金山公司所为。故奇虎公司提出的金山公司散布虚假事实，诋毁360杀毒软件及奇虎公司商誉的主张，法院不予支持。

案件评析

本案是发生在互联网企业间的关于各自开发的杀毒软件的兼容问题引发的不正当竞争案件，是近几年网络软件冲突的新情况，引发了业界和知识产权界的高度关注。在网络迅猛发展的情况下，必然出现大量的提供同类服务内容的网络软件，相关软件的提供商之间虽然不可避免地存在着激烈的竞争，但这种竞争应当是合法、正当的，而不能是不正当竞争。本案所涉及的法律如下：我国《反不正当竞争法》第2条规定的“经营者在市场交易中，应当遵循自愿、平等、公平、诚实信用的原则，遵守公认的商业道德”，以及第14条规定的“经营者不得捏造、散布虚伪事实，损害竞争对手的商业信誉、商品声誉。”结合本案的案情及判决，可以归纳出本案所涉及的两个理论层面的问题：一是反不正当竞争法视野中的商业道德；二是商誉权的界定及保护。

1. 反不正当竞争法视野中的商业道德

尽管本案中的行为不属于我国《反不正当竞争法》中明确列举的不正当竞争行为，但由于该行为侵犯了原告为竞争法所保护的公平竞争的权益，且存在破坏正常的市场竞争秩序的潜在危险，故法院援引反《不正当竞争法》的原则条款（第2条）判令被告金山公司就本案不正当竞争行为为原告奇虎公司消除影响，并赔偿原告奇虎公司经济损失及合理开支。

有学者指出“经济理性和道德理性是影响市场主体竞争行为的重要因素，因而融合了经济理性和道德理性的商业道德自然而然就会成为判断市场竞争行为是否正当与合法的重要依据”。[①] 在我国，商业道德已经在《反不正当竞争法》中被法律化，体现在该法的第2条，即“经营者在市场交易中，应当遵循自愿、平等、公平、诚实信用的原则，遵守公认的商业道德”。因此，经营者市场竞争行为的道德合理性与否，构成了《反不正当竞争法》对其禁

---

① 孟雁北：《反不正当竞争法视野中的商业道德解读——以互联网行业不正当竞争行为的规制为例证》，载《中国工商管理研究》2012年第12期。

止与否的逻辑起点。

当“公认的商业道德”成为我国《反不正当竞争法》认定正当竞争行为与不正当竞争行为的标准时，其在执法实践和司法实践中的作用就已经凸显。例如，我国《最高人民法院知识产权案件年度报告(2010)》认为，适用《反不正当竞争法》第2条的原则规定，认定构成不正当竞争应当同时具备以下条件：一是法律对该种竞争行为未作出特别规定；二是其他经营者的合法权益确因该竞争行为而受到了实际损害；三是该种竞争行为因确属违反诚实信用原则和公认的商业道德而具有不正当性或者说可责性。对于竞争行为尤其是不属于《反不正当竞争法》第二章列举规定的行为的正当性，应当以该行为是否违反了诚实信用原则和公认的商业道德作为基本判断标准；在反不正当竞争法中，诚实信用原则主要体现为公认的商业道德；商业道德所体现的是一种商业伦理，是交易参与者共同和普遍认可的行为标准，应按照特定商业领域中市场交易参与者即经济人的伦理标准来加以评判。①

本案判决援引《反不正当竞争法》第2条的原则性条款(或称“一般条款”)也印证了商业道德在互联网企业间的重要作用。我国互联网行业目前尚处在竞争规则匮乏和竞争秩序失当的“丛林生态”时代，互联网的开放性、互动性、虚拟性决定了互联网行业不正当竞争行为会区别于传统现实市场环境下的不正当竞争行为。互联网领域技术性特征的存在自然而然地增加了不正当竞争行为的认定难度。因此，商业道德标准使我国《反不正当竞争法》对市场竞争行为的调整具有周延性。公认的商业道德能够确立《反不正当竞争法》保护和禁止的竞争行为的边界，遵守公认的商业道德会形成良好的市场竞争秩序。商业道德的法定化使反不正当竞争法具有包容性和开放性，进而可以规制层出不穷的新型不正当竞争行为并保障公平竞争秩序。

2. 商誉权的界定及保护

商誉是一个古老的概念，早在1620年，英国法院就在判例中将商誉定义为“顾客的友善看法和惠顾”。因此，商誉是人们对经营者本身及经营者提供的商品或服务的一种总的积极的社会评价。②

---

① 《最高人民法院知识产权案件年度报告(2010)》，载最高人民法院网：http//www. court. gov. cn/xwzx/fyxw/zgrmfyxw/201104/t20110420_19722. htm，最后访问时间：2012年9月16日。

② 钟明钊主编：《竞争法》，法律出版社2005年版，第187页。

关于本案,由于商业诋毁行为是具体的侵权行为,可从侵权行为构成要件的角度,即行为的不当性、行为主体的主观过错状态、损害结果、行为与损害结果之间的因果关系进行分析。因此,本案在认定诋毁商誉行为应注意须考虑以下几个问题:①第一,关于侵权主体。本案中,奇虎公司与金山公司是具有竞争关系的经营者,互为竞争对手,是诋毁商誉权行为的适格主体。第二,关于侵权违法行为。诋毁商誉权的行为表现为捏造虚伪事实或对真实事件采用不正当说法,损害竞争对手商誉的行为。根据世界知识产权组织关于反不正当竞争"示范法"所作出的解释,凡是对某企业的产品、服务或商业活动提出虚假或不当的说法,都是违反公平竞争原则、损害他人商誉的行为。目前,我国《反不正当竞争法》第 14 条所规制的诋毁商誉的行为,仅是采取虚假说法的行为,而不包括不当说法的行为。相比较而言,示范法对诋毁商誉的行为,作了范围更为宽泛的解释,因而对商誉权的保护也就更为有力。本案中,由于原告奇虎公司提出的金山公司散布虚假事实,诋毁 360 杀毒软件及奇虎公司商誉的主张缺乏充分的证据,最后法院不予认定。第三,关于侵权损害事实。诋毁商誉权的损害事实,是因侵权行为的实施而导致关于权利主体的社会评价降低,并由此造成了商誉的实际损害。本案中奇虎公司没有针对商誉的实际损害提供充分的证据。综上所述,仅具有适格原告地位的奇虎公司在侵权行为和实害事实两个方面没有提供足够的证据,故控诉损害商誉权的主张未能被法院支持。

3. 对互联网不正当竞争法律规制的建议

(1)明确诚实信用商业惯例在反不正当竞争行为中的核心地位

现行《反不正当竞争法》自 1993 年立法实施后,20 多年并未修订。该现行法下,第 2 条第 1 款要求经营者应当遵守"自愿、平等、公平、诚实信用的原则,遵守公认的商业道德",第 2 条第 2 款将"不正当竞争行为"界定为"经营者违反本法规定,损害其他经营者的合法权益,扰乱社会经济秩序的行为",但并未直接明确"诚实信用""商业道德"与"不正当竞争行为"界定的关系。尽管该法在第 5 ~ 15 条列举了 11 种典型的不正当竞争行为,但仍然不可能囊括现在互联网行业所有的不正当竞争行为。因此,未来《反不正当

---

① 吴汉东:《论商誉权》,载《中国法学》2001 年第 3 期。

竞争法》的修订，与不断发展变化的商业惯例的关系明确就显得尤为重要。

世界知识产权组织《反不正当竞争示范条款》第 1 条中规定："除第 2 条至第 6 条指示的行为外，在工商业活动中违反诚实商业惯例的任何行为，应构成不正当竞争行为；受到不正当竞争行为损害或者可能受到损害的任何自然人或法人，应有权获得救济。"这表明《反不正当竞争示范条款》对竞争行为的界定已突破了经营主体的竞争关系的限制，不再仅仅保护竞争者的利益，而且保护其他市场参与者、消费者和公众的利益，体现了现代竞争法的价值取向。①

结合市场上不正当竞争的多样化和动态发展以及国际立法趋势，未来我国《反不正当竞争法》修订，不能将现行法的第 2 条第 1 款和第 2 款进行简单叠加，而应将二者有机结合起来，以违反诚实商业道德为核心界定不正当竞争行为。至于一般民法下的公平、公正、诚实信用原则，则不在该法的界定中重复。

(2)《反不正当竞争法》第 9 条及第 14 条的理解与法律适用

虚假宣传、商业诋毁是互联网不正当竞争行为的另一重要表现形式，而这些表现形式在实践中又往往单独出现或结合在一起，或涉及对自己的产品或者服务夸大宣传，或涉及对其他竞争者的产品或者服务进行贬损，或者在夸大宣传自己的同时又对其他竞争对手的产品或者服务进行贬损。笔者以为，无论是这些行为单独或者交织出现，其根本上需要适用的法律条款不外乎《反不正当竞争法》第 5 条第 4 项、《反不正当竞争法》第 9 条及第 14 条。司法实践中只需"按图索骥"就能找到正确的路径。

司法实践中，对于这三个法条的关系，有着不同的理解。有的理解认为，这三个法条分别规制不同的不正当竞争行为；也有理解认为，这三个法条在某种程度上有交叉重合。笔者以为，在某种程度上，这三个法条存在交叉重合，但又各有侧重。第 5 条第 4 项从文义理解似乎更加指经营者自己主动在其产品上附加某种标识，使相关消费者认为其产品优于其他同业经营者的商品，从而与其他同业经营者相比而获取不正当的竞争优势。而第 9 条与第 5 条第 4 项的不同之处除了方式的不同外（第 5 条侧重于附加某种标

① 郑友德、伍春艳：《我国反不正当竞争法修订十问》，载《法学》2009 年第 1 期。

识,第9条更加强调利用广告或者其他方法),似乎还包括了经营者不得利用广告或者其他方法,对自己和竞争对手的商品质量等作引人误解的虚假宣传,既包括了对自己的商品质量作引人误解的虚假宣传,也涵盖了对竞争对手的商品质量作引人误解的虚假宣传,甚至也包括同时对自己和竞争对手的商品质量作引人误解的虚假宣传,如比较广告等。而当经营者利用广告或者其他方式对竞争对手的商品作引人误解的虚假宣传时,则和《反不正当竞争法》第14条又存在交叉之处,即可能同时构成捏造、散布虚伪事实,对竞争对手的商业信誉、商品声誉造成损害从而构成商业诋毁。

(四)大众点评网诉爱帮网垂直搜索案

案例索引

一审法院:北京市海淀区人民法院

案号:(2010)海民初字第24463号

二审法院:北京市第一中级人民法院

案号:(2011)一中民终字第7512号

基本案情

原告汉涛公司诉称:大众点评网(dianping. com)创建于2003年4月,主要致力于为中国消费者提供本地的餐饮、休闲、娱乐等商户介绍及点评信息,主要通过为用户和商家架设点评和沟通的桥梁,提供团购、优惠券推广、会员卡、广告宣传、关键词竞价排名、与第三方网站合作等方式获得经济利益。大众点评网中的商户介绍和用户点评已经成为广大消费者选择相关商家和服务的重要参考资料,并进而为原告取得了良好的社会效益和经济效益。爱帮网与大众点评网在受众人群、营利模式、经营范围、客户群落等方面完全重合,构成同业竞争。原告发现被告通过爱帮网长期实施针对原告的不正当竞争行为,被告通过爱帮网大量复制原告通过巨大时间精力和巨大投入积累的网站内容,获取不当的浏览量和竞争优势,属于明显的"搭便车"行为。

被告爱帮科技公司辩称:原告就诉称的网站内容不享有排他性的独占

使用权,我公司作为搜索引擎提供商使用搜索结果中的摘要内容,不构成不正当竞争。我公司并未实施原告诉称的复制网站内容行为,我公司作为搜索引擎服务提供商,向互联网用户提供的属于生活搜索服务。我公司采用的服务模式是生活搜索服务行业的通用模式,符合法律规定、行业惯例和公认的商业道德。

法院受理后认为:对于大众点评网的商户简介和用户点评,爱帮科技公司未付出劳动、未支出成本、未做出贡献,却直接利用技术手段在爱帮网上展示,并以此获取商业利益,属于反不正当竞争法理论中典型的"不劳而获"和"搭便车"的行为。爱帮科技公司的这一经营模式违反公平原则和诚实信用原则,违反公认的商业道德,构成不正当竞争。

在爱帮网使用的源于大众点评网的内容中,商户简介和大众点评网完全一致,用户点评和大众点评网也没有实质性区别。通过爱帮网,用户可直接获取商户简介的全部内容和用户点评的绝大部分内容,基本实现获取信息的目的。虽然爱帮网注有"在大众点评发表"字样和链接标识,但爱帮网已对全部商户简介内容和绝大部分点评内容进行了充分展示,网络用户一般不会再选择点击大众点评链接标识。因此,爱帮网的商户简介和用户点评已经构成对大众点评网相应内容的实质性替代,必将不合理的损害汉涛公司的商业利益。

爱帮网对商户简介的展示是原文展示,不可能属于摘要。爱帮网对用户点评的展示,除将个别词汇、短语、单句替换为"……"外并无其他改动,甚至连错别字和特殊标点符号都保持原样,也不属于摘要。因此,爱帮科技公司辩称其只是技术性的"摘要",不合常理。汉涛公司曾发函要求爱帮科技公司停止使用大众点评网的商户简介和用户点评,并明确要求爱帮科技公司提供拒绝搜索的技术信息和方案,但爱帮科技公司至今未提供此类技术信息或方案,足见其具有持续使用的主观故意。

因此,爱帮科技公司关于垂直搜索和摘要的抗辩依据不足。爱帮科技公司使用大众点评网商户简介和用户点评,构成不正当竞争。爱帮科技公司应当立即停止不正当竞争行为,并赔偿汉涛公司所受损失。

一审判决作出后,上海汉涛信息咨询有限公司及上诉人爱帮聚信(北京)科技有限公司提出上诉,二审法院判决原审认定事实清楚,适用法律正确，驳回上诉，维持原判。

法院观点

垂直搜索是一种专业搜索引擎，该搜索服务为用户提供具有针对性的信息搜索，通常针对的是某一领域、某一特定人群或某一特定需求的特定信息，如餐饮信息、旅游信息等。垂直搜索引擎抓取的信息主要来源于其所关注的特定行业网站。此种服务可在一定程度上解决通用搜索引擎的信息量大、查询不准确、深度不够等问题。爱帮公司辩称其系垂直搜索，从技术上分析具有较高可信度。但是，垂直搜索在实施过程中仍须遵守反不正当竞争法的相关规定。鉴于垂直搜索引擎技术客观上会为网络用户提供更为准确的搜索服务，会促进搜索引擎行业的发展，因此该技术本身并不具有违法性。但技术的合法性并不表明垂直搜索网站在使用该技术时可以不受任何限制，使用垂直搜索技术的网站对于特定行业网站的信息的利用，应控制在合理的范围内，不得对该网站造成市场替代的后果。

案件评析

此案件是典型的互联网领域利用技术形成的不正当竞争案例，受到了业界人士的广泛关注。

大众点评网与爱帮网的纠纷始于2007年年底。大众点评网发现爱帮网未经许可，在其网上大量发布来源于大众点评网有关港丽餐厅来福士店等132家餐厅的点评内容，用于商业经营，侵权字数共计370万字。大众点评网多次发函要求被告立即删除侵权内容，爱帮网虽承认从大众点评网抓取信息，但以系搜索引擎类技术服务，已经提供网站链接为由拒绝删除。

垂直搜索引擎和普通的网页搜索引擎的最大区别是对网页信息进行了结构化信息抽取，也就是将网页的非结构化数据抽取成特定的结构化信息数据，好比网页搜索是以网页为最小单位，而垂直搜索是以结构化数据为最小单位。正是因为如此，垂直搜索所聚合的内容就很容易产生复制之嫌。[①]

爱帮网坚称自己的垂直搜索引擎只提供链接和搜索结果的摘要，并且

---

① 姜蓉：《垂直搜索遭遇诉讼危机》，载《中国经营报》2008年11月24日。

标注来源网站的链接地址，用户需了解全部详细信息时，可点击上述链接地址访问来源网站。上述方式符合相关规定，并不构成侵权。但是，爱帮网抓取的大众点评的点评内容，主要来自网友对于餐馆的评价，虽然爱帮同时声称并没有全部复制，删除了20个字节，但是这些评价一般都比较简短，这些简短的内容就是大众点评网的核心力量，如果用户看完之后已经能够满足对某个餐馆的了解需求，就不会再点击大众点评的网页。这样一来，爱帮网的搜索无法给大众点评直接带来流量，这是矛盾的根本所在。

垂直搜索网站对特定行业网站信息的使用，不得对该网站造成市场替代的后果，否则，其提供的具体形式的垂直搜索网站则可能被认为不具有合法性，如果垂直搜索网站使用了该点评类网站中较大比例的信息，且上述使用使网络用户无须到达被链接的点评类网站即可获得基本内容，则此种使用具有构成市场替代作用的可能性。①

爱帮网以新技术"垂直搜索引擎"为理由，试图免去自己的责任。这正是不正当竞争在互联网中的一种新类型。固然，面对日益发展的互联网，我们要鼓励技术的开发，技术的进步是无止境的，但是任何技术的开发使用不能以牺牲别人的利益为手段，技术不能被无限制地随意使用，不能以提供搜索引擎服务的名义，随意将来源网站享有权利的内容大量复制使用，使之成为自身网站内容的主要组成部分，并对来源网站构成明显不利影响。爱帮网利用垂直搜索引擎，大部分情况下使用户不需要直接进入大众点评网即可以获取相关信息，其使用行为已经超出了搜索引擎网站的基本形式和索引的范围，对大众点评网造成了市场替代作用，扰乱了互联网的市场秩序。虽然，其行为不符合我国《反不正当竞争法》第5条至第15条有关具体的不正当竞争行为，但属于第2条的有关"不正当竞争行为"的一般条款，因而构成不正当竞争行为。

随着互联网的不断发展，如何保护网络知识产权成为日益突出的问题，此次大众点评网诉爱帮网的案件最终判决对于点评类网站的正当经营及发展起着至关重要的作用，同时这对更好地保护创作者的知识产权以及互联网创新发展都起着重要的引导作用。

---

① 王洋：《垂直搜索能否替代行业网站——大众点评网诉爱帮网侵权案始末》，载《中华工商时报》2010年4月30日。

四、对我国互联网不正当竞争问题的思考与建议

随着现在互联网服务市场的日益壮大，这个市场越来越需要一个健全的法律体系维护它的正常运作，但是《反不正当竞争法》中并没有专门针对互联网不正当竞争的条款，所以笔者基于对互联网服务市场不正当竞争行为的理解，提出相应的完善建议。

（一）完善《反不正当竞争法》的“一般条款”

《反不正当竞争法》的“一般条款”主要起调节法律的滞后性与适应经济社会发展的回应性之间的关系，在立法列举的具体行为无法涵盖新出现的不正当竞争行为时便可以该条款为依据作出裁决。完善《反不正当竞争法》的“一般条款”应当包含如下因素：首先，该条款应当明确竞争所依据的原则，如美国的《关于反不正当竞争保护的示范》规定“除第 2 条至第 6 条提及的行为和做法之外，凡在商业活动中违反诚实习惯做法的行为或做法亦构成不正当竞争行为”，将诚实习惯做法作为竞争的强制性原则；其次，行政、司法部门可以依此为标准对是否构成不正当竞争行为作出裁决。《反不正当竞争法》在修订中可以将“一般条款”概述为“经营者在商业活动中违背法律或者公认的商业道德采取不正当的方式抢占其他经营者交易机会和网络用户资源，损害其他经营者或者消费者权益的行为是不正当竞争行为”。

（二）明确互联网服务市场不正当竞争行为的监督主体

工商部门是我国对不正当竞争行为的法定执法机关，在此之外不应该再有其他各行业的主管机关作为该行业市场不正当竞争行为的监督主体，这是在 2010 年“3Q 大战”中得出的最明显的教训。因此，在《反不正当竞争法》的修订草案中应当明确不正当竞争监督主体与行业监管机构之间的关系，将不正当竞争的监督主体确定为工商机关，其他行业主管机关除依法履行对本行业的产品、安全、服务质量等的监管职责之外，对于本行业的市场竞争行为不享有执法权限。鉴于目前工商机关执法力量较弱，特别是在认定互联网服务市场不正当竞争方面具有专业技术上的局限，因此，可以在法律中规定其他行业主管部门在本行业内协助工商机关对该类不正当竞争行

为进行查处，但是不得作为直接的执法部门。

（三）制定互联网软件和服务的国家标准或行业标准

在网络市场服务市场发生的很多争议是因服务商之间对对方软件和服务的恶意评论，导致损害对方商誉和产品声誉，虽然目前《反不正当竞争法》第15条对损害商誉行为作出了明确规定，但是在互联网服务市场的应用上存在软件安全等标准不明，一般网络用户难以认定事实的问题。我国互联网行业标准和规范建设也是远落后于行业的发展，已经成为行业发展的制约因素。因此，应该像其他实体商品和服务一样，对服务商公开发行、提供下载的软件和程序制定统一的国家标准或者是行业标准，从软件的安装、运行、升级、卸载、隐私保护等方面实现全面标准化，并建立软件发行认证制度，规定未经过相关机构或机关认定的软件不得擅自公开发行。这一制度的建立可以使网络用户放心使用服务商提供的软件和服务，互联网服务商之间凡是散播有悖于该标准的言论经检测不符合实际的，均属于对其他竞争者声誉和商业信誉的诋毁，是不正当竞争行为。

在制定软件和服务标准时应当注意明确软件之间的兼容性，使各服务商之间的软件可以在同一个终端上同时运行，做到技术上不兼容则法律上强制兼容，同时对于软件之间的捆绑也必须作出明确说明，不得强制捆绑。

（四）完善相关的知识产权法规

知识产权是互联网服务商之间竞争的焦点之一，依据目前的知识产权法规，在网页、软件外观保护等方面存在缺陷，同时目前我国对计算机软件采取著作权保护的方法难以适应新形势的发展，对互联网服务企业的商业方法等不予以保护。因此，在修订相关的知识产权法规时，可以考虑将网页、软件的外观设计赋予和报纸版面设计类似的著作权保护；将计算机软件分级，对于具有显著进步的程序设计采取专利保护的方式；借鉴美国的商业方法专利制度，将在该行业独创的经营模式赋予专利权。

（五）强化社会中间层的监督和化解纠纷的作用

社会中间层在国外称“第三部门”，由美国学者 T. levitt 于 1973 年提出，特指处于政府与企业之间的各种从事政府和企业“不愿做、做不好或不常做的事”的社会组织主要起着连接国家和自由市场之间的桥梁作用。在市场经济体制下,国家是不宜过多干预市场运行的,而第三部门在寻求国家干预和市场自由的平衡方面可以起到积极的作用,因此有必要通过法律授权、政府机构的委托和有关专门协议安排等多种形式,促使第三部门分担政府干预社会经济的部分职能。在互联网服务市场中的社会中间层主要是指互联网协会等各种组织,这些协会制定的规则虽然不具有强制力,但是在维护互联网服务市场秩序方面起着一定的作用,主要表现在:

1. 制定网络软件和服务标准

制定网络软件产品和服务标准,并可以根据相关部门的委托就该类产品和服务进行检测。互联网协会是互联网企业之间组成的团体,对于网络具有比工商等国家机关更为深入的理解,因此互联网协会可以制定互联网软件和服务的行业标准,作为在国家强制性标准的补充。互联网协会作为一个行业成员参与但又独立于成员企业的第三方组织,可以根据法律和法规的授权就相关软件和服务进行检测,作为确定软件和服务是否合标,以及企业之间是否存在不正当竞争行为的依据,减轻国家相关部门在这一方面的工作压力。

2. 作为市场监督和企业之间的纠纷调解组织

企业之间的不正当竞争从本质上来讲还是私权利之间的争斗,只要是不涉及扰乱市场秩序的问题,国家公权机关就可以不介入,企业之间可以自行调解和化解。互联网协会作为一个独立于争议双方的第三方组织,可以下设争议调解委员会等组织,在互联网服务商发生不正当竞争纠纷时,根据一方的申请第一时间组织双方弄清事实,尽快和平解决争议。在双方争议较大、难以达成调解协议时,再由国家的行政机关进行干预或者根据当事人的起诉,由司法机关进行判决。这种纠纷解决机制比司法诉讼程序更具有快捷性和方便性,但是该程序不宜设置为强制性程序,应该充分尊重当事方的选择权。

(六)完善民事诉讼程序,增强救济的时效性

企业之间的重大经济纠纷与个体之间的普通民事纠纷在取证等方面具有

很大的不同,因此有的学者呼吁制定《经济诉讼法》,并重建经济审判庭,适用于不正当竞争等经济纠纷案件。笔者认为,是否需要单独设立《经济诉讼法》应当根据经济诉讼与普通民事诉讼的区别和我国诉讼法律体系的建构需要来考虑。但是在互联网服务市场不正当竞争案件中,为了避免出现“赢了官司,输掉市场”的局面,至少应当在以后的《反不正当竞争法》或者相关的诉讼法修正案中作出如下修改:第一,确定诉前禁令制度,类似于《商标法》第 65 条的诉前保全制度。因为互联网服务市场具有明显的“注意力经济”特点,一旦企业之间发生不正当竞争行为,法院可以根据申请人的申请,在初步审核后,发出禁令,要求涉嫌不正当竞争行为的服务商暂停该行为。第二,完善举证制度,缩短审期。目前民事诉讼法中实行的是“谁主张、谁举证”的举证原则,互联网服务市场的不正当竞争具有技术强的特点,可以根据具体情况在深度链接和软件干扰等案件中采取举证倒置的举证方法。另外,目前的民事诉讼审限较长,与互联网服务市场快速发展和升级的特点不适应,会对企业精力牵扯过大,也影响企业形象,因此可以适当缩短该类案件的审期。

(七)强化法律责任、加大处罚力度

互联网服务企业具有成长快、盈利高的特点,同样互联网服务商在短短的时间内通过不正当竞争就可以获取巨额利润,因此目前的《反不正当竞争法》规定的行政处罚和民事赔偿制度不足以对其形成威慑力。加大对互联网服务商的不正当竞争的处罚可以从两个角度进行:第一,行政处罚,目前的最高额是 20 万元,在目前的《反不正当竞争法》修订案和正拟定的相关法规中提高,甚至有规定最高额度为 100 万元,但是仍有学者认为偏少;第二,在民事赔偿方面规定惩罚性赔偿制度,基于互联网服务的特殊性,这种不正当竞争行为所造成的损失往往只能是从理论上计算,但是理论计算往往缺乏事实和证据,因此难以获取法院支持,为弥补受害企业的损失,可以规定惩罚性赔偿制度,在可以明确计算出的基础上加倍赔偿受害企业的损失,从而加大不正当竞争的违法成本。

第三章
互联网人格权侵权行为

一、互联网人格权侵权概述

网络人格权侵权是互联网侵权诉讼中的一个重要部分。人格权是指民事主体基于其法律人格而享有的、以人格利益为客体、为维护其独立人格所必需的权利。它通常分为一般人格权和具体人格权。一般人格权是指自然人享有的,概括人格平等、人格独立、人格自由、人格尊严全部内容的一般人格利益,并由此产生和规定具体人格权的基本权利。而具体人格权则主要包括:生命权、身体权、健康权、姓名权、名称权、肖像权、名誉权、隐私权、信用权。

在互联网企业诉讼中,涉及网络人格权侵权的案例主要集中在名誉权、隐私权、肖像权和姓名权四大方面。下文将就上述四大方面进行具体阐述,首先介绍各类权利,然后通过分析典型案例,介绍诉讼中的主要争议问题、相关判决的评析,以及针对空白和落后法律法规,提出自己的立法建议。

需要特别说明的是,由于在网络人格权诉讼中,肖像和姓名都属于人格符号的代表,其法律关系和法律本质具有相似性,故而在下文中将合并分析。

二、互联网人格权侵权的常见类型

(一)名誉权侵权

1. 网络名誉权侵权的概述

在互联网诉讼中,关于名誉权的纠纷并不少见。随着时代的进步、科技的发展,越来越多的人加入到网民大军中,在网上的论坛,贴吧随处可见热心网友的评论和跟帖。虽然我们说公民有言论自由权,但是如果不当或者过度使用言论自由权,就很有可能造成侵权,从而引起一场诉讼纠纷。

虽然发表言论的是网民,被侵犯名誉权的是电脑另一端的网友,但是互联网公司作为提供交流平台的第三方,往往因为处理投诉、举报不及时,或者明明注意到了侵权行为,却没有采取措施删除帖子、评论,使被侵权人的法律权益得不到保障,从而引发一场诉讼。

根据我国《民法通则》第 101 条规定,“公民、法人享有名誉权,公民的人格尊严受法律保护,禁止用侮辱、诽谤等方式损害公民、法人的名誉”。所谓名誉,从字义上解释,就是指公民、法人的名望声誉。也就是说,一个公民、一个法人的品德、才干、信誉等在社会中所获得的社会评价。名誉权是指公民或法人对自己在社会生活中所获得的社会评价即自己的名誉,依法所享有的不可侵犯的权利。名誉直接关系公民、法人的人格尊严,它是民事主体进行民事活动,乃至其他社会活动的基本条件。法人的名誉表示社会的信誉,这种信誉是法人在比较长的时间内,在它的整个活动中逐步形成的,特别是企业法人的名誉,反映了社会对它在生产经营等方面表现的总的评价。法人的名誉往往对其生产经营和经济效益产生重大的影响,名誉权是民事主体的一项重要的人身权利。因此,除了我国宪法、刑法和一些行政法规很重视这项权利的保护之外,《民法通则》第 101 条在确认公民、法人享有名誉权的同时,又以禁止性法律规范规定了禁止用侮辱、诽谤等方式损害公民、法人的名誉。

同时,名誉权的侵犯通常伴随着姓名权、肖像权、隐私权的侵犯,最近有很多明星也开始选择用法律武器来维护自己的名誉和公众形象。比如,韩寒状告方舟子侵犯其名誉权,张静诉俞凌风网络环境中侵犯名誉权纠纷案,王菲与天涯网名誉权、隐私权纠纷案,王菲与“北飞的候鸟”网名誉权、隐私权纠纷案,姚晨状告劳动报侵犯荣誉权,黄奕状告霍思燕侵犯名誉权等,这些案例的增多表明,虽然侵犯名誉权的行为在增多,但是相应的应对机制却还不是十分成熟,因此很多人选择用诉讼这一方式维护自己的合法权益。

2. 网络名誉权侵权诉讼的争议焦点

在诉讼中,关于名誉权争议的焦点主要有如下几个:

（1）网络服务提供商究竟应当对网络名誉侵权承担严格责任还是过错责任

在主流意见中，在网络名誉侵权中，网络传播属于类似报纸、广播电视的公共传播，过错责任更能起到良好的规范作用。由于技术上的原因和网络信息量大的特点，使网络服务提供商不能及时、充分、完全地控制上载信息。在这种情况下，如果让网站经营者承担严格责任，受害人把网站经营者作为被告，与侵权人承担连带责任，一方面会使侵权者得不到应有的惩戒，对侵权言论无法起到警示作用从而使其泛滥；另一方面如果按照对传统媒体的严格要求来管理网络，势必会大大降低网络空间中随时随地的实时信息给公众带来的巨大外部效应，从而限制网络业的发展。

（2）用户个人资料和信息的保护问题

网络服务提供者不仅有义务保存有关记录，而且在侵权发生时有义务向司法机关提供有关记录和注册资料，并协助进行调查。

（3）关于网络侵权内容的证据保全和认定

根据“谁主张，谁举证”的原则，受害人需要对其名誉受侵害的事实举证。在网络侵权中，由于侵权行为是在网络中进行的，这就需要对大量的具有证明作用的网上信息进行固定和保存，但是，网上信息处于经常变化状态，而且可以被极其容易地、不留痕迹地修改。如果可以对侵犯其名誉的恶意信息进行了公证，这种证据保全方法是有效的。通过公证对信息内容加以保存，是网络侵权纠纷中重要的证据形式，保证了公证后信息的关联性和客观性。而且经过公证的网络信息，赋予了其法律证明的效力，因此它的证明力要比其他形式的证据强。

（4）关于侵权责任的承担方式及精神损害赔偿数额的确定

关于精神损害赔偿数额的计算问题，最高人民法院《关于确定民事侵权精神损害赔偿责任若干问题的解释》第10条规定：“精神损害的赔偿数额根据以下因素确定：（一）侵权人的过错程度，法律另有规定的除外；（二）侵害的手段、场合、行为方式等具体情节；（三）侵权行为所造成的后果；（四）侵权人的获利情况；（五）侵权人承担责任的经济能力；（六）受诉法院所在地平均生活水平。”考虑互联网本身的地域广、传播快、覆盖面大等特点，可相对提高赔偿数额。具体结合侵害情节轻重，并参照受害人的谅解程度和加害人的认错态度等予以确定。与传统侵犯名誉权案件一样,造成受害人精神和财产损失的,也应合理予以赔偿。

(5)网络服务提供者是否应当承担事前审查义务

《侵权责任法》第36条规定了网络服务提供者的连带责任,大部分学者认为据此可以推断网络服务提供者应当承担事前审查义务,这一观点从一些法院案例中也可找到依据。但是,也有部分学者对此观点持反对态度,他们认为,网络平台信息丰富、资源繁多,要求网络服务提供者对海量的信息逐一进行详细的事前审查是不现实且不公平的。

3. 网络名誉权侵权的主要类型

侵犯名誉权的案件,是整个互联网人格侵权案件中种类和数量最多的一类。侵权既可以表现为单独侵犯名誉权,也可以表现为同时侵犯多项人格权利。从侵权的表现形式看,主要包括侮辱和诽谤两种类型。

(二)隐私权侵权

1. 网络隐私权的概述

自美国学者沃伦(Wallen)和布兰代斯(Brandeis)于1890年在其《论隐私权》一文中将隐私界定为一种"免受外界干扰的、独处的"权利后,隐私权日益引起学界、司法实务界的广泛关注。我国学术界一般都承认隐私权概念,但隐私权理论并不成熟,司法实践中也经常遇到难题,其中最棘手的便是何为隐私、如何确定隐私权的内涵和外延等。实践中,发生侵害隐私权的行为,通常依其侵害内容及所造成的后果,以相关法律规定,如关于名誉权等的法律规定予以调整。

关于隐私权的概念,学者众说纷纭。代表性的观点有:佟柔主编的《中国民法》认为,"隐私权也称为私生活的秘密权,是指公民对自己的个人生活秘密和个人生活自由等内容,禁止他人干涉的一种人格权"。[①] 张新宝教授认为,隐私权是指公民享有的私人生活安宁与私人信息秘密依法受到保护,不被他人非法侵扰、知悉、搜集、利用和公开等的一种人格权。[②] 王利明教授认为,未来我国《人格权法》中应该从如下两方面来构建隐私权的内容。一

---

① 佟柔主编:《中国民法》,法律出版社1987年版,第487页。

② 张新宝著:《隐私权的法律保护》,群众出版社2004年版,第12页。

是生活安宁。生活安宁是指自然人对于自己的正常生活所享有的不受他人打扰、妨碍的权利。生活安宁权包含如下三个方面的内容:第一,排除对私人正常生活的骚扰;第二,禁止非法侵入私人空间;第三,对个人自主决定的妨碍。二是生活秘密。生活秘密是个人的重要隐私,涵盖的范围很宽泛,包括了个人的生理信息、身体隐私、健康隐私、财产隐私、谈话隐私、基因隐私、个人电话号码等,也包括个人家庭中有关夫妻生活、亲属关系、婚姻状况(如离婚史等)、是否为过继、父母子女关系及夫妻关系是否和睦、个人情感生活、订婚的消息等。私生活秘密的范围不是固定的,而是随着科技进步和社会生活的发展处于变动之中。王利明教授同时认为,个人信息资料权应当作为一项独立的权利来对待,而不能完全为隐私权所涵盖。①

学界对隐私的内容没有达成共识的原因之一即随着社会和科技的发展,隐私的内涵呈不断膨胀的趋势。但是,隐私权的价值理念在于维护人格尊严、个人主体性之维护及人格发展自由。因此,凡是涉及个人不愿为他人知道的信息,无论该信息的公开对权利人造成的影响是积极的还是消极的,无论该信息是否具有商业价值,只要该信息不属于公共领域并且本人不愿意公开,就应当受到隐私权的保护。

2. 网络隐私权与知情权、言论自由的关系及处理原则

(1)网络隐私权与知情权的关系

一般认为,"知情权"一词最早出现于美国BC通讯社专务理事肯特·库柏在1945年1月的一次演讲。库柏在演讲中鉴于政府在第二次世界大战中实施新闻控制而造成民众了解的信息失真和政府间的无端猜疑,因而主张用"知情权"这一新型民权取代宪法中的"新闻自由"规定。知情权一词于是逐渐从新闻界流传到法律界,并被写入宪法和法律。1789年的法国《人权宣言》第15条首先明确规定了知情权的主张权内涵:"社会有权要求全体公务人员报告其工作。"知情权,也常常被国内学者表述为了解权、知晓权、情报权、信息权。学者认为,知情权的概念有广义和狭义两种。广义的知情权是指公民有权知道自己应知的事情,国家应最大限度地确认和保障公民知悉、获取信息的权利;狭义的知情权是指公民有权知道相关的政务信息。一般

---

① 王利明:《隐私权概念的再界定》,载《法学家》2012年第1期。

情况下,知情权是指广义的知情权,是指一个人有权知道他应当知道的事情的权利,如公民有权知道自己的档案材料,有权知道政府人员的品行、工作表现等。张新宝教授曾对知情权下过定义,即公民对与自己有关的事务(如自己的档案材料)或者有兴趣的事务(如社会新闻)及公共事务有接近和了解的权利。

在网络环境下,公民的知情权主要体现为:①对政务信息的知情权;②对社会信息的知情权;③对有关个人信息的知情权。

在现代社会中,权利与权利的冲突是一种较为普遍的现象。隐私权和知情权便是一对相互冲突的权利。在网络时代,人们总想通过网络了解一切自己想了解、感兴趣的事项,同时又都想保有自己的隐私,以求安宁的私生活。隐私权制度在于保护公民能够控制自己个人的信息,强调对个人信息的独占性、专有性;而知情权的根本目的是保障公民知情权利,满足其知情的需要。从权利角度而言,隐私权在某种程度上是一种消极的、静态的权利,而知情权在某种程度上是一种积极的、动态的权利。就权利本质而言,隐私权是阻碍人们获得某种信息的权利,而知情权则是获得某种信息的权利,这使得两种权利的冲突从未间断。一方权利(知情权)的增加,就意味着另一方权利(隐私权)的减少。[①]

在网络隐私权与知情权的冲突中,对于涉及公权力的隐私一般应当予以限制,对涉及公众人物的隐私也要进行限制,对此无争议。但是当普通个人的隐私权与普通个人的知情权发生冲突时,如何协调。笔者认为,隐私权与知情权都是基本的人格权,两者都应得到保护,但是在不同的条件下保护的侧重点有所不同。

(2)网络隐私权与言论自由

言论自由,或称"表达自由",所见所闻所思以某种形式表达于外的自由。这是言论自由的核心内涵。若把这个核心展开,它还包括搜索、了解、获取各种事实和意见的自由。在此界定之下,主题延及所有公民,言论也被做了扩张性解释,不仅是指传统意义上以声音和文字体现的语言,也包括许多形式的象征性语言,如形体动作、图像、绘画、雕像等。

---

① 罗玥:《论隐私权与知情权的冲突与协调》,载《前沿》2005 年第 4 期。

我国《宪法》规定，中华人民共和国公民有言论、出版、集会、结社、游行、示威的自由。可见，言论自由也是公民享有的权利和自由之一，是受法律保护的。言论自由与隐私权之间却存在着固有的矛盾。这是因为隐私权的目的在于维护公民生活的秘密，防止任何人侵犯；而言论自由权的目的则在于维护公民“说”和“知”的权利，依法议论和获取信息，满足其“评说”的需要。公民一方面希望知道和评论更多别人的事情；另一方面又不希望自己的事情让别人知道。于是，言论自由权和隐私权之间便不可避免地产生了冲突。

由此引发的争议表现在：以“人肉搜索”为例，赞成者认为，在任何一个民主法治社会，言论自由和舆论监督都是宪法赋予公民不可剥夺的权利，而言论自由在某种意义上，是最平民化、最应该受到保护的表达方式，应该给予最大限度的保护和宽容。它作为网民表达言论自由的方式之一，在客观上能够对不符合道德观念却不违法的行为起到威慑作用，从某种程度上来说，也是网民形式监督权、批评权的体现。反对者则认为，“人肉搜索”会导致“网络道德审判”，引发网络暴力，或至少为网络暴力提供对象、信息及制造舆论和气氛的机会，践踏人的隐私乃至尊严，应该禁止。

(3)网络隐私权与知情权、言论自由冲突的处理原则

平衡与协调网络个人隐私权与知情权、言论自由的冲突应做到：首先，坚持利益衡量原则。利益平衡，也称法益衡量，是指在存在多个利益间的冲突而法律未对利益的位阶或利益选择规则作出界定时，由法官在尊重相关法律规定的条件下，通过司法解释对冲突的利益进行权衡与取舍活动。权利体现为一种主张、利益需求，利益衡量是权利冲突解决的基础。利益分析的前提是将相互冲突的权利作以分析比较，在权利的相互冲突中找出冲突的结果最小成本，即确定哪种权利应当优先保护，哪种权利应当次优保护，优先保护哪种权利可以保护最大多数人的利益。隐私权与知情权的冲突也表现为利益冲突，隐私权是一种自我利益，表现为个人对自己私人领域、私人信息和私人行为的保有和维护，体现为一种人格利益。知情权是一种对外扩张趋势的利益实现，表现为权利人对自身之外的现象、信息的了解与知悉，既体现为一种人格利益，也体现为一种经济利益。知情权在私法领域体现为社会知情权和个人信息知情权，这二者在与隐私权冲突中表现出来的利益需求是不同的。运用利益分析法解决隐私权与知情权的冲突，要根据

冲突中表现出来的不同利益需求来分别加以分析,归纳、总结出具体协调规则。

言论自由权与隐私权之间也存在冲突,而且法律并没有对二者的位阶和利益选择的规则作出界定,那么就需要我们对二者所代表的利益进行权衡与取舍。这就需要在司法中运用比例原则。一方面,比例原则包括公共利益优先的原则,即当隐私权与社会公共利益发生冲突时,隐私权必须让位于言论自由。反之,当网络言论自由与公共利益冲突时,需对网民的言论自由进行限制。另一方面,在处理相互冲突的各种利益时,要比较、权衡各种利益的大小、轻重,具有优先的、更重要的利益受到保护,而相冲突的利益就要受到限制,也就是"两害相权取其轻"。

其次,完善相关法律制度。应完善现行法律,制定科学的规范,以平衡和协调隐私权和知情权的冲突。一是由于我国隐私权和知情权保护的法律基础环境相当薄弱,因此对于网络信息隐私权和知情权的协调保护可能要分散在不同的法律法规中,如政府信息公开法、公平信用报告法、网络与电子商务中的消费者保护法、ISP 的经营规范及个人化信息资料的利用与控制法等。二是由于网络空间容量大,信息流动快,政府单纯通过立法或司法监督来保护协调网络信息隐私权和知情权是不大可能的。因此,我国亟须业界联合制定出行业指引,建立行业自律体系,并培育相应的中介机构对各网站隐私权政策的执行情况进行认证。① 此外,我国在言论自由和隐私权方面的立法起步较晚,特别是在互联网这种新兴媒介下,尚没有较完备、系统的网络立法对网络媒介中言论自由的规制和隐私权的规制作出具体规定。因此,为了协调好网络言论自由与隐私权之间的冲突,必须建立一套完备的、具体的网络法律体系。

最后,借助科技发展,保护网络环境下的个人隐私。网络信息隐私权和知情权的保护涉及面广,除立法和业界自律外,使用得当的技术也是保护隐私的良好工具。目前,全球互联网站的前 100 名中已有 40% 在使用或计划使用 P3P 标签系统了。"隐私偏好平台"(P3P – Platform for Privacy

---

① 吴育珊、万小艳:《网络信息隐私权与知情权:冲突、协调与平衡》,载《湖北社会科学》2006 年第 10 期。

Preferences)被称为隐私优先等级平台。[①] 它的应用既是行业自律的表现，又是自我保护的手段，更是立法与技术相结合平衡与协调隐私权和知情权的冲突的好途径。

(三)肖像权、姓名权侵权

1. 网络肖像权、姓名权的概述

姓名，是自然人的人身专用文字符号或标记，是自然人姓名权的客体。[②] 姓名权是公民依法享有的决定、使用、变更自己的姓名并排除他人非法干涉和非法使用的一种人格权利，体现在对自己姓名的自主决定权，包括命名、是否使用、是否改变等。《民法通则》第99条规定，公民享有姓名权，有权决定、使用和依照规定改变自己的姓名，禁止他人干涉、盗用、冒用。

肖像是指通过绘画、照相、雕塑、录像、电影等艺术形式，是自然人外貌在物质载体上再现的视觉形象。肖像权是自然人对自己的肖像所体现的利益为内容的具体人格权。[③] 肖像权的体现主要为肖像的制作权、使用权、维护权等。

2. 肖像权和姓名权的内涵、联系与区别

之所以将姓名权和肖像权这两种不同的权利放在一起，是因为二者有其共同属性，都是自然人专享的人格权利，都具有人身符号的特征，都是个人享有的一种专有使用权，如未经本人允许，他人不得非法使用。在侵权行为往往也存在两种权利同时侵犯的情况。

但是，二者的具体内涵和法益保护也存在一定的区别。肖像权除了使用这一层面外，还有维护权。公民有权禁止他人对自己的肖像进行毁损、玷污、丑化和歪曲。另外，相较于姓名而言，肖像权更具有一对一的标识性，几乎不存在重复或者雷同的情况。

3. 肖像权、姓名权的侵权方式及与隐私权侵权的区分

隐私权与姓名权、肖像权都是自然人独有的权利，在人格权的侵权行为

---

① 梅绍祖：《个人信息保护的基础性问题研究》，载《苏州大学学报》2005年第2期。

② 杨立新、朱呈义、薛东方编著：《精神损害赔偿——以最高人民法院精神损害赔偿司法解释为中心》，人民法院出版社2004年版，第215页。

③ 同上书，第250页。

中往往存在同时侵犯多项具体人格权的情况，而这之中与上文所述的隐私权的区分显得尤为重要。需要特别注意保护法益和侵权方式的差异。隐私权，如上文所言，主要是当事人对于是否公开的决定权，而姓名权、肖像权的侵权方式则与之不同。

侵犯姓名权的主要表现是，干涉他人决定、使用、改变姓名，或者盗用、冒用他人姓名。盗用他人姓名是指未经他人同意或授权，擅自以他人的名义实施某种活动，以抬高自己身价或谋求不正当的利益。冒用他人姓名是指使用他人的姓名，冒充他人进行活动，以达到某种目的。

《民法通则》第100条规定："公民享有肖像权，未经本人同意，不得以营利为目的使用公民的肖像。"这里对肖像权的保护目的做了限制，限定为营利性使用。常见的侵犯公民肖像权的行为，主要是未经本人同意、以营利为目的使用他人肖像做商业广告、商品装潢、书刊封面及印刷挂历等，而进行新闻报道、公益宣传等则不在其内。另外，根据最高人民法院《关于贯彻执行〈中华人民共和国民法通则〉若干问题的意见》，恶意毁损、玷污、丑化公民的肖像，或利用公民肖像进行人身攻击等，也属于侵害肖像权的行为。

从上可以看出，隐私权侵权与姓名权、肖像权侵权有着本质上的区别。前者保护的主要是自然人个人的心灵安宁、环境宁静不受侵犯，防止当事人不愿被公开的内容被非法公开；而后者则是在权利已然公开的情况下，保护当事人的合法人格利益，既包括人身利益（自主决定权），也包括财产利益。

在互联网企业的诉讼中，侵犯肖像权、姓名权的案例也有不少，其大多可以认为是传统媒体上述侵权行为的互联网化延伸。在侵权方式、侵权手段、侵犯利益等方面与传统媒体差异并不大。由于本书重点讨论互联网企业诉讼的特点，因而对于传统的肖像权理论问题，如集体肖像权的保护等不做分析。

从案例反映的情况看，与过去传统侵权相区别，最能体现互联网特点的，主要体现在注意义务与责任承担上。在互联网高速与海量信息化时代，信息更新快捷、高效。通常各大门户网站，为争取第一时间提供信息，而会对同一信息相互转载发布。此外，一些小型网站或其他类型的IT公司，也希望借助门户网站的实力，及时进行相关的宣传。这时，对于不属于其一手信息中的肖像权、姓名权的审核义务，以及在侵权行为发生后管理责任的认定,则成为网络姓名权、肖像权侵权诉讼的特征。

三、互联网人格权侵权典型案例

(一)姜国诉百度贴吧名誉权侵权案

案例索引

案号:(2011)海民初字第9426号

基本案情

原告姜国为北方时报编辑部主任、记者,被告为北京百度网讯公司。2005年3月18日姜国因涉嫌嫖娼被处以行政处罚,后姜国提出行政复议。2005年3月24日在百度贴吧北京吧发表有"黑龙江名记寻'欢'作恶篇(姜国)"及相应的回帖(以下简称"嫖娼帖")。2005年4月7日百度吧黑龙江吧发表有"姜国嫖娼案处理结果今揭晓"及相关回帖(以下简称"双开帖")。2005年4月14日姜国工作单位北方时报社将其"双开"(开除党籍、开除公职)。2005年8月24日公安局撤销对姜国作出的行政处罚决定。2006年1月6日哈尔滨市人民政府做出行政复议决定书:以事实不清、证据不足、程序违法,撤销原作出的《公安行政处罚决定书》。2008年8月4日姜国工作单位北方时报社撤销对其"双开",恢复职务。

2008年12月姜国委托黑龙江长城律师事务所向百度公司出具两封带有联系地点及电话的律师函,其中一封主要内容为在百度网站输入"北方时报姜国"标题,可看到百度贴吧"嫖娼帖"相关内容,给姜国造成名誉权侵害,要求百度公司停止侵权,赔偿损失;另一封主要内容为在百度网站输入"北方时报姜国""姜国嫖娼案"标题,可在百度贴吧见"双开帖"相关内容,给姜国造成名誉权侵害,要求百度公司停止侵权,赔偿损失。

百度公司收到两封律师函后,对其中"嫖娼帖"进行了删除,而未对"双开帖"进行删除。姜国对百度公司提起名誉权诉讼后,"双开帖"已经由百度公司删除,百度公司称本次搜索系根据姜国2010年6月6676号公证书,输入关键词"北方时报(空格)姜国",才找到"双开帖",并非律师函中的"北方时报姜国”。

争论焦点

本案的焦点问题在于百度贴吧的帖子对姜国是否构成名誉权的侵犯？百度公司作为网站的经营管理方是否应当就侵犯姜国名誉权的发帖承担侵权责任？如要承担责任，那么应如何履行自己的责任？

法院观点

法院认为，名誉系指对特定人格价值的一种社会评价。公民享有名誉权，禁止用侮辱、诽谤等方式损害公民的名誉。对侵犯名誉权行为之认定，参照一般侵权行为之认定标准结合侵犯名誉权行为之特殊性，应考查侵权人有无因故意或过失，将不当观念传播于第三人，致使他人的社会地位因此遭到贬损，或减少其应享受的信任与尊敬。“嫖娼帖”所述姜国因嫖娼被行政处罚之情节，已经在“嫖娼帖”发出后姜国通过行政复议予以撤销；“双开帖”发布于姜国被单位“双开”日期之前，且在行政复议撤销原行政处罚后，“双开”决定亦被撤销，故此时百度贴吧上述帖子已经构成对姜国的不当评论。

百度贴吧系百度公司经营管理的开放性互联网信息交流平台，在向用户提供信息存储空间时，已将百度《贴吧协议》《贴吧投诉规则》公布于网站首页，告知用户享有言论自由，但不能对他人进行侮辱、谩骂及人身攻击，用户如发现相关言论可进行投诉，并在《贴吧投诉规则》告知了投诉方式，故应视为已经对用户尽到了事前提示义务。因互联网贴吧海量信息、内容流动变化频繁及信息发布主题广泛和虚拟等特性，百度公司作为网络经营者，对“嫖娼帖”“双开帖”内容的真伪性进行判断或对相关事件的进展变化进行了解，显然超出了其应具备的审查能力，故诉争帖子不属于百度贴吧协议中规定的可由网络经营者径行删除的文章。且为不固定公众提供信息网络上传空间并不成立互联网信息服务提供者制作、复制、发表、传播不当言论之行为。故百度公司对百度贴吧中诉争帖子的发布不承担侵权责任。

根据律师函提供搜索输入关键词，百度公司查到“嫖娼帖”后进行了删除，履行了互联网信息服务提供者的管理责任，故对此不承担侵权责任。但就“双开帖”,百度公司称根据姜国律师函中提供关键词“北方时报姜国”及“姜国嫖娼案”查不到“双开帖”,而庭审中根据姜国公证书中关键词“北方时报(空格)姜国”找到该“双开帖”后方进行删除。应指出,因电子信息数字字节特性“北方时报姜国”与“北方时报(空格)姜国”并不为同一关键词,可能导致搜索结果的差异,姜国律师函中提供关键词不准确,存在一定过失;但百度公司作为专业网络运营商,有能力亦应履行其妥善注意义务,根据律师函进行相关关联搜索、根据律师函中帖子名称搜索或通过与投诉人进行联系明确帖子位置。故百度公司对“双开帖”未能及时删除亦存在一定过失,对姜国因“双开帖”删帖不及时遭受的名誉权侵害存在一定过失。在此情况下,本院认定百度公司应支付姜国精神损害抚慰金及公证费用。因相关帖子分别于诉讼前或诉讼中由百度公司删除,故停止侵害之行为已经履行,本院不再处理。因“双开帖”未能及时删除,双方均存在一定过失,故姜国要求百度公司赔礼道歉并在相关媒体发表致歉声明之诉请本院不予支持。就姜国主张工资性损失、医疗费等,不属于百度公司删帖不及时所导致的直接损失,故本院对此亦不予支持。

案件评析

名誉系指对特定人格价值的一种社会评价。公民享有名誉权,禁止用侮辱、诽谤等方式损害公民的名誉。

互联网的快速发展带来了商机和便利也带了纠纷。网络为侵犯名誉权提供了更广阔、更快捷的平台。与传统侵犯名誉权相比,网络侵犯名誉权传播速度更快,影响范围更广。因此,网络侵犯名誉权的认定和归责变得极为重要。

从各个法院的案例中可以看出,在网络侵犯名誉权的认定上,各法院参照一般侵权行为的认定标准:(1)是否有侵犯名誉权的加害行为;(2)是否有名誉权遭受损害的事实;(3)加害行为与损害事实之间是否有因果关系;(4)侵权行为人主观上是否有过错。即应当考察侵权行为人是否出故意或者过失,以侮辱或诽谤等方式损害他人的名誉,并将之通过网络传播,使其社会评价遭到贬低。网络信息发布者的侵权责任即可参照上述标准加以界定。对于侵权信息传播者的责任认定标准从理论上而言应当也是参照上述标准,但是在实践中,由于网络传播的快捷性以及网络的虚拟性,使网络传播者的主体十分难以界定,并且通常情况下传播者人数众多,导致现实中使传播者承担侵权责任困难重重。

难度较大的是网络服务提供者的责任认定,目前可以参照的法条主要是《侵权责任法》第36条:“网络用户、网络服务提供者利用网络侵害他人民事权益的,应当承担侵权责任。网络用户利用网络服务实施侵权行为的,被侵权人有权通知网络服务提供者采取删除、屏蔽、断开链接等必要措施。网络服务提供者接到通知后未及时采取必要措施的,对损害的扩大部分与该网络用户承担连带责任。网络服务提供者知道网络用户利用其网络服务侵害他人民事权益,未采取必要措施的,与该网络用户承担连带责任。”

同时,为了细化责任认定标准,2014年6月23日最高人民法院审判委员会第1621次会议通过了最高人民法院《关于审理利用信息网络侵害人身权益民事纠纷案件适用法律若干问题的规定》,并于2014年10月10日开始正式施行。该规定共有19条,主要内容有:《侵权责任法》第36条第2款、第3款中被侵权人发出通知内容的界定、网络服务提供者采取必需措施是否“及时”的认定、网络服务提供者“知道”的认定;网络服务提供者协助提供涉嫌侵权网络用户信息的义务;转载网络信息行为的过错及其程度的认定等。从这些规定后中可以看出,网络服务提供者在提供网络连接服务时应当履行合理注意或常规监察义务。本案中,百度公司作为网络服务提供者已经将百度《贴吧协议》《贴吧投诉规则》公布于网站首页,将用户的各项权利义务告知,视为已经履行了告知和审查义务。在接到原告发出的律师函后,百度公司根据函件内容及时删除了相关帖子,可以视为其已经履行了相关管理和监查义务。

《民法通则》和最高人民法院有关的司法解释中关于侵权责任的承担方式,适用于网络名誉权侵权责任的主要有停止侵害、恢复名誉、消除影响、赔礼道歉、赔偿损失。为受害人恢复名誉、消除影响的范围,应与侵权所造成的不良影响的范围相当,即侵权的言论在一定范围和一段时间内传播的,应当在一定范围和一段时间内在相应的载体上进行恢复名誉、消除影响。

(二)蔡继明诉百度姓名、名誉、肖像和隐私权侵权案

案例索引

案号:(2011)一中民终字第5934号

基本案情

2010年清华大学教授蔡继明向百度公司提起诉讼。蔡继明教授向一审法院起诉称:我系清华大学人文社会科学学院的教授、清华大学假日制度改革课题组负责人,受民进中央委托,于2006年组建了清华大学假日制度改革课题组,提出变黄金周集中休假为分散休假,同时增加部分传统节日为法定节假日,全面推行带薪休假的改革方案。2007年3月我作为全国政协委员又在两会期间提交了"假日改革"提案,并在媒体上公开发表。在广泛征求了社会各界意见的基础上,国务院于2007年12月24日公布了《关于修改〈全国年节及纪念日放假办法〉的决定》。我及我领导的课题组成为各界舆论关注的焦点,一些持不同意见的人便将我当作发泄怨气的对象,并通过电话、短信、电子邮件对我进行人身攻击。北京百度网讯公司提供的百度贴吧中有一个以我名字命名的贴吧。自2007年12月至今,该贴吧已发表了3000多条严重侵害我权益的帖子。上述贴吧持续时间长(将近2年),传播速度快,扩散范围广,在海内外对我产生了极其恶劣的影响,充斥其中的侮辱、谩骂和威胁对我及其家人造成了极大的伤害,严重影响了我及家人的正常生活和工作。故诉至法院,请求判令:(1)百度网讯公司删除贴吧中侵犯我姓名、名誉、肖像和隐私权以及人身侮辱、威胁的言论,关闭百度贴吧中的蔡继明吧;(2)百度网讯公司在百度贴吧主页发表致歉声明,并保持两年以上;(3)百度网讯公司提供在百度蔡继明吧上对我进行谩骂、侮辱和语言威胁的用户个人信息;(4)百度网讯公司赔偿我精神损失费200万元、律师费10万元及公证费5080元;(5)由百度网讯公司承担本案诉讼费用。

争论焦点

一审法院查明的本案的焦点问题有以下几点:(1)百度网讯公司是否系

利用网络服务实施侵害蔡继明上述人格权益的直接侵权人；(2)百度网讯公司是否属于明知网络用户利用其网络服务侵害蔡继明民事权益而未尽到相应注意义务的情形；(3)百度网讯公司在接到蔡继明的通知后，是否及时采取了必要的措施，其行为是否构成对蔡继明上述人格权益的侵犯；(4)百度网讯公司是否应当承担相应的民事责任。

法院观点

1. 一审情况

2009年7月22日在百度贴吧中的“蔡继明吧”内，发现了大量涉及侵犯蔡继明人格权益的帖子。2009年10月13日蔡继明委托律师向百度网讯公司发送《律师函》要求该公司履行法定义务、删除侵权言论并关闭“蔡继明吧”，而未按照“百度贴吧”投诉规则规定的投诉方式进行投诉。百度网讯公司在收到该律师函后，对“蔡继明吧”中涉嫌侵权的网帖进行了删除。百度网讯公司在参加本案诉讼后，对“蔡继明吧”内涉嫌侵权的帖子再次进行了删除。截至2010年3月29日，“蔡继明吧”内已无侵害蔡继明名誉、姓名权益的违法信息存在，且网络用户无法继续在“蔡继明吧”内发帖。

另查，在百度网站的“百度贴吧”首页中设置有使用“百度贴吧”的基本规则和投诉方式及规则。“贴吧投诉规则”中说明任何企业或个人认为贴吧帖子内容涉嫌侮辱或诽谤他人，侵害他人合法权益的或违反贴吧协议的，请按如下要求提供相关信息至“webmaster@ baidu. com”。

一审庭审中，蔡继明主张证人梁文燕曾与百度网讯公司交涉过，但百度网讯公司一直未予有效处理和管理；百度网讯公司对梁文燕证人证言的真实性不予认可，主张其申请作吧主与本案没有关联性。

一审法院认为：公民、法人由于过错侵害国家的、集体的财产，侵害他人财产、人身的，应当承担民事责任。网络用户利用网络服务实施侵权行为，在被侵权人通知网络服务提供者采取必要措施后，网络服务提供者未及时采取必要措施的，对侵权损害的扩大部分与该网络用户承担连带责任。网络服务提供者知道网络用户利用其网络服务侵害他人民事权益而未采取必要措施的，与该网络用户承担连带责任。

一审法院依据《民法通则》第106条第2款、《民事诉讼法》第64条第1

款规定,判决:(1)北京百度网讯公司于本判决生效后30日内向蔡继明披露在"http://www.baidu.com"网站上百度贴吧内的"蔡继明吧"中所有谩骂、侮辱及语言威胁蔡继明的网络用户信息;(2)驳回蔡继明的其他诉讼请求。

2. 二审判决

蔡继明不服一审判决,向本院提起上诉称:(1)一审判决认定事实错误;(2)一审判决适用法律错误;(3)一审遗漏当事人诉请。综上所述,请求撤销一审判决第二项,依法改判,支持蔡继明的全部诉讼请求。

本院仅针对蔡继明上诉请求的范围进行审查。

首先,本案中对蔡继明发表带有侮辱、诽谤性的言论,对蔡继明的个人照片进行剪裁、拼接的侮辱丑化性的照片进行张贴,擅自公布蔡继明个人手机号码、家庭电话等个人私密信息的行为,严重贬损了蔡继明的名誉及人格尊严,侵扰其个人生活安宁及精神安宁,已构成对蔡继明名誉权、肖像权及隐私权的侵权。关于姓名权的问题,因"蔡继明吧"的建立,是网络用户申请建立,"蔡继明吧"是公众舆论对公众人物和公众事件发表言论的渠道,以"蔡继明"命名吧名只是指代舆论关注的焦点,其本身并无侵害其姓名权的故意,特别是网络用户建立名人贴吧的情况为数众多,在此种情况下,不宜认定侵犯了蔡继明的姓名权。而一些侮辱性言辞,并非干涉、盗用、假冒而侵犯姓名权的情形,因其侮辱性,而应归属于名誉权的保护范畴。

上述侵犯名誉权、肖像权、隐私权的主体并非百度网讯公司,而系使用百度网讯公司提供的网络贴吧服务平台的网络用户,故百度网讯公司并非造成蔡继明的人格权益损害的直接侵权人。一审法院对此问题的认定并无不当。

其次,百度网讯公司在接到律师函而删帖之后,又有大量网民陆续发布了新的侵权网络信息,根据现有证据,可以证明百度网讯公司继续进行了删除侵权信息的处理,直至最终采取屏蔽的方式阻止网络信息发布,防止侵权事态进一步扩大。目前,蔡继明吧内已无侵害蔡继明肖像、名誉、隐私及姓名权益的违法信息存在。蔡继明上诉主张其他贴吧中仍然存在大量侵犯蔡继明权利的帖子,根据现有证据,这些帖子并非蔡继明一审证据所指向的侵权帖子,而且从时间上看,是一审起诉之后出现的,一审法院对蔡继明要求百度公司删除贴吧中侵犯其姓名、名誉、肖像和隐私权以及人身侮辱、威胁的言论的诉讼请求，已经进行了审理，故不存在蔡继明上诉所称漏审的问题。

应当指出，百度网讯公司作为贴吧的所有人和管理人，负有“事前提示”和“事后管理”义务。本案中，梁文燕就贴吧中的侵权言论已经进行了相应的投诉，虽然投诉并未严格按照百度网讯公司的投诉规则进行，但是百度网讯公司的投诉规则是百度网讯公司自己制定的规则，其内部部门的职权划分不能否定梁文燕投诉的基本事实，而且百度协议中写明是任何人皆可投诉。在梁文燕已经投诉后，百度网讯公司并未及时采取相应措施，直至蔡继明委托发出正式的律师函，才删除侵权帖子。一审法院未认定梁文燕投诉的事实不当，本院予以纠正。百度网讯公司怠于履行管理职责，对梁文燕投诉后和蔡继明发出正式律师函这一时间段的侵权行为，应当承担怠于管理的责任。

最后，关于百度网讯公司应当承担的责任的问题。根据上述认定，百度网讯公司怠于履行事后管理的义务，致使网络用户侵犯蔡继明的损害后果扩大，应当承担相应的责任。本院综合考虑本案后果，酌定百度网讯公司赔偿蔡继明精神抚慰金 10 万元。

综上所述，蔡继明上诉请求的合理部分，本院予以支持。一审判决的不当之处，本院予以纠正。判决如下：

（1）维持北京市海淀区人民法院（2010）海民初字第 1281 号民事判决第一项；

（2）撤销北京市海淀区人民法院（2010）海民初字第 1281 号民事判决第二项；

（3）北京百度网讯科技有限公司于本判决生效后 15 日内赔偿蔡继明精神损害抚慰金人民币 10 万元、公证费人民币 5080 元；

（4）驳回蔡继明的其他上诉请求。

案件评析

如今网络暴力随处可见，网民素质的参差不齐，网民的情绪容易被诱导是导致网络环境难以改善的两大因素。在蔡继明诉百度侵权一案中，争议的焦点在于百度是否尽到了作为管理者的责任，这个责任不仅限于在接到投诉电话后所采取的删除侮辱性评论和帖子等措施,还包括了是否属于明知有侵权行为但是视而不见的情形。此外,还应包括在证人向百度网讯公司投诉后,百度网讯公司及时采取措施维护当事人的权益这一情形。在本案中,百度虽然不是侵犯当事人的直接责任者,并且在接到律师函和一审法院作出判决后均采取了措施删除了侵犯当事人权益的言论,但是,百度对于之前的证人投诉存在怠于行使职责的过错,因而二审法院对一审法院的判决进行了改判,判决百度给予当事人一定的精神损害赔偿。

通过上述案例的分析,针对当前法律当中的空白与模糊地带,我们也借此提出一些立法和司法建议。

目前,我国有关网络侵犯名誉权的法律法规已有不少,如《计算机信息网络国际联网安全保护管理办法》第 5 条的规定,《关于维护互联网安全的决定》第 4 条、第 6 条、第 7 条的规定,《侵权责任法》第 36 条的规定,最高人民法院《关于审理利用信息网络侵害人身权益民事纠纷案件适用法律若干问题的规定》等。

尽管如此,现行的法律规范并不能完全满足互联网快速发展、变化的现状,需要在以下方面进行完善:

第一,细化各项规定。尽管最高人民法院发布的规定中详细阐明了“通知”的内容,但是并没有阐述“通知”具体应当采用怎样的形式,“损害的扩大部分”应当如何界定?

第二,具体界定和规定网络名誉权侵权。上述法律法规针对的是网络侵犯人身权的责任承担,并没有具体规定网络侵犯名誉权的构成要素和责任承担方式,在实践中可能会由于法官的个人法律素养不同而致使相似案件的判决结果出现差异。

第三,建立网络监督管理体制。目前我国并没有统一的网络管理监督体系,网络管理者本身就身兼管理和监督两职,因此为更加的公平公正,有必要建立一套独立的网络监督机制。

此外,我们也建议完善互联网诉讼制度,在诉讼中明确互联网公司的责任类型;把从网络取得的证据以公证形式保存这一方式写入法律中;把互联网公司是否应该公布以及如何公布侵权人信息等相关规定纳入立法范围,明确侵权人的法律责任及营造良好的互联网环境的方式方法。

（三）王某诉凌云公司名誉权、隐私权侵权案

案例索引

案号：(2008)朝民初字第29276号

基本案情

王某与死者姜某系夫妻关系，双方于2006年2月22日登记结婚。2007年12月29日晚，姜某从自己居住楼房的24层跳楼自杀死亡。姜某生前在网络上注册了名为"北飞的候鸟"的个人博客，并进行写作。在自杀前2个月，姜某在自己的博客中以日记形式记载了自杀前2个月的心路历程，将王某与案外女性东某的合影照片贴在博客中，认为二人有不正当两性关系，自己的婚姻很失败。姜某的博客日记中显示出了丈夫王某的姓名、工作单位地址等信息。姜某在2007年12月27日第一次试图自杀前，将自己博客的密码告诉一名网友，并委托该网友在12小时后打开博客。2007年12月29日姜某跳楼自杀死亡后，姜某的网友将姜某博客的密码告诉了姜某的姐姐，后姜某的博客被打开。

姜某的博客日记被一名网民阅读后转发在天涯社区论坛中，后又不断被其他网民转发至不同网站上，姜某的死亡原因、王某的"婚外情"等情节引发众多网民的长时间、持续性关注和评论。许多网民认为王某的"婚外情"行为是促使姜某自杀的原因之一。一些网民在进行评论的同时，在天涯虚拟社区等网站上发起对王某的"人肉搜索"，使王某的姓名、工作单位、家庭住址等详细个人信息逐渐被披露；更有部分网民在大旗网等网站上对王某进行谩骂、人身攻击，还有部分网民到王某家庭住址处进行骚扰，在门口刷写张贴"逼死贤妻""血债血偿"等标语。

大旗网（网址：www. daqi. com）系由凌云公司注册管理的经营性网站。在姜某死亡事件引起广泛关注后，大旗网于2008年1月14日制作了标题为《从24楼跳下自杀的MM最后的BLOG日记》的专题网页。大旗网在专题网页中使用了王某、姜某、东某的真实姓名，并将姜某的照片、王某与东某的合影照片、网民自发在姜某自杀身亡地点悼念的照片、网民到王某家门口进

行骚扰及刷写标语的照片等粘贴在网页上。大旗网在王某与东某的合影照片下方还注明为“王某公司组织去罗马玩与第三者合影”。

王某认为，由于凌云公司是大旗网的开办者，因此请求判令凌云公司立即停止侵害、删除大旗网上有关侵权信息，并在大旗网为其恢复名誉、消除影响、赔礼道歉、赔偿精神损害抚慰金 20,000 元，承担公证费用 2050 元的 1/3。

法院观点

法院认为，公民个人感情生活问题，包括男女关系问题，均属于其个人隐私范畴的一部分。在正常的社会生活中，类似这些问题一般仅为范围较小的相对特定人所知晓，当事人一般正常情况下不愿也不会在不特定的社会公众间广为散播。大旗网在网站上设置专题网页，进行调查和走访，披露当事人的真实身份，将网页与其他网站相链接，扩大了事件在互联网上的传播范围，使不特定的社会公众得以知晓，这一行为显然侵犯了王某的隐私权。

在社会生活中，公民为了交往的需要，常常主动将姓名、工作单位、家庭住址等个人信息告知他人，自己的这些信息有时也会被他人通过一定途径知晓和利用。这些信息不具有一般的人格或身份属性，对于这些个人信息的主动披露、使用等行为是否构成侵犯隐私权，应当对行为人对这些信息的取得方式、披露方式、披露范围、披露目的及披露后果等因素综合认定。

王某的婚姻不忠行为、姓名、工作单位等信息被披露后，成为公众知晓其真实身份的依据，引发了众多网民的批评性言论和不满情绪的蔓延和爆发。网民们利用被披露的信息，开始在其他网站上使用“人肉搜索”的网络搜索方式，主动搜寻更多的关于王某的个人信息，甚至出现了众多网民到王某家上门骚扰的严重后果，使王某正常工作和生活秩序受到严重影响。因此，在王某婚姻不忠行为被披露的背景下，披露王某的姓名、工作单位名称、家庭住址等信息亦侵犯了王某的隐私权。

据此，法院判决被告北京凌云互动信息技术有限公司停止对原告王某的侵害行为，删除大旗网（www. daqi. com）中《从 24 楼跳下自杀的 MM 最后的 BLOG 日记》专题网页，并在大旗网（www. daqi. com）首页对原告王某刊登道歉函，赔偿原告王某精神抚慰金3000元。

案件评析

本案被称为“人肉搜索第一案”，在社会上引起了广泛的关注，产生了极大的影响。随着互联网的不断发展和普及，互联网在给人们带来极大便利的同时，利用互联网侵犯人们名誉权、隐私权的行为也更加普遍。互联网的经营应当加强自律管理和对信息的审查管理，不能为了盈利最大化而逾越法律的底线，侵害或者放任网民侵害他人的合法权益。本案的焦点问题之一即公布普通公民的个人信息与侵犯隐私权的关系。一般情况下，判断公布的个人信息是否会侵犯他人隐私应当从行为人对这些信息的取得方式、披露方式、披露范围、披露目的及披露后果等因素综合认定。

本案中，凌云公司对王某信息的披露方式是通过在大旗网上开设专题网页的形式；披露范围包括王某的真实姓名、工作单位、家庭住址、与案外女性有“婚外情”等信息；披露后果是众多网民的批评性言论和不满情绪在网络上蔓延和爆发。网民们利用被披露的信息，开始在其他网站上使用“人肉搜索”的网络搜索方式，主动搜寻更多的关于王某的个人信息，甚至出现了众多网民到王某家上门骚扰的严重后果，使王某正常工作和生活秩序受到严重影响。在王某存在不忠行为的前提下，综合这几个方面，可以认定凌云公司披露王某与第三人有婚外情的行为，会使王某的这一不愿为众人所知的隐私被公众广泛知晓，从而侵犯其隐私权；披露王某个人信息的行为会使王某的工作和生活受到严重的干扰，精神受到极大的痛苦，亦侵犯其隐私权。本案的处理结果为公民行使言论自由与公民权利保护之间进行了一定程度的界分，对网络经营者以及广大网民的行为进行了规制，对网络经营者具有一定的示范效应，起到了促进互联网行业规范文明健康有序发展以及保护他人合法权益的法律效果和社会效果。

法院在庭审后向工业和信息化部发出司法建议，建议针对互联网运行中存在的问题，对互联网网站及相关主体的行为进行有效监管；建议适应互联网飞速发展的实际情况，对互联网的运行和发展进行规范和引导。

司法建议

由于本案涉及“人肉搜索”等热点问题而在社会上引起广泛的关注，为此法院向工信部提出司法建议。

第一,针对互联网运行中存在的问题,对互联网网站及相关主体的行为进行有效监管,及时查处互联网网站的不法行为。同时,由于网站对网民言论内容的审查仅限于一般的、随机的、应投诉的事后审查,而此时侵权事实往往已经发生,因此有必要采取更加有效、适当的技术措施,对网民言论进行适时监管。

第二,适应互联网飞速发展的实际情况,对互联网的运行和发展进行合理引导。近年来互联网的新生事物层出不穷,如不及时加以规范和引导,可能造成不良影响。因此,应始终保持对类似"人肉搜索"等互联网新生事物的高度关注,加强适时引导,使网络新生事物发挥积极、健康的作用,使互联网的发展对社会公众有益。同时,要加强宣传和引导,倡导互联网上言论的理性和文明,不断净化网络环境,推动互联网文明、健康和有序发展,使互联网的发展与我国的经济社会发展相适应,促进社会文明,推动社会的和谐、进步和发展。

(四)马拉多纳诉新浪、上海第九城市等姓名权、肖像权侵权案

案例索引

案号:(2011)一中民初字第10291号

基本案情

原告为迭戈·阿曼多·马拉多纳(Diego Armando Maradona),被告为北京新浪互联信息服务有限公司、上海第九城市信息技术有限公司和第九城市计算机技术咨询(上海)有限公司。

原告马拉多纳诉称:"热血球球"系第三被告第九城市计算机技术公司研发的一款网络游戏。2010年6月初,三被告在其各自官方网站上发布了原告马拉多纳代言"热血球球"游戏的报道。同时,三被告在其游戏运营网站开设了"热血球球"的网络游戏频道,联合运营"热血球球"游戏。该游戏及游戏频道的多个界面中使用了原告马拉多纳的肖像及"马拉多纳"的外文签名。然而,马拉多纳并没有代言过"热血球球"这款网络游戏,也没有任何

允许三被告在“热血球球”这款网络游戏中使用其肖像或姓名的授权。三被告是在没有获得原告授权的情况下，作出原告代言该游戏的报道，并在“热血球球”网络游戏频道及游戏中使用原告的肖像及姓名的。三被告是在没有经过原告授权的情况下，以营利为目的，非法将原告的肖像、姓名用于联合经营的“热血球球”游戏，并作出原告代言游戏的不实报道，严重侵犯了原告马拉多纳的肖像权及姓名权。

为维护原告的合法权益，原告特诉至法院，请求法院判决：(1)三被告立即停止在“热血球球”游戏及运营网站“热血球球”游戏栏目中使用原告肖像和姓名的侵权行为；(2)三被告立即删除其运营网站上的关于原告代言“热血球球”游戏的相关报道；(3)三被告在其各自运营网站首页（第一被告网站首页：www. sina. com. cn，第二、第三被告网站首页：www. the9. com）上向原告赔礼道歉，并保持相关道歉内容12个月时间；(4)三被告赔偿原告人民币2000万元整（其中包括财产性损害赔偿人民币18,704,556元、合理费用支出人民币1,295,443元、精神损害赔偿人民币1元）。

被告新浪公司辩称：(1)新浪公司在网站上使用原告马拉多纳肖像及姓名的行为，是履行与第二被告第九城市信息技术公司之间所签订的《合作协议》的结果。根据该《合作协议》，“热血球球”游戏由被告第九城市信息技术公司独立运营，第九城市信息技术公司并向新浪公司承诺：甲方（第九城市信息技术公司）所授予的“热血球球”软件等不侵犯任何第三方的任何知识产权等相关权利，乙方（新浪公司）使用甲方提供的游戏软件不构成对于第三方任何权利的侵犯。被告第九城市信息技术公司在收到原告马拉多纳的律师函后向被告新浪公司发送函件表示新浪公司在本案中并无过错，亦说明了第九城市信息技术公司的态度及案件的实际情况。(2)被告新浪公司对于被告第九城市信息技术公司提供的涉及原告马拉多纳肖像的游戏推广方案没有能力也不可能进行实质审查。在商业合作中，对合同相对方提供的第三方的公章、签名、各主管部门的批文等，进行形式审查就应当被视为尽到了必要的注意义务。(3)被告新浪公司在获悉“热血球球”游戏的推广可能涉及侵犯原告马拉多纳肖像权之后，立即停止了继续使用原告肖像，积极地防止了损失的继续扩大。新浪公司并没有侵犯原告肖像权、姓名权的故意，亦不存在任何过失，不应承担任何责任。

第九城市信息技术公司、第九城市计算机技术公司辩称:(1)我方使用马拉多纳的肖像已经获得相关授权。二答辩人互为关联企业,共同运营网络游戏“热血球球”。2010年4月29日答辩人通过案外人陆某与原告签署了一份《代言协议》,约定原告为答辩人运营的“热血球球”网络游戏提供代言服务,合同期限为2年,合同金额为25万美元。答辩人在支付了全额款项后,根据《代言协议》,在游戏的宣传推广中使用了原告的肖像。

答辩人与原告合作的基本过程为:2010年4月底,受答辩人的委托,陆某通过阿根廷人Julian联系到原告的助理教练、好友兼处理经纪事务的Mancuso,并与原告进行了代言事宜的协商工作。2010年5月答辩人将合同约定款项25万美元通过陆某转付Mancuso。同月,陆某、答辩人的负责人周某等前往阿根廷与Mancuso进行了会面,在讨论合作事宜后,将一件有原告签名的球衣送给了答辩人负责人周某。2010年11月Mancuso还安排答辩人负责人与原告会面,答辩人将有朱某签名的上海申花队球衣回赠给原告,大家合影留念。以上种种情况让答辩人一直认为其是经过原告依法授权、支付相应对价后使用的原告肖像,且双方几次会面,合作愉快。直至第二被告收到原告律师函,才知其中可能存在问题。同时答辩人迅速安排人员赴北京与原告委托的律师进行了当面核实。原告律师提出,《代言协议》上原告签字均非原告本人签署,原告也从未收到答辩人支付的25万美元代言费用。答辩人在经初步核查相关问题后立即停止了对原告肖像和姓名的使用,到2011年6月,第二被告网站上已将涉及原告代言游戏的相关报道和原告肖像删除。

(2)答辩人对原告肖像及姓名的使用行为不存在过错。答辩人根据自身掌握的信息和资源与原告签署了代言协议,并且如约支付代言费,但被他人欺诈,本身已是受害者,遭受了较大损失;答辩人已经尽到最大程度的审慎注意义务,没有侵权的主观故意或过失。同时答辩人已在接到通知后第一时间停止实施相关行为,不应再承担赔偿责任。答辩人在原告诉前已主动完成了原告诉讼请求的前两项,删除了相关内容,情节较轻,没有造成恶劣影响。

(3)答辩人未因使用原告肖像及姓名而获益,原告亦不能证明其因此受到的损失。“热血球球”是一款小型网络游戏,其用户量一直较小,从2010

年6月至今,一直未能收回成本,并且未产生任何收益。另外,原告提供的德国某公司与其签署的代言合同不具有参考价值,中德两国的经济发展水平存在较大差距相差近10倍。此外,该合同的代言产品及合同中原告的义务均与本案实际情况存在较大差距。因此,该合同不应作为本案定案的参考依据。原告不能证明其所受损失,因此被告不应承担赔偿责任。综合以上理由,答辩人不同意原告的诉讼请求,恳请法院依法维护答辩人的合法权益。

争论焦点

在庭审中,关于第一被告新浪公司,主要就其是否尽到审查义务、是否应当承担赔偿责任进行辩论。关于第三被告,主要就其是否侵犯姓名权;在存在案外第三人欺诈(被告方不存在故意侵权情形)的情况下,是否承担赔偿责任进行辩论。此外,若在确认构成侵权的情况下,应如何确定侵权民事责任的承担方式及范围,也是本案的争议焦点。

法院观点

1.关于三被告是否构成对于马拉多纳肖像权、姓名权侵害的问题

本案共涉及三个被告,即新浪公司、第九城市信息技术公司、第九城市计算机技术公司。其中,第九城市计算机技术公司系“热血球球”游戏的开发者,第九城市信息技术公司是作为“热血球球”游戏的运营及发布者,而新浪公司在其官方网站上运营“热血球球”游戏系“热血球球”游戏的合法的授权运营者。从本案所查明案件事实来看,第九城市信息技术公司与第九城市计算机技术公司在对“热血球球”游戏的研发、推广、发布、运营、授权第三方运营等方面亦存在紧密的、不可截然分割开来的紧密联系。因此,具体到本案中,对于“热血球球”游戏在推广、运营等过程中因使用马拉多纳肖像而产生的侵权纠纷,第九城市信息技术公司与第九城市计算机技术公司也应具有不可分割的权利义务关系。

根据本案查明事实及相关鉴定结论可以确认,由第九城市计算机技术公司盖章确认的“Endorsement Agreement”代言协议文本上“马拉多纳”的外文签名并非由马拉多纳本人所签署。而对于该份合同文本的产生情况,证

人陆某进行了解释，即陆某本人并未亲自见证马拉多纳签署该份代言协议。第九城市计算机技术公司作为在代言协议上加盖公章的一方，在缔约过程中并未尽到相应的审慎注意义务。第九城市信息技术公司及第九城市计算机技术公司虽称其公司在签订代言协议时是受到了案外人的欺骗，但在其无法提供进一步证据证明马拉多纳对使用其形象代言“热血球球”游戏进行了合法的授权的情况下，对于其该抗辩主张，本院难以采纳。综合案件事实情况，本院认为，第二、第三被告在“热血球球”游戏运营过程中，在未得到马拉多纳真实合法授权的情况下即对马拉多纳的形象进行了使用并对此进行了报道，存在疏于审查及未尽合理的审慎注意义务的情形。

从权利内容上来看，肖像权是自然人在不违反法律、法规及公序良俗的前提下自由使用其肖像的权利。从一般意义上来看，肖像权属于精神性人格权，即其权利客体为特定的精神利益。但在市场环境下，特定自然人的肖像因可以被用于一定商业目的而使肖像权同时带有一定的财产权利色彩，当然财产权对于人格权属性来讲具有从属性。因此，从这个角度来看，肖像权在一定意义上同时体现了人格权及财产权的二元属性。第九城市信息技术公司及第九城市计算机技术公司在签订相关代言协议及其在之后的游戏发布运营过程中未能尽到合理范围内的审慎注意义务，而擅自在“热血球球”游戏运营的主页面使用了马拉多纳的肖像，已经构成了对于马拉多纳肖像权的侵害，应当承担相应的侵权责任。

而新浪公司系基于其与第九城市信息技术公司所签订的《合作协议》的约定而在其官方网站上运营“热血球球”游戏，且在《合作协议》中，第九城市信息技术公司对于《热血球球》游戏软件及相关内容的合法性作出了声明及保证，即保证其不违反国家有关法律法规的规定或相关主管机构的要求，不会侵犯任何第三方的合法权益等。另外，在第九城市信息技术公司收到马拉多纳一方的律师函后，即向新浪公司发出了《情况说明》，表明了第九城市信息技术公司认为新浪公司对于可能的侵害马拉多纳肖像权事宜没有过错。综合以上情况，本院认为，新浪公司系基于《合作协议》上线运行了“热血球球”游戏，并使用了马拉多纳的肖像，在此过程中，新浪公司已经尽到了必要的审查义务，主观上并没有过错。因此，马拉多纳主张新浪公司构成侵权，依据不足，本院不予采纳。

另外,马拉多纳同时主张三被告侵害了其姓名权,其主要依据即在于三被告在其"热血球球"游戏运营主界面上使用了马拉多纳的外文签名字样。本院认为,从其本质意义上来看,姓名首先是自然人与他人进行明确区分、与自然人密不可分的人格标志。姓名权主要保护的是自然人决定、使用及更改其姓名的权利,任何人不能干涉、盗用或冒用他人的姓名。而从盗用、冒用的词义分析来看,主要表现为一种主观上的故意。本案中,第九城市信息技术公司及第九城市计算机技术公司在使用马拉多纳形象及签名过程中虽然存在过错,但尚不构成主观上的故意。本院同时认为,马拉多纳作为全球知名人士,其签名已经可以视为其个人形象的一部分,与其肖像一样具有形象标识意义。因此,"热血球球"游戏运营界面上的马拉多纳外文签名字样,就具体案件来看,应可视为是与其肖像密不可分的一部分,在此不具有侵害姓名权行为的独立意义。

2. 关于侵权民事责任的承担方式及范围问题

第九城市信息技术公司及第九城市计算机技术公司在未尽到合理适当的注意义务之过错,侵害了马拉多纳的肖像权,应当承担停止侵害、赔礼道歉及损害赔偿的侵权责任。在确定侵权行为成立后,怎样确定损害赔偿的具体数额,应是本案所要解决的关键问题。

从人格权角度来说,肖像权对于每一个个体都是平等的、没有差别的,但其所体现的财产权属性对于不同的自然人个体却具有较大差别。尤其是普通人的肖像与名人肖像所包含的财产利益及其体现出的商业利用价值具有巨大差异,因此从这个意义上来说,名人的肖像权在市场运营条件下主要体现了其商业化利用后的商业利益。具体到本案中,马拉多纳是全球知名的且在足球界享有崇高声誉的足球运动员、教练员其肖像一旦被用于商业领域,带来更大的商业利益是可以为一般社会公众所预见的。第九城市信息技术公司与第九城市计算机技术公司是基于一份不真实的"代言协议"而使用了马拉多纳的肖像及签名字样作为其开发并运营的游戏的代言。

在正常的商业代言情形下,双方应当签订真实有效的代言合同,合同中应对于代言人的代言费用予以明确约定。合同中所确定的代言费用就应视为该代言人在正常代言情况下所获得的收益。在诉讼过程中,马拉多纳提交了其与德国某品牌的代言合同作为证据,证明其在一定时期内进行代言活动所应获得的报酬。但应当指出的是,该代言活动与本游戏代言存有诸多方面的差异。首先,中德两国经济发展水平存在巨大差距;其次,其所代言的该德国品牌规模及影响力与本案所涉游戏产品亦有较大差距;最后,马拉多纳在与德国某品牌签订的合同中还约定了需马拉多纳出席活动等数项义务,而本案所涉"热血球球"游戏仅仅采用了马拉多纳的肖像及签名字样。因此,本院认为,马拉多纳所提交的其与德国某品牌签订的代言合同无法作为本案判决的依据。

同时考虑到,明星代言活动是受市场规律制约的纯市场行为,相关市场主管部门也没有对此有明确的规范或限定。故对于马拉多纳应获得的赔偿数额,本院将依据已支付费用、肖像使用时间、游戏产品的规模、受众群体大小等情形,并适当考虑对于第九城市信息技术公司及第九城市计算机技术公司因疏于审查而贸然使用马拉多纳肖像体现一定的惩罚性的前提下,对应赔偿马拉多纳损失的具体数额予以酌定。

另外,马拉多纳对于三被告已经撤下了其肖像、签名及关于代言"热血球球"的报道的事实予以认可,故对于马拉多纳要求停止侵权及删除相关报道的请求,本院不再予以支持。

综上所述,依据我国《民法通则》第 100 条,《侵权责任法》第 6 条、第 15 条之规定,判决如下:

(1)上海第九城市信息技术有限公司、第九城市计算机技术咨询(上海)有限公司于本判决生效后 10 日内分别在第九城市官方网站(http://www.the9.com)及新浪官方网站(http://www.sina.com.cn)就侵害迭戈·阿曼多·马拉多纳(Diego Armando Maradona)肖像权发表致歉声明,持续时间为 90 日;

(2)上海第九城市信息技术有限公司、第九城市计算机技术咨询(上海)有限公司于本判决生效后 10 日内赔偿迭戈·阿曼多·马拉多纳(Diego Armando Maradona)经济损失人民币 300 万元、精神损害赔偿金人民币 1 元;

(3)驳回迭戈·阿曼多·马拉多纳(Diego Armando Maradona)的其他诉讼请求。

如果未按本判决指定的期间履行给付金钱义务,应当依照《民事诉讼法》第 253 条之规定,加倍支付迟延履行期间的债务利息。

案件受理费人民币100,300元,由原告迭戈·阿曼多·马拉多纳(Diego Armando Maradona)负担人民币85,255元(已交纳);由被告上海第九城市信息技术有限公司、第九城市计算机技术咨询(上海)有限公司负担人民币15045元(本判决生效后10日内交纳)。

案件评析

本案例为互联网企业侵犯姓名权、肖像权的典型案例。需要指出的是,此类侵权案件往往因为主体特点的不同而在侵权方式上形成差异。例如,在侵犯姓名权的案件中,对于名人往往是盗用,而非名人则常常是误用(或者冒用)。

另外,正如上文所谈,由于肖像、姓名其作为人身符号的特征具有标识性,因为此类人格权侵权行为往往与名誉权相连接,具体可以参考上文关于名誉权部分第二个案例的讨论。

在此类案件中,与传统侵犯姓名权、肖像权的案件相比,最大的特点在于非直接侵权人(也就是本案中的新浪公司)的义务承担方式,也就是管理责任上。通过本案例,提醒互联网企业通过合同事先规制、事后及时补救等方式来及时弥补非因自己的过失而产生的间接侵权行为。

四、互联网人格权侵权其他类型及案例

(一)公司与公司间的名誉互损

在法律实务中,经常存在公司与公司之间,由竞业竞争所导致的名誉互相侵害的问题。这两个公司所经营的产业往往属于同一范围,如食品经营或者电商经营等,为了抢占更多市场份额,两家公司难免会产生一些纠纷,比如同为网络安全领域的腾讯公司和360公司,以及天猫和京东等电商。

(二)公司对个人人格权的侵犯

公司不仅会侵犯其他公司的人格权,而且还会侵犯具体的个人人格权。具体表现为某公司对其他公司对领导或员工进行侵权行为,造成对方肖像权、名誉权等权利受损,由于被侵权人往往具有较高的知名度和社会地位,

因此当其权利受到侵害时，其所供职的公司也会受到一定影响，因此被侵权人往往会采用法律手段维护自己的权益。

最近有两个案例可以参考借鉴。第一个案件是在陌陌公司上市前夜，网易公司突然发声明称陌陌公司创始人、CEO 唐某在网易工作期间存在不法行为，违反商业道德。陌陌公司的律师表示，从陌陌招股书披露的信息来看，此次声明以及 11 月的发函主要是针对唐某个人，并不针对陌陌公司，更像是两者之间的私人恩怨。唐某曾经供职于网易公司 8 年，网易对唐某的两个重要指控是“唐某在职期间，利用职务之便，获取网易提供的各种信息、技术资源，私创‘陌陌’”，“唐某作为网易前总编辑，利用公司对其信任，向其妻做创始人的四度（北京）广告有限公司输送上百万元经济利益”。

第二个案件则发生于 2016 年年初，微博网友王某连续发布多条微博，针对京东总裁刘强东和章泽天的恋情及分手事件进行了所谓的内幕披露。王某曾写道，两人的恋情实则是在为京东上市造势，以及“奶茶妹妹”与刘强东分手，索要 3000 万元分手费，还将“奶茶妹妹”章泽天的父亲章丽厚与贪腐落马的南京市前官员相关联。王某的这些言论被媒体大量转载，在网络上持续传播，一时间成为网络的热门话题。随后，刘强东和章泽天的父亲将王某告上了法庭，要求王某进行赔偿和道歉。原告刘强东方称，京东作为上市公司，一旦名誉受损，受到的损失将不可估量，对于总计 1000 万元的赔偿，他们确实是想通过这个赔偿数额，让所有侵权者知道，谣言侵权行为是要付出高额赔偿的，至于对方是否真的要掏出 1000 万元赔偿，到底能不能赔得起，律师表示这是另一码事。据透露，就算判处了高额罚金，考虑到对方的能力，双方也是可以商量的，毕竟要钱并不是首要目的，让对方认识到谣言侵权行为是违法的，才是京东方想要的效果。

以上两个案例均为个人权利受到侵犯，并影响其就职公司的案例，此类案件并不少见，因为现在公司的 CEO、总裁随着互联网的普及越来越出名，他们的个人形象可以算作公司形象的一部分，人们在关心他们的公司的同时，对他们个人也非常感兴趣，因此大多数人都愿意以一个良好的形象出现在公众视野中。排除少数人为了提高知名度而刻意炒作外，大多数人对于人身权的侵害是比较在意的。

五、对互联网人格权侵权行为的思考与建议

（一）完善隐私权的保护

笔者针对互联网中侵犯隐私权所产生的争议问题，提出如下立法建议：

1. 确立隐私权的宪法地位

宪法是国家的根本大法，是其他法律制度赖以建立的基础。因此，要加强对公民隐私权的法律保护，首先就必须在宪法中明确规定公民享有隐私权。将隐私权上升到宪法保护的高度，未来的宪法修正案中，应该将隐私权确立为宪法所保护的公民基本的人格权。从而确立隐私权的宪法地位，使之成为修订民法、刑法、行政法等法律法规对公民隐私权进行保护的宪法依据。

2. 加强一般法律对网络隐私权的保护

我国应该建立以宪法保护为核心、民法保护为重点，以刑法、行政法、诉讼法等其他法律法规保护为辅助的网络隐私权的法律保护体系。首先，在民法典草案中，规定网络隐私权的独立权利属性，并兼顾传统隐私权和网络隐私权的特征以及促进电子商务发展的同时，对隐私权的内容作出原则性规定，并在民法中规定侵害隐私权应承担的民事责任，包括停止侵害、赔礼道歉、赔偿损失、精神损害赔偿等。其次，通过修订刑法、行政法、诉讼法等，对隐私权的保护作出规定。再次，加强计算机及网络的专门立法。同时，制定诸如《个人信息保护法》或《个人数据保护法》，对个人数据的收集、储存、处理、利用和披露作出明确规定，包括数据收集行为的依据、数据收集应遵循的程序、数据的使用及其安全检查、个人对数据资料的权利、侵权救济及刑事责任等。最后，在未来时机成熟时，可以考虑制定专门的《网络隐私权法》。

3. 详细界定言论自由与隐私权的界限

要明确划分言论自由与隐私权的界限，就必须正确处理两个方面的问题：隐私的概念和范围、言论自由侵犯他人隐私权的标准。关于隐私的概念范围可以在上述提及的有关隐私的立法中规定。关于言论自由侵犯隐私权的标准，我国最高人民法院《关于贯彻执行〈中华人民共和国民法通则〉若干问题的意见》第 140 条第 1 款规定："以书面、口头形式宣扬他人的隐私，或者捏造事实公然丑化他人人格，以及用侮辱、诽谤等方式损害他人名誉，造

成一定影响的，应当认定为侵害公民名誉权的行为。”这个意见书中关于言论自由侵犯隐私权的标准包含两个要素：第一，以口头、书面形式宣扬他人的隐私；第二，这种行为要造成一定影响。这种规定存在两个致命的缺陷：一是未穷尽以言论自由为名侵犯他人隐私权的行为，因为侵犯他人隐私权的行为并不一定要以公开的方式进行，也可以以不公开的方式进行。如某人获取他人的隐私后并未公开，也可能导致相关人心灵的不安，从而造成了对他人隐私权的侵犯。而对于以不公开的方式侵犯他人隐私权的行为如何处置，我国法律缺乏相应的规定。二是“造成一定影响”这句话的词义十分模糊，难以判断，到底造成什么样的影响才算侵权？因此，在我国今后的立法中，对侵犯隐私权的标准应作一定的修改，这个标准应着眼于侵权行为的结果是否使公民产生精神压力和思想负担，是否使个人的心灵安宁受到破坏，而不是“以口头、书面形式宣扬他人隐私”并造成一定影响。①

（二）强化网站的义务

在诸多互联网诉讼中，尤其是针对人格权受到侵犯的诉讼中，很多时候是由于网站没有尽到监管的义务而引发了诉讼。比如，网站没有及时删除侵犯肖像权的照片、侵犯姓名权或名誉权的侮辱性言论、没有对侵权行为人的行为采取行为甚至和侵权行为人共同侵权等，强化网站的义务就是一个有效的办法。

网络侵权在没有被侵害人追究的情况下，网络服务的提供者，日常不会主动发现，固定证据非常难，需要加强举报和投诉渠道的建设。此外，应与国家相关政策、法律法规等有机衔接，建立问责配套机制，激励相关责任部门加强对网络侵权事件和网络谣言的处理和预防。对网络服务的提供者懈怠职守、不履行或不认真履行职责，该删除的不删除，导致恶劣的网络侵权案件和网络谣言事件发生的，须严肃追究相关责任。

网络侵权绝不仅局限于谣言始作俑者、网络服务的提供者，还包括转载者，转载有过错就应承担责任。有的信息转载本身没问题，但转载者擅加容易引起误读的标题或融入个人观点就是侵权。以往缺乏对转载者的监管，

---

① 李先波、杨建成：《论言论自由与隐私权之协调》，载《中国法学》2003 年第 5 期。

不少网络侵权问题来自转载者的“添枝加叶”，转载一旦出现问题，会造成更大的负面影响。同时，也不能单凭信息发布时间、内容等表面证据来判断网络侵权，而应综合考虑转载主体所承担的与其性质、影响范围相适应的注意义务；所转载信息侵害他人人身权益的明显程度；对所转载信息是否作出实质性修改，是否添加或者修改文章标题，导致其与内容严重不符以及误导公众的可能性等因素。

最高人民法院《关于审理侵害信息网络传播权民事纠纷案件适用法律若干问题的规定》已于10月10日起施行，此次司法解释严格按照侵权责任法的精神，结合审判实践中遇到的难点问题，明确网络言论自由边界并细化侵权责任，以充分地保护公民合法权益免遭侵害。

（三）借鉴国外立法模式

在侵权法方面，有时需要借鉴国外的立法模式，来为我国法律提供思路与建议。比如，美国联邦通信委员会的报告中专门强调对互联网的管理，但网络空间比传统媒体要更具广泛性，因此一些适用于传统媒体的规范已经不能完全适用于网络环境。美国政府是鼓励网络行业发展的，但无论怎么发展，都不能侵犯公众的基本权利，美国的多重标准比较灵活，这使美国舆论管制可以适应经常变化的现实。

在保护网络隐私权方面，欧盟与美国的行业自律模式不同，它以立法模式为主制定了一系列法律法规。欧盟制定了一系列严格、完善的保护个人信息的法律规定，为网络用户的个人隐私的保护提供了法律依据。

德国为了贯彻欧盟《个人数据保护指令》，于2003年通过了新的《德国联邦数据保护法》，规定了如下原则：第一是数据处理的合法原则；第二是避免和减少使用原则；第三是限制利用原则。此外，该指令还规定了数据控制人的义务和数据主体的权利。

日本作为亚洲国家中法制建设相对领先的国家，其在人格权保护相关法治的确立和完善中，非常注重对国外经验的借鉴，同时又不忽视本国的实际情况。比如，日本一直以平衡保护个人合法权益和促进信息自由流动作为其指导，在日本的法律中，我们既可以看到美国模式，也可以看到欧盟模式，对于我国的立法有着重要的借鉴意义。

第四章

网络著作权侵权问题

一、网络著作权侵权概述

著作权最早被称为版权。版权最初的涵义是“copyright”,即复制权。这是因为过去印刷术不普及,在当时的社会公众看来,附随于著作物上最重要的权利莫过于将之印刷出版之权,所以有此称呼。随着时代演进及科技的进步,著作的种类逐渐增加,在保护范围上开始增加保护作者的表演权利。19世纪后半叶,日本融合大陆法系的著作权法中的作者权以及英美法系中的版权,制定了《日本著作权法》,采用了“著作权”的称呼。

著作权的对象是作品,是指文学、艺术和科学领域内具有独创性并能以某种有形形式复制的智力成果。关于著作权该如何取得的问题,一般认为需要满足实质和形式两方面条件。所谓实质条件,法律上又有两种认定方式:一种标准是只要特定的思想或情感被赋予一定的文学艺术形式,这种形式无论是作品的全部还是其中的局部,也不问该作品是否已经采取了一定物质形式被固定下来,都可以依法被认为是受保护的作品;另一种标准是除了具备作为作品的一般条件,即表现为某种文学艺术形式外,还要求这种形式通过物质载体被固定下来,才可以获得著作权法的保护。

在法律权利的谱系中,著作权无疑是一项年轻的权利。在早期,著作权曾被认为是一种民事权利,附属于民法。在包含著作权在内的知识产权这一概念出现后,著作权的地位才相对独立,内涵也日益丰富。从最先仅仅保护出版印刷的权利,再到保护作者表演权、保护表演者表演等邻接权;从仅注重物质性、财产性权利的保护,再到关注精神性、人身性权利的保护。自人类社会进入信息时代以来,在网络社会环境下产生的网络著作权,在与传统著作权拥有诸多相似之处的同时，也有着自身独特的权利内涵。

一方面，网络著作权的概念来自传统著作权，自然有着与传统著作权类似的地方。事实上，人们对网络著作权的最早理解就是网下的复制权、发行权在信息网络上的延伸。《世界知识产权组织版权条约》（World Intellectual Property Organization Copyright Treaty，WCT）、《世界知识产权组织表演和录音制品条约》（WIPO Performances and Phonograms Treaty，WPPT）等国际条约中都有将作为著作权内容之一的复制权直接适用于数字环境下的规定。只是随着后来对复制权理解范围的扩大，以及欧盟"向公众传播权"的出现，才使得网络著作权增加了信息网络传播权等方面的新内容。

另一方面，网络著作权与传统著作权的差异显得更为明显。造成差异的一个重要原因就在于与传统著作权相比，网络著作权中出现了网络服务提供者这一新的权利主体。有学者认为在网络著作权保护的保护中出现了一个新格局，即在三种利益架构之间进行平衡。传统的著作权保护主要是在著作权人和社会公众之间进行利益平衡，而在加入了网络服务提供者这一新主体后，网络著作权保护则需要确定著作权保护边界、互联网产业发展、社会公共利益保障这三方面的利益架构。这种新格局的出现，使网络著作权保护相比于传统著作权在方向上出现了新的转变，从原有的以激励创作为重点，转向激励商业发展与科技创新。①

不难看出，在网络著作权制度中出现的网络服务提供者，在当今社会无疑是指大量的互联网企业。一个新主体的加入势必会使法律上出现新的制度设计。这既是一个相关法律制度不断完善的过程，也是新的纠纷争端不断产生的过程。

① 孔祥俊：《论网络著作权保护中利益平衡的新机制》，载《人民司法》2011 年第 17 期。

表1 我国网络著作权案件适用主要法律文件汇总

序号	法律文件名称	性质	颁布时间	备注
1	《著作权法》	法律	1990年	2001年、2010年均有修正
2	最高人民法院《关于审理涉及计算机网络著作权纠纷案件适用法律若干问题的解释》	司法解释	2000年、2004年、2006年	均已失效
3	《计算机软件保护条例》	行政法规	2001年	2011年、2013年均有修订
4	最高人民法院《关于审理著作权民事纠纷案件适用法律若干问题的解释》	司法解释	2002年	现行有效
5	《互联网著作权行政保护办法》	部门规章	2005年	现行有效
6	《信息网络传播权保护条例》	行政法规	2006年	2013年修订
7	《世界知识产权组织版权条约》(WCT)	国际条约	1996年通过,2002年生效	我国于2007年加入实施
8	《世界知识产权组织表演和录音制品条约》(WPPT)	国际条约	1996年通过,2002年生效	我国于2007年加入实施
9	《侵权责任法》	法律	2009年	现行有效
10	最高人民法院《关于审理侵害信息网络传播权民事纠纷案件适用法律若干问题的规定》	司法解释	2012年	现行有效

随着法律对网络著作权保护的完善与人们著作权意识的提高,涉及网络著作权的纠纷诉讼也日益增多。由于缺乏公开数据,无法了解全国的整体情况,但根据早些时候来自广东、浙江两省的法院有关一审新收著作权案件、一审新收网络著作权案件的数据,还是能够让我们较为直观地了解到网络著作权案件日益增多的趋势。下面的图2、图3就反映了这些数据的对比情况。

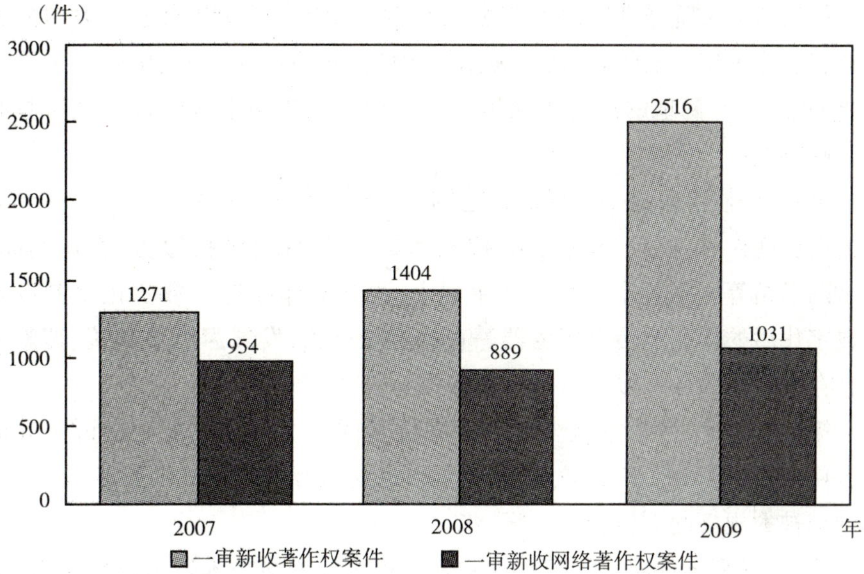

图2　2007～2009年广东法院新收一审著作权、网络著作权案件数量对比

数据来源：深圳市中级人民法院知识产权庭。

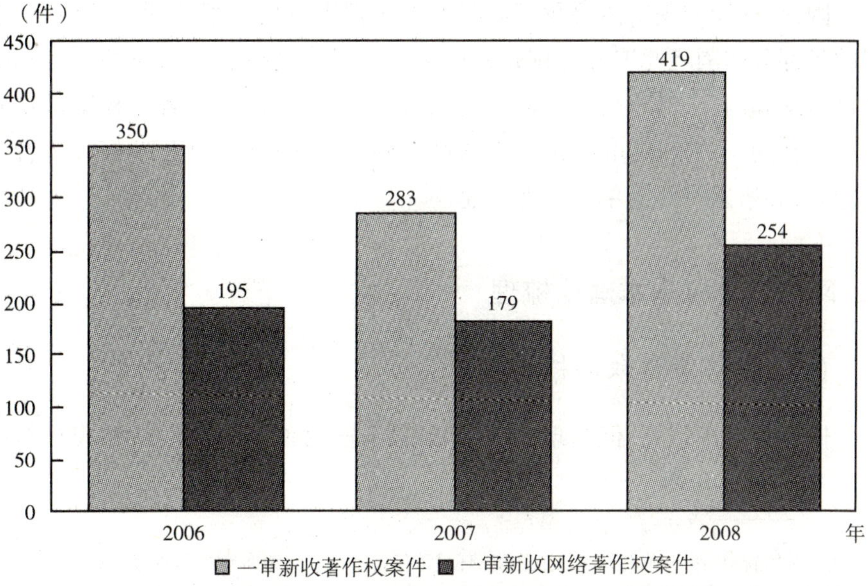

图3　2006～2008年浙江法院新收一审著作权、网络著作权案件数量对比

数据来源：浙江省高级人民法院课题组。

仅从两地法院受理网络著作权案件的情况看,可以看出这一类型的案件有着总体每年增长的趋势,占著作权案件的比重较大,是其中较为常见且重要的案件。[①] 两地的法官也从审判实践中总结出网络著作权案件所具有的一些特点:

第一,侵权手段复杂多样。在范围上,网络著作权案件广泛发生在局域网传播影视作品、视频分享网站、搜索引擎服务、深度链接服务、音像制品、数字图书馆等网络各个领域。在手法上,也从对作品进行数字化复制以及将数字化后的作品上传至服务器等直接侵权行为,发展为提供链接、搜索和信息存储空间服务等多种方式的间接侵权行为。

第二,关联案件数量众多。不少案件是同一个权利人分别起诉不同的被告侵权,系列案件、串案较多;被诉侵权的对象有时涉及整个行业,如 KTV 和网吧被大规模起诉侵权。

第三,新型案件层出不穷。这主要表现为在网络技术发展迅猛下,新的网络功能和新的网络经营模式不断推出,司法审判所面临的新情况、新问题不断涌现,司法审判面临持续挑战。[②]

因此,这样的现实需要我们对网络著作权进行更为细致深入的研究,本章的各部分即围绕此展开。首先将从学理上讨论网络著作权所涉及的相关法律概念和制度;其次将主要借助侵权法的视角,讨论网络著作权案件审判中所存在的一些争议问题;最后则通过一些较为典型的案例,发掘判决背后的理念,并给出一些简单的思考和建议。

二、网络著作权基本理论梳理

(一)网络著作权的概念

网络具有虚拟性,但与现实世界紧密相连,必然要接受法律的规范与调

---

① 黄国新、叶若思、祝建军、叶艳:《网络环境下侵害著作权纠纷案件的调研报告》,载《知识产权法研究》2013 年第 1 期。

② 浙江省高级人民法院课题组:《关于网络著作权侵权纠纷案件法律适用的调研》,载《法律适用》2009 年第 12 期。

整。[①] 随着科学技术的日益发展,著作权制度也不断进行创新和变革。网络技术的发展推动着网络传播时代的到来,著作权人很难控制网络空间大量未经授权使用作品的行为,其利益受到极大损害。

《著作权法》(2001 年)在第 10 条第 12 款明确规定"信息网络传播权",承认了传统著作权在网络等电子环境下所享有的保护地位。2000 年 11 月通过的最高人民法院《关于审理及计算机网络著作权纠纷案件适用法律若干问题的解释》(以下简称《网络著作权解释》)第 2 条"受著作权法保护的作品,包括著作权法第三条规定的各类作品的数字化形式。在网络环境下无法归于著作权法第三条列举的作品范围,但在文字、艺术和科学领域内具有独创性并能以某种有形形式复制的其他智力创作成果,人民法院应当予以保护"的规定,承认了网络作品受到著作权法保护。2006 年 7 月 1 日起施行的《信息网络传播权保护条例》则对信息网络传播权的保护和限制等问题进行了规制。

1. 网络著作权的定义

网络著作权是指著作权人对其创作的受著作权法保护的文学、艺术和科学作品在网络环境下所享有的著作权权利。在网络中传播的作品主要有两类:已有作品的数字化形式和直接以数字化形式创作的作品,统称"网络作品"或"数字作品"。相对于已有传统作品的数字化形式,即"信息网络传播权",对于直接以数字化形式创作的作品,网络著作权则还包括发表权、复制权、发行权等权利。

网络环境下所涉及的著作权问题主要包括如下几点:

(1)作品形式种类趋多,数字形式成为作品的主要表现形式之一。传统意义的作品,以手稿、印刷品、音像品等为主要表现方式。而在网络环境下,几乎所有的作品均可通过计算机自由地实现数字化及多媒体化。

(2)作品归属比较复杂。在网络环境下,大量使用计算机创作的作品,尤其是利用多媒体技术创作的作品,多数是通过对前人作品的变形、改编完成的;新的作品又不断被分解、改编,重新形成更新的作品,甚至是普通的网络爱好者,也可以轻松地利用计算机对他人的作品进行再创作、再传播。

---

① 张新宝主编:《互联网上的侵权问题研究》,中国人民大学出版社 2003 年版,第 339 页。

2. 网络著作权的特征

网络著作权相对于传统著作权而言，有以下特征：

第一，网络著作权的立法比较滞后。在《著作权法》(2001 年)确认网络著作权的地位之前，司法实践已援用传统的著作权理论作出了大量判例，推动了著作权法的修订。

第二，专有性不如传统著作权。著作权本是一种专有权利，未经权利人同意或者法律许可，他人不得使用其作品。网络传播便捷、易复制、成本低等特点极大地削弱了著作权的专有性，著作权人根本无法控制他人对其作品的不合理使用。

第三，网络著作权不再受地域性束缚。网络传播超越时空、超越国界，使网络著作权不似传统的著作权有一定的地域性。

第四，表现形式的多样化。随着"网络超文本结构"的出现，网络作品可以是文字作品、美术作品或其他单一的传统作品类型，更可能是多种传统作品类型的结合，如 FLASH 作品。

3. 网络著作权法律保护的基本原则

适度保护作者权益原则。保护作者权益，既指著作权财产权，又指著作权人身权。作者的辛勤创作是整个社会文学、艺术和科学技术进步的源泉，在现代高新技术条件下，由于作品的传播速度加快，传播范围几乎可以同时触及每个角落，因此一部优秀的作品对社会的积极影响也将是前所未有的。加强对作者权益的保护，承认作者对其作品理应享有的人身利益与财产利益，正是为了保护作者的创作积极性，增加整个社会的精神财富。①

平衡作者利益与社会利益的原则。当今作品都是在继承和借鉴前人优秀成果的基础上发展起来的，因此作品虽然可以视为作者人格标志和财产权利，但它更是整个精神财富的一部分，任何人包括作者，都不应对之绝对垄断，以免妨碍社会文化、艺术、科学事业的整体进步。著作权法自诞生之初就非常注意平衡作者权益与社会公共利益的关系，将协调作者权益和公众利益作为立法的宗旨。② 利益的平衡是现代著作权立法的基本精神，也是著作权法律制度设计的指南。

---

① 参见柳斌杰在《著作权法》第三次修订启动会议上的讲话，2011 年 7 月 13 日。

② 吴汉东主编：《知识产权法学》，北京大学出版社 2005 年版，第 41 页。

与国际著作权法律制度发展趋势保持一致原则。著作权立法的基本目的是鼓励作品与传播,促进社会经济、文化的发展,迄今为止,包括我国在内的100多个国家和地区制定了著作权法。随着网络传播技术的发展,著作权固有的地域性消失,而国际版权贸易的扩大也使更多的作品成为全人类共同的精神财富。因此,加强国际著作权方面的协调,在尊重各国国情的前提下尽力促使各国著作权保护水平基本一致就显得尤为重要。[①]

(二)网络著作权的客体

《著作权实施条例》对作品的解释为:文学、艺术和科学领域内具有独创性并能以某种有形形式复制的智力成果。根据《著作权法实施条例》的规定,受著作权法保护的作品必须是文学、艺术和科学领域内智力创作成果;必须具有独创性;必须能够以有形的形式复制。一件作品只要创作完成,具备了上述法定条件,就能受到保护。"文学、艺术和科学领域内"这个概念本身的范围非常广,可以囊括一切原创性的智力创造成果。

1. 网络作品概念

网络作品是指计算机互联网上出现的符合著作权法规定的文学、艺术和科学作品。其以数字形式存贮在光、磁等介质上,通过信息网络高速传播,并借助计算机或类似设备阅读使用。网络作品是网络著作权法律关系的客体,是网络著作权法律关系中权利义务共同所指的对象。

2. 网络作品的特点

网络作品亦属于作品范畴,只不过带有网络特征的新型作品,要受到著作权法的保护,也必须符合作品要件,即属于文学、艺术和科学领域的智力创作成果,具有独创性,能够以有形的形式复制。特点如下:

(1)表现形式高技术性。不管是传统作品的数字化形式还是直接在网络中创作传播的网上作品,都体现出与传统作品在技术表现形式上的不同。网络作品体现为0和1数字代码,在网络上复制和传播依靠数字代码进行转换;网络作品构成要素的多媒体化也是其高技术特征的体现。也正是高技术性的特点,使网络作品更易被复制,保护更艰难。

---

① 吴汉东主编:《知识产权法学》,北京大学出版社2005年版,第41页。

(2)作品类型的分界模糊。网络作品的创作逐步放弃了原有的单一文字写作方式,代之以超文本结构。最终,一件作品可能涵盖了若干基本作品类型,使网络作品不可能像传统作品那样截然区分作品类型。

(3)作品与载体之间的联系逐渐淡化。网络作品的载体是无形的互联网络,作品与载体之间的联系逐渐淡化。

(4)网络作品具有交互性。因为网络的交互性,网络作品的参与者之间能够实现传统作品难以付诸实施的双向、多向互动。

综上所述,网络著作权的客体为:以数字化形式,以网络为载体进行创作、传播的作品。《网络著作权解释》第 2 条明确规定,受著作权法保护的作品,包括《著作权法》第 3 条规定的各类作品的数字化形式。在网络环境下无法归于《著作权法》第 3 条列举的作品范围,但在文学、艺术和科学领域内具有独创性并能以某种有形形式复制的其他智力创作成果,人民法院应当予以保护。该司法解释实质上结合网络环境下作品的特点而扩大著作权客体的范围,将对网络环境下具有独创性并能以某种有形形式复制但未被《著作权法》第 3 条所列举的作品同样予以著作权法保护。近年来出现的一些案例中,网络文学、音乐、视频、数据库等都成为网络著作权的保护对象,但我国目前相关的法律和司法解释都没有明确对这类作品进行界定,必定会影响著作权法律制度的可操作性。网络作品不像是文学作品、美术作品等传统作品那样独立的作品类型,它只是在网络中进行创作、传播的作品的统称。

(三)网络著作权的主体

网络著作权的主体是指在网络著作权法律关系中依法享有的权利和承担义务的人,可以是自然人,也可以是法人或其他组织。当网络侵权发生时,网络著作权人若要通过诉讼维护自己身份的确定,即原告如何证明自己就是网络作品的著作权人,对网络著作权主体身份的认定主要涉及网络作品作者身份的确定。

1. 依据署名推定网络作品的作者

关于如何认定作者,《著作权法》第 1 条规定,如果没有相反的证明,在作品上署名的公民、法人或其他组织为作者。只要真实的作者举证否定作品上署名的人的作者资格,就可重新确定其作者身份。这是推定署名者为作者的一个规定,也是世界各国著作权法所遵循的一项原则。

一般情况下,网络作品上只要有署名或者有人在网页上公开申明自己为作者,在没有相反证据证明的情况下,该署名或作出声明的公民、法人或者其他组织即推定为该作品的作者。除了恰当署名,著作权人最好根据著作权法规定的自愿登记制度主动进行作品著作权登记,以拥有自己权利的证明。注意保留著作权确认相关的证据,如作品底稿、投稿时的电子邮件备份、作品发表时的相关网页备份、著作权登记证书、公证机关出具的公证书、取得权利的合同书,从而有利于维护自己的著作权。

2. 利用网络注册号和密码验证认定网络作品的作者

如果作者在网络作品发表时未署名或者署假名,那公众就无法确定谁是该作品的作者,但在网络传播中创作、发表作品不同于传统环境的一些特殊之处,也给公众准确判定作者身份提供了一些思路。较早发生的"陈卫华诉成都电脑商情报社侵犯著作权纠纷案"①就给网民以这样的启示:在一般情况下个人空间的密码由其注册人掌握、使用,文件的上载、删除工作亦只能由注册人完成。因此,在司法实践中,当事人只要能证明其能够顺利登录个人网络平台,并能完成修改密码、发表作品等操作,那么在无相反证据证明的情况下,即可以确定他就是网络虚拟身份对应的真实作者。

利用网络注册号和密码验证虽可以简单、快捷地帮助正确判定网络作者,但除了主张著作权的人须提供相应证据外,还可能涉及网络服务商、电信服务商等主体。

(四)网络著作权的直接侵权和间接侵权

1. 网络著作权直接侵权的概念

直接侵权行为,是一种直接非法行使著作权人或邻接权人的权利或妨碍他们行使这一权利的行为,侵权人的行为直接涉及作品,很多国家的立法都对直接侵权作了明确规定。一项特定行为是否构成直接侵权,关键在于这项行为是否受到专有权利的控制,以及是否存在特定的法定免责事由。②

---

① 参见北京市海淀区人民法院民事判决书(1999)海知初字第18号。

② 王迁著:《网络版权法》,中国人民大学出版社2008年版,第80页。

2. 网络著作权直接侵权行为的认定

《著作权法》第 10 条明确规定信息网络传播权为“以有线或者无线方式向公众提供作品，使公众可以在其个人选定的时间和地点获得作品的权利”。信息网络传播权控制的是“以有线或者无线方式向公众提供作品，使公众可以在其个人选定的时间和地点获得作品、表演和录音录像制品的行为”。

信息网络传播权的直接侵权是指网络服务提供者或者网络用户未经作者或者其他著作权人同意，又无法律上的依据，擅自将作品上载至或以其他方式置于向公众开放的网络服务器中供用户浏览或下载的行为即构成对信息网络传播权的直接侵犯。如果网络服务提供者认为自己没有实施上载行为，只是提供了连接或供用户上载的信息平台，应当举证证明，否则法院可以推定其实施了上载行为，构成直接侵权。需要强调的是主观过错并非构成直接侵权行为的必要条件，其仅承担损失赔偿的责任。

3. 网络著作权直接侵权责任归责原则

《侵权责任法》第 36 条对网络著作权侵权责任作了明确规定。第 1 款规定：“网络用户、网络服务提供者利用网络侵害他人民事权益的，应当承担侵权责任。”第 2 款规定：“网络用户利用网络服务实施侵权行为的，被侵权人有权通知网络服务提供者采取删除、屏蔽、断开链接等必要措施。”第 3 款规定：“网络服务提供者接到通知后未及时采取必要措施的，对损害的扩大部分与该网络用户承担连带责任。”第 1 款规定了网络侵权责任的一般规则，即网络用户或网络服务提供者利用网络侵害他人民事权益，都构成一般侵权责任，属于自己责任，适用过错责任原则，实际上规定了网络直接侵权行为人应当承担的责任。第 2 ~ 3 款规定了网络服务提供者在网络用户利用网络实施侵权行为后，在法定情况下与网络用户承担连带责任的网络侵权责任形式。

《侵权责任法》规定的侵权责任主体，一是网络服务提供者，二是网络用户。涉及网络著作权的侵权责任主体，包括网络服务提供者和终端用户等。依据《民法通则》《著作权法》《信息网络传播权保护条例》《侵权责任法》以及司法解释，网络著作权的安全责任应当适用过错责任原则。

4. 网络著作权间接侵权概述

在大陆法系国家，对于网络环境下发生的侵权，网络服务提供者自己利用网络发表侵权作品的，为直接侵权责任。网络服务提供者如果没有履行相应的注意义务，则可能对网络用户利用网络服务而实施的侵权行为承担间接责任，此即对网络服务提供者究责的共同侵权理论。

网络服务提供者侵权责任的标准和范围直接影响网络著作权保护的水平和质量，直接影响网络行业的发展和良好网络秩序的形成。所以，必须在立法和实践中明确网络服务提供者的责任标准，使责任风险具有较强的可预见性，同时对其责任加以适当限制。

5. 网络著作权间接侵权行为判定

在著作权法理论中，相对于"直接侵权"，"间接侵权"是指即使行为人并未直接侵犯著作权人的专有权利，但由于行为人与他人的"直接侵权"行为之间的特定关系，而被法律基于公共政策等方面的考虑界定为侵权行为。间接侵权行为主要包括教唆和引诱他人侵权及故意帮助他人侵权和"直接侵权"的预备行为与扩大侵权后果的行为两类。

在《网络著作权解释》中，一是规定了网络服务提供者参与、教唆帮助他人实施侵权行为的责任：网络服务提供者通过网络参与他人侵犯著作权行为，或者通过网络教唆、帮助他人实施侵犯著作权行为的，人民法院应当根据《民法通则》第 130 条的规定，追究其与其他行为人或者直接实施侵权行为人的共同侵权责任；二是规定了网络服务提供者对网络用户侵权行为承担责任的条件：提供内容服务的网络服务提供者，明知网络用户通过网络实施侵犯他人著作权的行为，或者经著作权人提出确有证据的警告，但仍采取移除侵权内容等措施以消除侵权后果的，人民法院应当根据《民法通则》第 130 条的规定，追究其与该网络用户的共同侵权责任。

从我国目前对间接侵权行为的规制来看，侵权的判定涉及以下几个因素：其一，网络著作权间接侵权行为判定的前提——直接侵权行为的存在。其二，间接侵权行为的主体——网络服务提供者。这里提到的网络服务提供者主要包括以下四类：(1) 网络接入服务提供者，其通过自己的交换机等硬件设施向用户提供以光缆、电话线等方式接入互联网的服务。(2) 网络平台服务提供者，主要为用户提供储存空间，供用户上载各种信息或者进行交互沟通等功能的平台服务，如为用户提供邮箱、博客、作品传输共享等网络空间。(3)搜索、链接服务提供者，是指通过使用信息定位工具，包括目录、索引、超文本链接等，将用户指引或链接至另一个在线站点的主体。(4)网络内容服务提供者，是指组织信息并通过设立的网络向公众提供服务的网络主体，包括自然人和法人，如新浪等网站以及设立 Web 网页的个人用户，其法律地位与出版社类似，应当对所上传内容的真实性与合法性负责。其三，网络服务提供者的过错。

(五)网络著作权侵权的法律救济

1. 民事救济措施

《著作权法》第 47 条、第 48 条分别规定了具体的侵权行为应当根据情况，承担停止侵害、消除影响、赔礼道歉、赔偿损失等民事责任。《信息网络传播权保护条例》第 18 条规定了侵权行为及因此要承担停止侵害、消除影响、赔礼道歉、赔偿损失等民事责任。

2. 行政救济

2005 年 5 月 30 日起正式实施《互联网著作权行政保护办法》，主要针对网络信息服务提供者，明确了网络信息服务提供者著作权行政法律责任的承担。《著作权法》明确规定了通过行政途径解决著作权纠纷。其第 7 条规定："国务院著作权行政管理部门主管全国的著作权管理工作；各省、自治区、直辖市人民政府的著作权行政管理部门主管本行政区域的著作权管理工作。"第 48 条规定："有下列侵权行为的，应当根据情况，承担停止侵害、消除影响、赔礼道歉、赔偿损失等民事责任；同时损害公共利益的，可以由著作权行政管理部门责令停止侵权行为，没收违法所得，没收、销毁侵权复制品，并可处以罚款；情节严重的，著作权行政管理部门还可以没收主要用于制作侵权复制品的材料、工具、设备等；构成犯罪的，依法追究刑事责任：(一)未经著作权人许可，复制、发行、表演、放映、广播、汇编、通过信息网络向公众传播其作品的，本法另有规定的除外；(二)出版他人享有专有出版权的图书的；(三)未经表演者许可，复制、发行录有其表演的录音录像制品，或者通过信息网络向公众传播其表演的，本法另有规定的除外；(四)未经录音录像制作者许可，复制、发行、通过信息网络向公众传播其制作的录音录像制品的，本法另有规定的除外;(五)未经许可,播放或者复制广播、电视的,本法另有规定的除外;(六)未经著作权人或者与著作权有关的权利人许可,故意避开或者破坏权利人为其作品、录音录像制品等采取的保护著作权或者与著作权有关的权利的技术措施的,法律、行政法规另有规定的除外;(七)未经著作权人或者与著作权有关的权利人许可,故意删除或者改变作品、录音录像制品等的权利管理电子信息的,法律、行政法规另有规定的除外;(八)制作、出售假冒他人署名的作品的。"

3. 刑事救济

我国《著作权法》(2001 年)第 48 条规定,侵权行为情节严重,构成犯罪的,依法追究刑事责任。《刑法》则具体规定了相关的罪名及处罚措施。

最高人民法院、最高人民检察院相继于 2004 年和 2007 年联合发布两项知识产权解释,对侵犯知识产权犯罪的定罪量刑标准进行了较大幅度的调整,降低了定罪量刑的门槛,可能追究最终用户的刑事责任。

2009 年发布的最高人民法院《关于贯彻实施国家知识产权战略若干问题的意见》强调要加大知识产权刑事司法保护力度,依法严厉制裁侵权知识产权犯罪行为,充分体现惩罚和震慑犯罪的功能。

2011 年最高人民法院、最高人民检察院、公安部、司法部则出台有一部专门针对知识产权刑事案件的司法解释:最高人民法院、最高人民检察院、公安部、司法部《关于办理侵犯知识产权刑事案件适用法律若干问题的意见》。

三、网络著作权主要争议问题

侵害网络著作权,在民法上是一种侵权行为。根据有关民法理论以及《侵权责任法》的分类,侵权行为可以分为一般侵权行为和特殊侵权行为两类,侵害网络著作权的行为属于一般侵权行为。成立一般侵权行为需要满足四个构成要件:侵权行为、存在过错、损害结果以及行为结果间存在因果关系。因而在实践中,国内互联网企业在有关网络著作权的诉讼中,也主要围绕上述四个方面产生争议,争议问题的具体表现为:是否有侵权行为、当事人是否有过错、如何确定损害结果及赔偿额、怎样认定行为结果之间的因果关系等几个方面。

(一)对侵权行为认定的争议问题

提及侵权行为,首先,要讨论的应当是侵权主体的问题。在国内互联网企业有关网络著作权的诉讼纠纷中,绝大多数的案件性质属于网络侵权行为的范畴。在这一方面,《侵权责任法》首次以基本法律的形式对于网络侵权责任作出了规定,该法第 36 条规定了网络用户和网络服务提供者的侵权责任。而正确定义网络侵权主体之一、"网络服务提供者"的含义范围是适用法律的前提。由于现实中的网络服务提供者的组成较为复杂,在理论界,学者对"网络服务提供者"的定义并不完全一致,但可以大致划分为技术服务提供者与内容服务提供者 2 类。例如,王利明教授主张,网络服务提供者包括但不限于网络接入服务提供者、网络空间提供者、搜索引擎服务提供者、传输通道服务提供者等主体。① 张新宝教授则认为网络服务提供者主要包括了网络信息传输基础服务提供者、网络接入服务提供者、网络内容服务提供者、网络信息搜索服务提供者、网络链接服务提供者以及综合服务提供者等几种类别,认为网络接入服务提供者和网络内容服务商这两类主体,是实践中最容易发生网络侵权的网络服务提供者。② 同时,张新宝教授还从《侵权责任法》确立网络侵权责任的立法目的出发,认为侵权责任法主要是规范与网络信息传播相关的侵害人格权和知识产权等行为,所以应当对"网络服务提供者"的概念作限缩性解释,其所对应的范围,主要是网络内容提供者。应当说,上述看法是相当符合现实情况的,以"BAT"(百度、阿里巴巴、腾讯)为代表的国内互联网企业,其经营范围虽然广泛,但还是可以认为他们主要负责的是网络内容的提供,这种看法也有利于进一步明确网络服务提供者在侵害著作权案件中的责任形式。

其次,在具体的侵权行为上,网络服务提供者承担的侵害他人著作权的侵权责任形式通常有两种。一种是直接侵权责任,另一种是间接侵权责任。直接侵权责任主要表现为网络服务提供者利用自己经营的网络,违反《著作权法》等相关法律法规,发布侵权作品或信息,直接侵害他人的著作权的行

---

① 王利明主编:《〈中华人民共和国侵权责任法〉释义》,中国法制出版社 2010 年版,第 158 页。

② 张新宝、任鸿雁:《互联网上的侵权责任:〈侵权责任法〉第 36 条解读》,载《中国人民大学学报》2010 年第 4 期。

为。随着法律制度的完善以及经营者知识产权意识的增强,实践中网络服务提供者承担直接侵权责任的案例并不多。现实的情况大多是,网络服务提供者既不参与信息交流,也不选择信息的接收方,仅是提供接入、缓存、信息存储空间、搜索以及链接等技术服务,即在网络用户的信息交流中处于一个中立第三方的地位。这种情况下,进行利用网络侵害他人著作权的通常是网络用户,而网络服务提供者在一些情况下被法律认为存在过错,所以要承担一部分侵权责任。这就构成了间接侵权责任,是基于他人直接侵权行为所产生的责任。吴汉东教授认为,和直接侵权行为相比,间接侵权行为有两个鲜明特征:第一,间接侵权行为并不是著作权"专有权利"所限定的行为;第二,间接侵权行为是直接侵权行为的帮助行为或预备行为。法律之所以规定间接侵权,其目的是加强对著作权的保护,既可以避免权利人因无法追究直接侵权人的责任而蒙受损害,也可以防止直接侵权行为发生并抑制损害后果扩大。[①]

发生在 2008 年的宁波成功多媒体通信有限公司(以下简称成功公司)与北京阿里巴巴信息技术有限公司(以下简称阿里巴巴公司)的著作权纠纷案(朝民初字第 4679 号、二中民终字第 19082 号)就体现了上述间接侵权责任的特点。围绕当时热播的电视剧《奋斗》,成功公司主张经著作权人合法授权,取得了该电视剧的独家信息网络传播权,而阿里巴巴公司未经许可,擅自在其经营的网站上提供电视剧的在线播放服务,其盗播行为构成了对成功公司信息网络传播权的侵犯。阿里巴巴公司则抗辩称成功公司在阿里巴巴公司网站上看到的电视剧是网络用户引用自第三方网站的资源,仅仅是为网络用户提供了信息存储空间并没有直接提供视频资源。从该案的审理过程看,虽然法院认可了阿里巴巴公司关于提供的是信息存储空间服务的主张,也不认为其直接侵害了成功公司的信息网络传播权,但认为阿里巴巴公司在知道其用户有侵权行为后仍然放任,因而存在故意,需要承担一部分民事赔偿责任。

(二)对过错认定的争议问题

在大量的案例中,侵害他人著作权被认为是一般侵权行为,适用过错责

---

① 吴汉东:《论网络服务提供者的著作权侵权责任》,载《中国法学》2011 年第 2 期。

任原则。因而在相关的网络侵权案件中,过错也是网络服务提供者承担责任的基础。这就意味着:之所以让网络服务提供者承担一定的民事责任,是因为其在主观上存在一定的可归责事由,这些事由具体包括故意和过失两类。在民法中,故意通常表现为行为人明知行为不正当而仍然作为或不作为的情形;过失则表现为行为人违反了注意义务的行为,视该义务所需的注意力的大小,又可以进一步分为一般过失和重大过失。

具体到互联网领域的侵害著作权案件中,在相关的法律法规中,网络服务提供者的过错一般通过其是否"知道"自己所提供的服务中含有侵权内容来加以判断。例如,《侵权责任法》第36条第3款就规定:"网络服务提供者知道网络用户利用其网络服务侵害他人民事权益,未采取必要措施的,与该网络用户承担连带责任"。这就不免使人心生疑问:法律上"知道"这一要件是否意味着网络服务提供者要对其所提供的服务内容进行全面审查?答案显然是否定的。在有关著作权保护的各类立法中,立法者始终在协调平衡一组矛盾的需求:既要满足保护有关主体的著作权的需求,又要满足使智力成果能够物尽其用的社会需求。进入互联网时代,网络信息传播权应运而生。在对网络信息传播权的保护上,上述要求则更进一步地体现为:既要做到尊重知识、尊重创造,又要适当考虑到互联网行业的长远发展。尤其是在互联网已经成为公众发表言论、表达观点的重要渠道的今天,如果对网络服务提供者施以过重的注意义务,势必会使其陷入到对浩如烟海的网络信息进行甄别筛选的泥淖之中,因为网络服务提供者所面对的信息量是传统媒体发行者所远不能比拟的。公众的言论自由、表达自由也必然会受到严重影响,这也与互联网行业互联互通、开放包容的行业精神严重违背。因而要求网络服务提供者对网络信息进行普遍审查以满足法律上"知道"的要件,情理上既不合理,技术上也无可能。

虽然网络服务提供者并不对网络信息负担普遍审查义务,但这并不意味着法律对其在什么情况下对侵害他人著作权的行为存在过错有着明确的规定,因为对"知道"这一法律要件本身就有多种不同的理解。从学理角度出发,张新宝教授认为"知道"的含义应当只包括"明知",而不包括"应知",只是针对不同类型的网络服务提供者和不同的权利保护对象其"明知"的标准不同而已。[①] 而王胜明教授则认为"知道"包括"明知"和"应知"两种情况,但是需要法官在操作层面区分不同的标准予以判定。[②] 从立法角度看,正如吴汉东教授所指出的,我国相关立法文件对"知道"一词,前后表述不一,存有多处混乱。例如,1986 年《民法通则》、1991 年《计算机软件保护条例》采用的是"知道"与"应当知道"并称的办法。而 2006 年《信息网络传播权保护条例》则采用了"知道""应当知道""明知""应知"等多种说法并用的方式。[③]

上述争论同样使人产生疑问:"明知"和"应知"究竟区别在哪里? 在此争论的意义又在哪里?

从比较法上看,我国法律中对"明知"和"应知"的区分,大致对应于美国网络侵权理论中"实际知道"(actual knowledge)与"推定知道"(constructive knowledge)的划分。其中,"实际知道"是指帮助侵权人实际认识到直接侵权行为的发生,且这种直接侵权行为是特定和具体的。这一概念相当于"明知"的含义。"推定知道"则是指帮助侵权人并非实际认识到特定的直接侵权行为,但通过具体情形能够推定其知道,大致相当于我国法律中的"应知"。从这一对比中可以看出,"明知"是一种对过错的事实认定,而"应知"更多的是一种对过错的法律推定。"应知"所要求的注意义务也更重于"明知"。一旦将"应知"包含在"知道"的含义中,网络服务提供者在日常经营中就会承担相对较重的注意义务,在相关诉讼中也会负有更重的举证责任。

而从实践中发生的有关案例来看,在实务中的审判法院是比较倾向于将"知道"认为是包括了"明知"和"应知"两部分内容的。例如,在上述成功公司与阿里巴巴公司关于信息网络传播权的诉讼纠纷中,负责二审的北京市第二中级人民法院在判决书中就曾提到"本案的焦点在于阿里巴巴公司是否不知道也没有合理的理由应当知道服务对象提供的涉案电视剧侵权",将"应知"作为审查阿里巴巴公司过错的要素加以考虑。而更加直接有力的证明则来自最高人民法院,在其于 2012 年 11 月通过、2013 年 1 月生效的最

---

① 张新宝:《侵权责任法立法:功能定位、利益平衡与制度构建》,载《中国人民大学学报》2009 年第 3 期。

② 王胜明编著:《中华人民共和国侵权责任法解读》,中国法制出版社 2010 年版,第 185 页。

③ 吴汉东:《侵权责任法视野下的网络侵权责任解析》,载《法商研究》2010 年第 6 期。

高人民法院《关于审理侵害信息网络传播权民事纠纷案件适用法律若干问题的规定》(法释〔2012〕20号)中,第8条明确规定:"网络服务提供者的过错包括对于网络用户侵害信息网络传播权行为的明知或者应知"。

(三)对损害结果认定的争议问题

损害结果,顾名思义就是行为人因侵权行为对被害人的权利与利益造成的损失,也是承担侵权责任或民事责任的前提。在侵害著作权尤其是侵害信息网络传播权的案件中,损害结果通常是财产上的损失。民法上规定了多种承担民事责任的方式,赔偿损失就是其中十分重要的一种。因而在这些案件中,"该不该赔""赔多少"往往是诉讼双方争议的焦点问题。"赔多少"的问题不仅涉及一系列法律方面的问题,也在事实层面牵涉估值、定价等一系列其他问题。在有关诉讼中,法院判决赔偿额的依据通常是侵权行为情节、过错程度、侵权影响等多重因素,加之个案情形彼此不同,难以一概而论。相对地,"该不该赔"则更多的是一个可以由法律规定解决的问题,可以在这里简单加以讨论。

前文已经提到,在著作权保护的有关立法中,立法者所秉持的是一种"技术中立"的态度。因此,并非只要在网络上出现了侵犯著作权的内容,造成的损害就要由网络服务提供者来加以赔偿。作为对网络服务提供者间接侵权责任适用的一种限制,《侵权责任法》第36条第2款采用了"通知与取下"程序:"网络用户利用网络服务实施侵权行为的,被侵权人有权通知网络服务提供者采取删除、屏蔽、断开链接等必要措施。网络服务提供者接到通知后未及时采取必要措施的,对损害的扩大部分与该网络用户承担连带责任。"这也就意味着,如果网络服务提供者没有接到通知,或者接到通知后采取了符合法律规定的必要措施后,就无须承担侵权责任。张新宝教授认为,这一程序的适用可以看作"为了有条件地豁免网络服务提供者对于网络用户的直接侵权行为所应承担的间接侵权责任"。①

这一程序主要借鉴了美国1998年《数字千年版权法》中的做法。在这部法律中,"通知与取下"程序被认为是为针对网络技术中介服务的"避风

① 张新宝、任鸿雁:《互联网上的侵权责任:〈侵权责任法〉第36条解读》,载《中国人民大学学报》2010年第4期。

港”制度。在《侵权责任法》出台以前，我国在网络著作权保护领域也有其他法律文件适用了“通知与取下”程序。例如，《信息网络传播权保护条例》第14条规定：“对提供信息存储空间或者提供搜索、链接服务的网络服务提供者，权利人认为……侵犯自己的信息网络传播权或者被删除、改变了自己的权利管理电子信息的，可以向该网络服务提供者提交书面通知，要求网络服务提供者删除该作品、表演、录音录像制品，或者断开与该作品、表演、录音录像制品的链接。”第15条规定：“网络服务提供者接到权利人的通知书后，应当立即删除涉嫌侵权的作品、表演、录音录像制品，或者断开与涉嫌侵权的作品、表演、录音录像制品的链接……”“通知与取下”程序的适用对平衡网络著作权保护与促进互联网行业发展两者之间的关系具有十分积极的意义。

（四）对因果关系认定的争议问题

对于因果关系的判断，理论上有条件说、条件关系相当性说、近因说等多种说法，不一而足。在实际诉讼中，因果关系是一个需要大量证据加以证明的问题，而法院则会依照不同的案情与案件性质来判断行为与结果间是否存在因果关系。例如，在网络服务提供者对网络著作权构成间接侵权的案件中，如何判断网络服务提供者行为与被侵权人的损害有因果关系？通常是看网络服务提供者是否为他人（主要是网络用户）的侵权行为提供了帮助，以及这种帮助行为是否便利了侵权行为的进行。以发生在2012年的韩寒与百度公司的著作权纠纷（海民初字第5558号）为例，虽然百度公司主张其所管理的“百度文库”只是提供信息存储空间服务，其中所存在的侵犯韩寒著作权的文档都是由网民自行上传的，法院也认可了百度公司的上述主张，但也认为“百度公司为网络用户上传、存储……文档的行为提供了帮助……正是百度公司的帮助行为为……侵权文档的广泛传播提供可行性和便利条件，因此，百度公司的行为与韩寒所遭受的损害之间存在因果关系”。在本案中，法院判断因果关系的做法对类似的网络著作权间接侵权案件的处理具有启示意义。

四、互联网企业网络著作权侵权行为典型案例

（一）宁波成功多媒体诉阿里巴巴著作权侵权案

案例索引

法院：北京市朝阳区人民法院

案号：(2008)朝民初字第4679号

基本案情

成功公司经著作权人合法授权，取得了32集大型电视连续剧《奋斗》的独家信息网络传播权。2007年9月18日成功公司发现阿里巴巴公司未经许可，擅自在其经营的中国雅虎网站(http://cn.yahoo.com)上提供《奋斗》的在线播放服务。阿里巴巴公司的该网站在中国大陆有重大的影响力，具有极高的访问量。阿里巴巴公司对该电视剧的网络盗播行为给成功公司正常行使《奋斗》的独家信息网络传播权造成了巨大困难，使成功公司遭受了巨大经济损失。因而起诉要求阿里巴巴公司立即停止对电视剧《奋斗》信息网络传播权的侵权行为；在其所属侵权网站中国雅虎网站(http://cn.yahoo.com)首页连续15天刊登道歉声明，同时在《人民法院报》头版连续2天刊登道歉声明；赔偿成功公司经济损失和合理费用共计30万元。

阿里巴巴公司则认为：阿里巴巴公司从未在雅虎中国网站上播放过成功公司所指的《奋斗》电视剧。成功公司在阿里巴巴公司网站上看到的该电视剧是网络用户引用自第三方网站“我乐网”(www.56.com)上的视频，且网络用户仅是将该第三方网站上视频的编码存放在阿里巴巴公司网站提供的电子公告栏中，而不是视频本身，在线播放也是第三方网站提供的。阿里巴巴公司仅是提供电子论坛服务，在接到成功公司通知后，阿里巴巴公司当天就将该电视剧的编码删除了，履行了作为信息服务提供商应尽的义务。故阿里巴巴公司不存在侵犯成功公司信息网络传播权的行为。

法院观点

一审北京市朝阳区人民法院确认通过著作权人的授权，成功公司在授

权期限内获得了该电视剧在中国大陆地区的独家信息网络传播权，其享有的该权利应当受法律保护，他人不得侵犯。但就涉案电视剧而言，无论是阿里巴巴公司所谓的只是存储了视频的引用编码，还是成功公司所谓的存储了视频本身，阿里巴巴公司提供的服务本质上是信息存储空间服务。

成功公司虽不认可在其通知后阿里巴巴公司即删除了涉案内容，但其并未举证证明在其通知后，在雅虎中国网站上仍存在涉案内容，且成功公司认可雅虎中国网站上现在已不存在涉案电视剧，故对成功公司提出的停止播放的诉讼请求不再处理。另外，朝阳区人民法院认为成功公司未举证证明阿里巴巴公司对涉案内容进行了编辑、处理，以及阿里巴巴公司从涉案电视剧中直接获得了经济利益，且在其通知前，阿里巴巴公司已知或应知该电视剧涉嫌侵权。而且，阿里巴巴公司已经明确告知其提供的服务为信息存储空间服务。因此，阿里巴巴公司不应当承担赔偿责任。

此外，成功公司通过授权获得的信息网络传播权是著作财产权，其也无权要求阿里巴巴公司赔礼道歉。因而朝阳区人民法院依据《著作权法》第 15 条第 1 款、《信息网络传播权保护条例》第 22 条之规定，判决驳回成功公司的诉讼请求。

案件宣判后，原告对判决结果表示不服，遂上诉至北京市第二中级人民法院。二审法院审理后确认成功公司在一定期限内对纠纷电视剧享有中国大陆地区的独家信息网络传播权。

《信息网络传播权保护条例》第 22 条规定："网络服务提供者为服务对象提供信息存储空间，供服务对象通过信息网络向公众提供作品、表演、录音录像制品，并具备下列条件的，不承担赔偿责任：（一）明确标示该信息存储空间是为服务对象所提供，并公开网络服务提供者的名称、联系人、网络地址；（二）未改变服务对象所提供的作品、表演、录音录像制品；（三）不知道也没有合理的理由应当知道服务对象提供的作品、表演、录音录像制品侵权；（四）未从服务对象提供作品、表演、录音录像制品中直接获得经济利益；（五）在接到权利人的通知书后，根据本条例规定删除权利人认为侵权的作品、表演、录音录像制品。"依据上述规定，二审法院认为阿里巴巴公司在其网站上明确标示其信息存储空间是为服务对象所提供，并公开阿里巴巴公司的名称、联系人、网络地址；未改变服务对象所提供的涉案电视剧；未从服务对象提供作品、表演、录音录像制品中直接获得经济利益;在接到权利人的通知书后,及时删除了权利人认为侵权的涉案电视剧。因此,本案的焦点在于阿里巴巴公司是否不知道也没有合理的理由应当知道服务对象提供的涉案电视剧侵权。

在本案中,阿里巴巴公司为涉案电视剧《奋斗》第1~15集提供信息存储空间服务的时间正是该电视剧在北京地区首轮播放期间,且其在用户上载涉案电视剧后在其网站的电视剧栏目的首页上对涉案电视剧进行宣传和推介,所以二审法院认为阿里巴巴公司的上述行为具有主观故意,侵犯了成功公司的信息网络传播权,依法应当承担赔偿损失的民事责任。依照《民事诉讼法》第153条第1款第3项,《著作权法》第10条第1款第12项、第15条,《信息网络传播权保护条例》第22条的规定,作出了以下判决:

1. 撤销北京市朝阳区人民法院(2008)朝民初字第4679号民事判决;

2. 阿里巴巴公司于本判决生效之日起10日内赔偿成功公司经济损失及诉讼合理支出1.6万元;

3. 驳回成功公司的其他诉讼请求。

案件评析

本案值得关注的地方就在于二审法院撤销了一审判决。从中可以看出,初审法院和上诉法院之间在阿里巴巴公司是否构成侵权的问题上存在分歧。初审法院认为阿里巴巴公司所从事的是信息存储空间服务,而不是网络内容服务的提供者,所以只要在被侵权人通知后删除侵权内容就无须承担责任。而事实上,从事信息存储空间服务的阿里巴巴公司同样是网络服务提供者。作为网络服务的提供者,其侵权责任形式通常有两种。一种是直接侵权责任,主要表现为网络服务提供者利用自己经营的网络,违反《著作权法》等相关法律法规,发布侵权作品或信息,直接侵害他人的著作权的行为。随着法律制度的完善以及经营者知识产权意识的增强,实践中网络服务提供者承担直接侵权责任的案例并不多。现实的情况大多是,网络服务提供者既不参与信息交流,也不选择信息的接收方,仅是提供接入、缓存、信息存储空间、搜索以及链接等技术服务,即在网络用户的信息交流中处于一个中立第三方的地位。这种情况下,实施直接侵权行为的通常是网络用户，而网络服务提供者在一些情况下被法律认为存在过错，所以要承担一部分侵权责任。这就构成了间接侵权责任，是基于他人直接侵权行为所产生的责任。有学者认为，和直接侵权行为相比，间接侵权行为有两个鲜明特征：第一，间接侵权行为并不是著作权“专有权利”所限定的行为；第二，间接侵权行为是直接侵权行为的帮助行为或预备行为。法律之所以规定间接侵权，其目的是加强对著作权的保护，既可以避免权利人因无法追究直接侵权人的责任而蒙受损害，也可以防止直接侵权行为发生并抑制损害后果扩大。

在本案中，二审法院之所以撤销一审判决并认定阿里巴巴公司侵犯了成功公司的信息网络传播权，理由就在于阿里巴巴公司虽然未直接实施侵权行为，但在网络用户实施侵权行为后，其在网站的电视剧栏目的首页上对涉案电视剧进行宣传和推介的做法，无疑是对直接侵权行为的一种帮助行为，构成了间接侵权。二审法院的判决更具有合理性。

（二）浙江泛亚电子诉百度网讯、百度在线著作权侵权案

案例索引

一审法院：北京市高级人民法院

案号：（2007）高民初字第1201号

二审法院：中华人民共和国最高人民法院

案号：（2009）民三终字第2号

基本案情

浙江泛亚电子商务有限公司（以下简称泛亚公司）诉称自2004年起，通过从权利人处购买版权、聘请音乐人自行创作或委托他人创作的方式，拥有了一系列音乐作品的著作权，并培养多位歌手，自行录制完成了千余首歌曲。泛亚公司对以上歌曲享有完整的著作权及邻接权，其建立的娱乐基地中国网站（www.5fad.com），为网民提供数字音乐的试听、收费下载等娱乐服务。而百度网站自2002年起向互联网用户提供音乐作品的MP3搜索和百度音乐盒服务，在未经泛亚公司授权的情况下，为用户提供了《你的选择》

等351首歌曲的歌词内容及音频文件的下载地址，还利用歌曲的试听页面发布商业广告和提供设置音乐彩铃的服务。泛亚公司认为因百度公司的搜索和链接服务，用户在互联网上试听和下载涉案歌曲无须支付任何对价，而被告通过广告获取了巨额利润，其行为不符合合理使用或法定许可，构成直接侵权或帮助侵权，且在收到权利通知后仍拒不停止。据此，泛亚公司诉请百度公司停止对上述歌曲下载地址的搜索和深层链接并赔偿原告经济损失1亿元。

百度网讯公司、百度在线则共同辩称，百度网站的所有人为百度网讯公司，并由其管理和经营，百度在线公司仅提供搜索引擎技术服务。百度网站提供的只是搜索引擎服务，歌词搜索也是其中一种文件格式的搜索，搜索的目标是互联网上的LRC歌词文件。搜索结果显示的是LRC歌词文件的快照（即自动缓存）。百度音乐盒服务是一种收藏夹功能，保存的是用户的搜索指令。通过音乐盒搜索歌曲音频文件时出现歌词，属于搜索引擎的智能搜索功能，对于歌词的搜索是基于用户对音频文件的搜索而自动完成的。且泛亚公司不能证明其享有所有涉案歌曲的完整权利，在所发送的部分权利通知中也未提供涉案歌曲的歌手信息或专辑信息，无法对应具体的搜索结果。故百度公司并未侵犯泛亚公司对上述歌曲的信息网络传播权。

法院观点

北京市高级人民法院经审理，首先确认了泛亚公司所提供的涉案351首歌曲的版权证书以及63份签约歌手协议、段千寻等15位歌手所作的情况说明的真实性，认定泛亚公司对涉案351首歌曲享有词曲的著作财产权、表演者权中的财产权以及录音制作者权。

其次，针对百度公司的行为是否侵权的问题，根据我国著作权法的规定，信息网络传播行为是指将作品上传至或以其他方式将作品置于向公众开放的网络服务器中，使公众可以在选定的时间和地点获得作品的行为。本案中百度公司以搜索框输入关键词的搜索方式向网络用户提供MP3搜索服务的行为、向用户提供音乐盒服务以及利用音乐盒服务向用户提供歌词的行为和通过点击MP3搜索框的“歌词”按钮提供歌词的行为是否构成侵犯信息网络传播权，是本案的一大争议点。

第一，被告提供的 MP3 搜索引擎服务，是通过将用户端链接到第三方网站，在第三方网站上进行的，一旦被链接的第三方网站删除其中任何文件或关闭服务器，用户将无法在百度网站页面上通过点击链接来获得第三方网站中的文件，百度网站的服务器上并未上载或储存被链接的涉案歌曲。因此，被告所提供的是定位和链接服务，并非信息网络传播行为。被告不构成对原告相关信息网络传播权的直接侵犯。

根据《信息网络传播权保护条例》第 23 条的规定，提供搜索或者链接服务的网络服务提供者虽然不明知或者不应知所提供的信息侵权，但在接到权利人的通知后，不按照该条例规定断开与侵权信息的链接的，须承担赔偿责任。《信息网络传播权保护条例》第 14 条对权利人的通知应具备的内容作了明确的规定。权利人所发通知，应符合该条规定的要求。根据该条规定，权利人还应当对通知的真实性负责。本案中，泛亚公司向百度公司发出了两种内容不同的通知。第一种通知即 9 份公函除了列明了歌曲名、词曲内容、作者名称外，还列出了原告查找到的具体链接地址。第二种通知即律师公函则没有列出具体链接地址。被告接到原告第一种通知后，已将通知中明确列明的针对涉案 351 首歌曲所在的第三方网站的具体 MP3 链接地址全部删除。但是，泛亚公司已经许可其他网站或者机构在互联网上传播涉案歌曲；就 MP3 搜索而言，搜索引擎的现有技术尚无法实现根据音频文件内容来进行搜索，只能基于关键词进行搜索。百度公司在未获得具体链接地址的情况下，如果将原告主张权利的涉案 351 首歌曲按照歌曲名称进行屏蔽，可能会损害其他被许可人的合法权利；如果将歌曲名称作为关键词进行屏蔽或删除，亦可能损害他人的合法权利，出现删除或屏蔽错误的情形。更重要的是，该种通知不符合《信息网络传播权保护条例》第 14 条关于通知要件的要求。因此，百度公司未按律师公函要求删除全部具体 MP3 链接地址的行为不构成侵犯信息网络传播权。

第二，百度网站音乐盒是一个多功能音乐服务平台，包括向用户提供用以记录和管理搜索指令的收藏夹、进行 MP3 搜索服务以及随机提供歌词 LRC 文件等服务。百度网站音乐盒中提供的搜索收藏夹功能类似浏览器的收藏夹功能；音乐盒提供的 MP3 搜索服务系基于关键词的搜索服务，这种服务不构成信息网络传播行为。百度网站在音乐盒中随机提供歌词 LRC 文件，是根据用户的指令、按照用户键入的关键词对互联网上存在的 LRC 文件进行搜索，并非来源于百度网站的服务器。百度公司无法预先判定出现在搜索结果中的 LRC 文件是否构成侵权。因此，向用户提供音乐盒服务以及利用音乐盒服务向用户提供歌词的行为不构成侵犯信息网络传播权。

第三，通过 MP3 搜索结果列表中的“歌词”按钮进行的歌词搜索，是第三方网站上存在的 LRC 文本文件的歌词“快照”，属于搜索引擎服务。百度网站提供的歌词“快照”系通过搜索引擎从第三方网站搜索出来并存储在百度网站服务器中的，如果第三方网站上没有相应的歌词文本文件，百度网站的搜索引擎就无法搜索到相关歌词文件，无法以“快照”形式显示歌词。因此，被告提供的歌词“快照”服务与搜索引擎服务是有密切联系的。但这并不能说明此种服务仅仅就是搜索引擎服务。根据泛亚公司提交的相关《公证书》载明的事实，可以看出，通过 MP3 搜索框在百度网站页面上点击“歌词”按钮，可以直接显示有关涉案歌词，百度网站服务器地址也在页面底端标明（http://mp3. baidu. com/m? tn...），即百度公司明确认可“快照”形式的有关歌词储存于百度网站服务器上。因此，可以认定，被告将歌词放置在其服务器上、由用户通过点击百度网站 MP3 搜索框的“歌词”按钮的方式向用户提供歌词的行为属于“复制”和“上载”作品的行为，其提供的歌词“快照”服务并非仅仅是搜索引擎服务，已构成在网络上传播作品的行为。

基于上述理由，北京市高级人民法院认定百度公司以涉案“快照”方式提供歌词的行为侵犯了原告对《坐在马桶抽烟喝茶》等 26 首涉案歌词享有的信息网络传播权。在侵权主体的认定方面，百度网讯公司为百度网站的所有人及经营和管理者，百度在线公司仅提供搜索引擎服务，不应承担侵权责任。但本案的侵害后果由被告共同造成，百度在线公司亦有主观过错，故应认定构成共同侵权。

案件评析

对于网络环境下发生的侵权，网络服务提供者如果没有履行相应的注意义务，则可能对网络用户利用网络服务而实施的侵权行为承担间接责任。网络服务提供者侵权责任的标准和范围直接影响网络著作权保护的水平和质量，直接影响网络行业的发展和良好网络秩序的形成，所以，在立法和实践中明确网络服务提供者的责任标准,使责任风险具有较强的可预见性的同时对其责任加以适当限制,具有十分重要的意义。

在本案中,网络服务提供者的主体主要是搜索、链接服务提供者。《信息网络传播权保护条例》第23条规定:"网络服务提供者为服务对象提供搜索或者链接服务,在接到权利人的通知后,根据本条例规定断开与侵权的作品、表演、录音录像制品的链接的,不承担赔偿责任;但是,明知或者应知所链接的作品、表演、录音录像制品侵权的,应当承担共同侵权责任。"据此,网络服务提供者免责的前提应当是对其搜索或者链接的作品、表演、录音录像制品是否侵犯他人著作权或者相关权利既不明知也不应知。如果有证据证明网络服务提供者明知或者应知所链接的作品、表演、录音录像制品侵权仍链接的,则应当承担共同侵权责任。那些根据用户指令,通过互联网提供自动搜索、链接服务,且对搜索、链接的信息不进行组织、筛选的网络服务提供者,对通过其系统或者网络的信息的监控能力有限;网络上信息数量庞大,且在不断变化、更新,故要求其逐条甄别信息、注意到信息的合法性是不可能的。通常情况下,提供自动搜索、链接功能的网络服务提供者不知道相关信息是否侵权。

因此,本案中北京市高级人民法院认定被告百度公司提供的MP3搜索引擎服务,是通过用户键入关键词的形式进行搜索,建立临时链接。所搜索、链接的内容既可能是侵权的,也可以是公有领域的信息,或者是经权利人许可传播的不侵权的内容。显然,被告事先无法判断用户将键入什么关键词、要求提供什么服务。基于这种服务的技术、自动和被动等性质,即使被告施予与其能力所及的注意,也难以知道其所提供服务涉及的信息是否侵权。这一司法实践对更加明确的界定提供自动搜索、链接功能的网络服务提供者的审查义务范围和责任标准有着积极意义。

(三)韩寒诉百度网讯著作权侵权案

案例索引

法院:北京市海淀区人民法院

案号:(2012)海民初字第5558号

基本案情

著名青年作家韩寒诉称其原创的代表性作品《像少年啦飞驰》（以下简称《像》）被多名网友上传至百度公司经营的百度文库，供用户免费在线浏览和下载。韩寒认为，百度文库是供网友上传、在线阅读、下载小说等各类文档的网络平台，该平台自2009年11月上线以来至2011年5月，其中的文档已经增长至1907多万份，但百度公司对上传作品未尽到著作权审查义务。诉讼中，韩寒提出百度公司在百度文库推荐、编辑加工《像》书，向用户提供免费浏览、下载服务，并从中获利。为此，韩寒多次致函百度公司，要求立即停止侵权、采取措施防止侵权行为再次发生，但百度公司消极处理。故韩寒诉至法院，请求判令百度公司：（1）立即停止侵权、采取有效措施制止侵犯其著作权的行为再次发生；（2）关闭百度文库（网址为 wenku. baidu. com）；（3）持续7天在百度网站首页（网址为 www. baidu. com）向其赔礼道歉；（4）赔偿其经济损失25.4万元（按照2000元/千字×版权页字数）并承担其为制止侵权支出的合理费用4038元（包括律师费3800元和公证费238元）。

百度网讯公司则辩称，百度文库由百度网讯公司合法经营，具有实质性非侵权用途，属于信息存储空间，其中的文档由网友贡献，并得到网民欢迎。其"相关推荐文档"是百度文库针对网民的搜索意图，根据文档关键词、题目和内容自动识别、匹配出与网民搜索需求类似的文档，并非百度网讯公司主动推荐，百度网讯公司在百度文库设有"热门推荐"栏目，其中的作品系百度网讯公司的合作权利人提供，《像》书并不在"热门推荐"栏目中，也未在其他显著位置上；百度网讯公司对文库中上传的作品不做编辑加工；百度文库中文档的浏览和下载均是免费的，合作伙伴自愿将相关文档放在百度文库中给网民共享，百度网讯公司未从中获利。百度文库通过多种方式向网民公示了法律法规要求的保护权利人的措施和步骤，百度网讯公司已经尽到了充分提醒的义务。在收到韩寒的投诉后，百度网讯公司及时删除了投诉链接和相关作品，完全履行了信息存储空间服务商的法定义务，并将投诉作品纳入文库的文档DNA识别反盗版系统（以下简称反盗版系统）正版资源库，在现有技术条件下尽了最大努力采取措施制止侵权。因此，百度网讯公司认为自身不存在过错，不应承担侵权责任。

法院观点

北京市海淀区人民法院经审理认为，本案中双方均认可网络用户将《像》书文档上传至百度文库，直接侵犯了韩寒对《像》书享有的信息网络传播权这一事实。而百度网讯公司作为提供上传《像》书的信息存储空间的网络服务提供者，虽然没有直接实施上传行为，但其是否应对涉案文档的传播承担侵权责任是双方的分歧所在。对此，海淀区人民法院认为，著作权侵权为一般的民事侵权行为，民事责任的构成通常实行过错责任原则。我国《侵权责任法》第 6 条规定了行为人因过错侵害他人民事权益，应当承担侵权责任。本案中，要认定百度网讯公司侵权并应承担侵权责任，需要满足以下条件：百度网讯公司所实施的涉案行为侵害了韩寒享有的信息网络传播权、百度网讯公司的行为与损害后果之间存在因果关系以及百度网讯公司主观上存在过错。具体分析如下：

1. 百度网讯公司经营管理百度文库，为网络用户上传《像》书文档供其他用户在线浏览和下载提供信息存储空间服务。显然，百度网讯公司为网络用户上传、存储并分享《像》书文档的行为提供了帮助，使该文档在上传后的数月内被用户共浏览 5000 余次、下载 1500 余次，对韩寒就《像》书享有的信息网络传播权造成损害。正是百度网讯公司的帮助行为为《像》书侵权文档的广泛传播提供可行性和便利条件，因此，百度网讯公司的行为与韩寒所遭受的损害之间存在因果关系。

2. 百度网讯公司是否存在主观过错是双方争议的焦点。我国《侵权责任法》第 36 条规定："网络用户利用网络服务实施侵权行为的，被侵权人有权通知网络服务提供者采取删除、屏蔽、断开链接等必要措施。网络服务提供者接到通知后未及时采取必要措施的，对损害的扩大部分与该网络用户承担连带责任。网络服务提供者知道网络用户利用其网络服务侵害他人民事权益，未采取必要措施的，与该网络用户承担连带责任。"可见，网络服务提供者存在主观过错的情形包括接到被侵权人通知后未及时采取必要措施、网络服务提供者知道网络用户利用其网络服务侵害他人权益而未采取必要措施等。百度网讯公司作为经营百度文库这个信息存储空间的网络服务提供者，一般不负有对网络用户上传的作品进行事先审查、监控的义务，当然,这不意味着百度网讯公司对百度文库中的侵权行为可以不加任何干预和限制。上述情形中需要强调的适用条件,是网络服务提供者不存在主观过错,也就是不知道或没有合理的理由应当知道网络用户利用其网络服务侵害他人权益。具体到本案中,百度网讯公司若明知或应知百度文库中的文档侵权,而未采取其预见水平和控制能力范围内制止侵权的必要措施,应认定百度网讯公司存在主观过错。

针对百度网讯公司是否应当知道百度文库中《像》书侵权事实的存在,对此,海淀区人民法院结合百度文库的客观现状、韩寒及《像》书的知名度、韩寒与百度网讯公司就百度文库引发纠纷及百度网讯公司对侵权行为的预见水平和实际控制能力等因素进行了综合分析。首先,百度文库群集了极大数量的各类文档,由于存在格式、大小、文字排版等方面的限制,某一侵权文档若是未被推荐至首页或其他显著位置,在众多文档中就并非显而易见。在这种情况下,如何判定百度网讯公司是否应当知道其百度文库中的某文档侵权,应当进行具体分析。其次,在本案中,韩寒为当代有影响力的知名作家,《像》书为其小说代表作,销量甚大,百度网讯公司对此不持异议。韩寒曾于 2011 年 3 月作为作家代表之一就百度文库侵权一事与百度网讯公司协商谈判,百度网讯公司积极回应并处理此次纠纷,此事件受到社会各方的广泛关注。百度网讯公司理应知道韩寒不同意百度文库传播其作品,也应知道百度文库中存在侵犯韩寒著作权的文档,因此,百度网讯公司对百度文库中侵犯韩寒著作权的文档应有比其他侵权文档更高的注意义务。再次,韩寒曾两次对其《像》书文档进行公证保全,百度网讯公司应有合理的理由知道涉案文档侵权。最后,在作家与百度网讯公司因文库侵权纠纷广受关注时,百度网讯公司既然为了展现其制止侵权的决心和能力,并赢得公众的理解和支持,向包括维权作家在内的公众作出短时间内清理侵权文档的承诺并为此广泛宣传,就应当以诚实信用的负责任态度切实兑现承诺。作为依靠数以千万计的他人作品实现自身商业经营的百度网讯公司,应当对维护他人著作权抱有善意,对因显而易见的因素并有合理理由而需负较高注意义务的侵权文档,百度网讯公司未采取相应措施,则应认定其存在过错。因此,百度网讯公司的行为满足侵权责任构成要件,应为此承担相应的法律责任。当然,认定百度网讯公司采取相关措施却未能制止涉案文档侵权存在过错，并不意味着对采取了一定反盗版措施的百度网讯公司课以法定义务及其能力范围以外的义务。若是有证据显示百度网讯公司充分尊重权利人的合法权益而采取相应措施，即使该措施在某阶段存在不完善之处，也可认定百度网讯公司尽到了注意义务，不存在过错，因而无须承担责任。

综合百度网讯公司所采取的各类相应措施，海淀区人民法院认为，对因显而易见的因素应当知道的侵权文档，百度网讯公司除了履行针对一般侵权文档的注意义务外，还须充分发挥主动性履行更高的注意义务。相比百度网讯公司采取的纠纷爆发时的应急措施及尚不完善的技术措施，这种更高的注意义务要求百度网讯公司应更加注重百度文库经营管理规范化的问题，从而切实保护著作权人权利。综上所述，法院判令百度网讯公司赔偿韩寒经济损失 39,800 元及合理开支 4000 元，驳回原告韩寒的其他诉讼请求。

案件评析

随着法律制度的完善以及经营者知识产权意识的增强，大多数网络服务提供者通过接入、缓存、信息存储空间、搜索以及链接等方式为用户提供技术服务，既不参与信息交流，也不选择信息的接收方，仅在网络用户的信息交流中处于一个中立第三方的地位。在这种情况下，利用网络侵害他人著作权的通常是网络用户，而网络服务提供者在一些情况下被法律认为存在过错，所以要承担一部分侵权责任，即间接侵权责任。

网络服务提供者承担间接侵权责任的前提，是因为其在主观上存在一定的可归责事由。具体到互联网领域的侵害著作权案件中，在相关的法律法规中，网络服务提供者的过错一般通过其是否“知道”自己所提供的服务中含有侵权内容来加以判断。因此，如何判定网络服务提供者是否“知道”侵权行为的存在，如何在实务中解释和认定“明知或应知”的具体含义，则有着极为重要的意义。本案中，法院对百度网讯公司是否“明知或应知”侵权文档的存在，从百度文库的客观现状、韩寒及《像》书的知名度、韩寒与百度网讯公司就百度文库引发纠纷及百度网讯公司对侵权行为的预见水平和实际控制能力等多个角度进行了综合分析，对百度网讯公司是否存在过错作出了合理判定。

同时，作为对网络服务提供者间接侵权责任适用的一种限制，《侵权责任法》第36条第2款采用了“通知与取下”程序：“网络用户利用网络服务实施侵权行为的，被侵权人有权通知网络服务提供者采取删除、屏蔽、断开链接等必要措施。网络服务提供者接到通知后未及时采取必要措施的，对损害的扩大部分与该网络用户承担连带责任。”这是立法机关与司法机关秉持“技术中立”态度，对网络服务提供者间接侵权责任适用作出的一种限制。但是针对网络技术中介服务的“避风港”制度，并不能成为网络服务提供者降低其合理的注意义务的理由。在本案中，作为经营现有规模的百度文库的百度网讯公司，一方面在多页面鼓励用户上传文档，并对所上传文档的格式、大小、数量等作相当宽松之要求；另一方面强调应适用法律规定的“接到通知后删除”的“避风港”规则，并将反盗版工作主要寄托于网民自觉性和尚不完善的技术措施，而未对侵权文档主动履行更高的注意义务。虽然百度网讯公司主张其所管理的“百度文库”只是提供信息存储空间服务，不负有普遍审查的义务，并且在“接到通知后删除”，但法院认定百度网讯公司为网络用户上传、存储文档的行为提供了帮助，为侵权文档的广泛传播提供可行性和便利条件，因此，百度网讯公司的行为与韩寒所遭受的损害之间存在因果关系，对需要承担较高注意义务的侵权文档未采取相应措施因而存在过错。在本案中，法院判断因果关系和是否存在过错的处理思路，对类似的网络著作权间接侵权案件的处理具有启示意义。

（四）王辉诉北京图胜网络著作权侵权案

案例索引

法院：北京市丰台区人民法院

案号：（2008）丰民初字第14591号

基本案情

王辉采写的两篇文章《你知道色彩减肥吗》和《健身球减肥不亦乐乎》，分别于2003年9月16日和2003年9月9日在《生活时报》第26版两个整版上首次发表。2008年5月王辉发现，图胜公司所属“放心医苑”网站先后于2005年1月14日和2005年1月28日转载的两篇文章，系完全照搬原告所著的上述两篇作品，而转载文章没有署名，却注明来源为“放心医苑”。作为两篇文章的作者，王辉并未同意他人使用自己的作品，也没有授予网络传播权。图胜公司未经许可在放心医苑网上转载、使用作品并割裂作品内容，不署名甚至冒名的故意侵权行为已经严重侵犯了王辉合法权利。为此，王辉于 2008 年 5 月 30 日对图胜公司的侵权行为申请证据保全公证。随后发出《交涉函》要求图胜公司立即停止侵权，公开致歉并赔偿损失，但图胜公司却置之不理。现王辉诉至法院，请求判令图胜公司：(1)在《光明日报》上刊登致歉声明，同时在其放心医苑网主页上连续 30 日刊登向原告赔礼道歉的声明；(2)赔偿经济损失 5000 元；(3)支付为制止侵权支出的合理费用公证费 800 元、邮寄费 8 元；(4)赔偿精神损害抚慰金 41 元；(5)承担本案诉讼费用。

图胜公司表示不同意王辉的诉讼请求，理由如下：(1)图胜公司认为其本身没有侵权故意，并在收到交涉函后及时删除了争议文章，尽最大努力将影响降到最低，而且当时公司成立不久，作为一个医疗性网站，网站浏览量和影响力有限，这两篇文章停留时间不长，没有给王辉造成太大不良影响。(2)图胜公司作为专业健康医疗网站，目的是传播医疗健康的科普知识，具有公益性。根据我国《著作权法》相关规定，为了公益目的适当使用可以不经许可，不支付费用。况且该公司只是部分使用该作品内容，故认为其不应向原告支付使用费。(3)原告主体是否适格无法辨认，对方没有足够证据证明涉案文章作者和本案原告是同一个人，图胜公司对原告主体资格不认可。(4)王辉要求图胜公司支付 5000 元，缺乏事实和法律依据，明显脱离市场价格，随意性很大。(5)王辉要求支付所谓制止侵权的合理费用，也缺乏事实和法律依据，因为图胜公司在争议发生后立即删除了文章，使用行为已经停止，影响已经结束，不存在发生上述费用的可能，这些费用显然不是制止侵权行为的必要支出，与图胜公司无关。而且图胜公司认为原告不存在索要精神损害赔偿金的依据。

法院观点

法院经审理查明：2003 年 9 月 9 日《生活时报》于第 26 版刊载《健身球减肥不亦乐乎》一文，文章署名王辉，字数约 2500 字，未有不得转载、摘编的声明。2003 年 9 月 16 日《生活时报》于第 26 版刊载《你知道色彩减肥吗》一文,文章署名王辉,字数约 2500 字,未有不得转载、摘编的声明。

2008 年 5 月 30 日北京市信德公证处应王辉的申请进行了证据保全公证。(2008)京信德内民证字第 1526 号公证书记载:打开本处计算机,通过北京市通信公司"ADSL"链接上网。点击"InternetExplorer",在地址栏中输入"http://www. baidu. com/",在百度搜索栏中输入"健身球减肥不亦乐乎",对打开的页面实时打印(2 页),见附件 1;在附件 1 页面下,点击页面上的"健身,健身球减肥不亦乐乎",对打开的页面实时打印(5 页),见附件 2;回到百度首页,在百度搜索栏中输入"放心医苑你知道色彩减肥吗",对打开的页面实时打印(2 页),见附件 3;在附件 3 页面下,点击页面上的"减肥,你知道色彩减肥吗",对打开的页面实时打印(5 页),见附件 4。附件 2 第 1 页至第 3 页刊载《健身球减肥不亦乐乎》一文,文章标题下方载明:"文章来源:放心医苑 2005 - 1 - 2811:46:35",其中在第 1 页左上角显示"放心医苑网"以及"www. fx120. net"。附件 4 第 1 页至第 3 页刊载《你知道色彩减肥吗》一文,文章标题下方载明:"文章来源:放心医苑 2005 - 1 - 1415:46:34",其中在的第 1 页左上角显示"放心医苑网"以及"www. fx120. net"。

经过比对,上述登载于放心医苑网的《健身球减肥不亦乐乎》与 2003 年 9 月 9 日《生活时报》第 26 版刊载的《健身球减肥不亦乐乎》内容完全相同;登载于放心医苑网的《你知道色彩减肥吗》与 2003 年 9 月 16 日《生活时报》第 26 版刊载的《你知道色彩减肥吗》前半部分内容完全相同。2008 年 6 月王辉向图胜公司寄发交涉函,要求图胜公司立即停止侵权,公开致歉,并赔偿损失。此后,图胜公司将上述涉案文章删除。因双方就赔偿问题不能达成一致,王辉遂起诉至法院。王辉为本案诉讼支付了公证费 800 元、邮寄费 8 元。

法院另外查明,放心医苑网(网址为 www. fx120. net)系图胜公司下属医疗健康门户网站。除法律另有规定外,使用他人作品应获得许可。图胜公司未经许可,将原告的作品登载于其经营的放心医苑网,未为原告署名,且未支付报酬,侵犯了原告的署名权、信息网络传播权、获取报酬权等权利,依法应承担相应的法律责任。图胜公司认为其基于公益目的适当使用他人作品可以不经许可并不支付费用的辩称意见,缺乏事实与法律依据,法院不予采纳。

基于以上理由，原告要求判决被告赔礼道歉、赔偿经济损失的诉讼请求，法院予以支持。王辉支出的公证费800元以及邮寄费8元属于为制止侵权行为支出的合理费用，应由图胜公司负担。由于原告所提赔偿损失的数额过高，法院将综合考虑被告侵权行为的性质、侵权持续时间、被告的过错程度、给原告造成经济损失的合理程度及有关付酬标准等因素，酌定被告应承担赔偿原告经济损失的具体数额。另外，鉴于被告的侵权行为限于在网络上刊载侵权文章，其在同样的媒体上向原告公开赔礼道歉，即能达到消除影响的效果，因此原告提出要求被告在《光明日报》上刊登致歉声明以及赔偿精神损害抚慰金的诉讼请求，法院不予支持。

综上所述，法院依据《著作权法》第47条第1项、第48条之规定，作出以下判决：

1. 北京图胜网络技术有限公司于判决生效之日起30日内在"http://www.fx120.net"网站首页连续30日刊登致歉声明（致歉声明内容须经法院审核，逾期不履行，法院将在相关媒体刊登判决书有关内容，费用由北京图胜网络技术有限公司负担）；

2. 北京图胜网络技术有限公司于判决生效之日起10日内赔偿王辉经济损失及因诉讼支出的合理费用共计3308元；

3. 驳回王辉的其他诉讼请求。

案件评析

依照我国1992年1月1日决定加入的《伯尔尼保护文学和艺术作品公约》第9条、第10条之规定，以及于1995年1月1日生效的与贸易有关的《知识产权协定》（Agreement on Trade - Related Aspects of Intellectual Property Rights, TRIPs）的有关规定，未经著作权人许可，不得对报刊上的作品进行转载。根据我国新《著作权法》第32条第2款之规定，对报纸、期刊上所登载之作品可以有条件地予以转载、摘编。条件有二：(1)著作权人未声明禁止转载、摘编；(2)按照规定向著作权人支付报酬。有学者对这一与国际公约相违背的规定持反对态度。然而，最高人民法院出台的《关于审理涉及计算机网络著作权纠纷案件适用法律若干问题的解释》却沿用该条作出了关于网络作品的转载、摘编的规定,只是除上述两个条件外,另外增加了两个条件:(1)注明出处;(2)不得超过《著作权法》允许报刊转载、摘编之作品的范围,即录音、录像制品和计算机软件等不准许在网上转载或摘编。其理由主要是:(1)目前报刊、网站上的作品被转载、摘编的现象普遍存在,如果简单地绝对禁止,实际难以奏效。因此,应分阶段地逐步规定。(2)网络上转载、摘编他人作品,目前确实存在难以找到著作权人以取得其许可的现实情况。(3)考虑到促进网络产业的发展和平衡社会公众与著作权人之间利益的需要。不少学者认为,这类规定构成了对著作权人享有的复制权的对抗,实际上是规定凡著作权人未声明禁止转载、摘编的作品,均视为作者允许他人对此以转载、摘编的方式进行复制并谋利,其结果是以著作权人声明不允许转载、摘编为例外。而依著作权人享有复制权之常理,则应以作者允许转载、摘编的声明为例外。因而,转载、摘编应事先征得著作权人的同意才是复制权的应有之义。网络作品之转载、摘编即使作为权宜之计也是不应允许的,网络产业的发展不应也不必以损害复制权为代价,相反,只有充分保护了著作权人的利益,促进知识产品的发展,才能使网络产业更加兴旺、发达。

五、对我国网络著作权侵权问题的思考与建议

网络著作权事实上是在网络环境下对传统著作权进行保护的一种新的表现。与传统著作权相比,网络著作权的保护需要平衡更多法律主体的利益、寻求新的平衡方向,也面临着更多的新情况与新问题。因此,我们试图在这里给出一些思考和建议:

在立法过程中,立法机关应当对现有有关网络著作权保护的法律文件进行整理,对其中存在冲突或容易引起争议的部分进行修改和解释。例如,前文提及的认定过错的"知道"标准,我国相关立法文件对其就存在前后表述不一的问题。1986 年《民法通则》、1991 年《计算机软件保护条例》采用的是"知道"与"应当知道"并称的办法。而 2006 年《信息网络传播权保护条例》则采用了"知道""应当知道""明知""应知"等多种说法并用的方式。在立法层面对这些问题进行改进,可以有助于完善我国的网络著作权保护的法律制度,更好地调整诉讼当事人之间的关系。

随着三网融合大趋势的推进，互联网企业间不断出现的著作权侵权问题对现行的网络著作权司法保护和司法制度也是一大挑战。在司法过程中，由于网络著作权保护有关法律中一些规定过于宽泛、亟待完善，司法机关应当通过有权解释加以细化，使原有的原则性条款变得更加具有可操作性，从而解决网络著作权司法运行不畅的现状。

在司法过程中，对于网络著作权保护有关法律中一些过于宽泛的规定，司法机关应当通过有权解释加以细化，使原有的原则性条款变得更加具有可操作性。例如，前文提到，通过间接侵权责任的规定，立法者解决了网络服务提供者“要不要赔”的问题。而对于进一步“赔多少”的问题，仅通过文书的寥寥数语显然无法应对大量司法实践中存在的形形色色的问题，目前的网络著作权侵权损害赔偿标准还不够明确，在具体的赔偿标准如何建立特别是在要不要建立惩罚性赔偿制度的问题上，目前学界还存在争议，但司法机关在实践中进行一些先行探索对统一相关问题的认识、完善网络著作权保护的制度，无疑具有积极的意义。

具体来说，分为以下几个方面。首先，应准确把握当事人主张的具体权利的内涵及权利控制范围。著作权法对作品的保护是通过赋予著作权人专有权利的方式实现的，每项专有权利控制着一类特定行为。在司法实践中，认定被控侵权人侵犯某项著作权权利的前提是被控侵权行为落入该项专有权利的控制范围。因此，在进行侵权判定时，必须确定原告主张权利的客体是什么、享有什么权利以及权利的控制范围。但从部分相关案件的处理情况来看，某些裁判结果的差异是由于对相关权利的内涵和权利控制范围的理解、把握存在偏差。其次，应统一相关经营主体法律地位及责任的认定标准。网络经营者及其从事的作品传播行为是网络著作权保护的焦点问题。在现行著作权法体系下，根据网络经营者提供服务内容的不同将其区分为网络内容提供者和网络服务提供者。二者区分的法律标准在于其实施的是直接提供信息内容的行为还是为他人传播信息提供技术服务的行为。虽然这种区分标准在理论上是清晰的，但在现实中，随着网络技术的发展和商业模式的多样化，网络服务的类型趋于多样化和复杂化，有的服务性质是明显的，其服务所呈现的形式使得对其行为的界定较为容易，有的服务模式的外在形式并不清晰，有的在模式上可能提供的是技术服务，但服务的外在形式却可能使用户误认为其提供的是内容服务。最后,通过间接侵权责任的规定,立法者解决了网络服务提供者“要不要赔”的问题。

在法律精神上,立法机关和司法机关都应当保持“技术中立”的立法态度。这就需要相关主体在立法实践和司法实践中不断探索、积累经验。如上文提及的判决赔偿数额问题,而对于进一步“赔多少”的问题,仅通过法律条文的寥寥数语显然无法应对大量司法实践中存在的形形色色的问题,目前的网络著作权侵权损害赔偿标准还不够明确,在具体的赔偿标准如何建立特别是在要不要建立惩罚性赔偿制度的问题上,目前学界还存在争议,但司法机关有必要在实践中进行一些先行探索,对统一相关问题的认识、完善网络著作权保护的制度作出努力。涉网络著作权案件中赔偿数额的确定问题是审判实践中的重点也是难点问题,尽管著作权法明确规定了按照权利人的实际损失、侵权人的违法所得、酌定赔偿的顺序来确定赔偿数额,但与传统著作权案件相比,涉网络著作权案件中适用酌定赔偿的比例更高,导致这一现象主要是因为涉网络著作权案件中,查明权利人损失或侵权人获利较传统著作权案件而言存在更大的困难。由于网络环境下的著作权侵权行为的隐蔽性、多样性和技术化,侵权人的违法所得难以核实,权利人举证和法院查证的难度较大、所需时间较长,对当事人提供的证据特别是电子证据的证明效力要求也较高,因此不但权利人愿意适用酌定赔偿,为了提高审判效率、降低二审改判或再审的风险,法官也普遍愿意适用酌定方法确定赔偿数额。在网络著作权侵权争议的各地判决中,对于酌定因素大多不做详细说明,出现“套话”倾向,一般仅笼统表述为“综合考虑涉案侵权行为的性质、时间、涉案作品的市场价值等因素,酌情确定赔偿数额”,对于其中各因素在具体案件中的体现、对最终赔偿数额的影响程度、所占比重等一般不做说明。实践中,大多数围绕酌定判赔数额的二审案件也是因为当事人无法从判决文书中得出酌定赔偿数额的准确有力依据,因而对判赔结果不信服。现有规范中,专门针对涉网络著作权案件酌定赔偿考量因素的规定很少,因此在涉网络著作权案件中,可以参考适用部分高级法院发布的指导意见中有关于著作权或知识产权案件酌定赔偿考量因素的规定。由于不同效力位阶、不同地区对于酌定赔偿的考量因素规定不尽相同,司法解释以及各地的司法行政规范文件大大丰富了《著作权法》第 48 条第 2 款的规定,逐步扩张地将越来越多的因素纳入法官的考量范围。对各地规范性文件中的酌定考量因素进行归类、总结，主要可分为三类：一是作品本身因素：包括作品类型、知名度、市场价值、许可费（或合理使用费）、独创性程度等；二是侵权情节因素：包括主观过错、侵权性质、侵权具体方式、程度、范围、侵权持续时间、侵权后果等；三是可能的损失或获利情况。三类考量因素中，作品本身因素和侵权情节因素是各地规范中普遍规定的内容，对于可能的损失或获利情况，仅有北京、江苏、重庆三地的高级人民法院纳入了考量因素范围中，其目的还是倾向性地鼓励法院通过其他间接证据证明权利人的实际损失或侵权人的侵权所得。总之，通过从准确把握当事人主张的具体权利的内涵及权利控制范围、统一相关经营主体法律地位及责任的认定标准和合理确定网络著作权案件中赔偿数额这三个方面入手，不断强化和完善对网络著作权侵权问题的司法制度和司法保护，对营造我国互联网企业健康发展的生态环境具有重要意义。

在互联网时代，随着网络著作权的产生，法律规定了网络服务提供者的侵权责任，以应对网络著作权的间接侵权行为，更好地保护网络著作权人的利益。通过梳理有关案例可以看出，在大量互联网企业参与的网络著作权侵权案件中，虽然网络著作权人以互联网上出现侵权内容为由主张网络服务提供者承担侵权责任，但法院在审理过程中一般都会认定网络服务提供者不承担普遍审查义务，即不认为网络服务提供者应当对其所提供的网络服务内容作出全方位的审查。这样的做法有利于在网络著作权保护和技术创新之间达到平衡，进而促进知识产权保护和互联网产业的健康发展。

第五章 互联网商标侵权问题研究

一、互联网商标侵权概述

(一)网络环境下商标侵权的概念

互联网的特点改变了传统意义上商标侵权的概念,讨论网络环境下商标侵权的概念并进行归纳,对于保护消费者以及商标权人的合法利益很有意义。

网络技术的快速发展,使我们步入了信息时代。在网络覆盖的当下环境中,我们能够迅速地获得自己想要的资讯,网络使我们的生活更便利,但是随之而来的还有问题与挑战。传统意义上的商标侵权,是指除了商标所有权人以外的其他人不遵守商标法的相关规定,在自己的商品或服务上未经商标权人同意擅自使用与其注册商标相同或近似的商业标识,而其经营领域与商标权人相同或相近,从而造成消费者对商品或服务来源发生混淆,损害商标权人合法利益的行为。在现如今的网络环境中,商标侵权的形式发生了一些变化,商标侵权的认定标准自然也应当随之进行调整。首先,商标侵权发生在互联网这个虚拟的环境中,侵权地的确定存在一定的困难;其次,对于通过互联网侵害他人商标权的侵权人,确定其身份也存在困难;最后,在网络环境下,由复杂且隐蔽的网络技术导致了一系列新的商标侵权形式的产生。总而言之,网络的虚拟性与隐蔽性,使网络环境下的商标侵权相较于传统的商标侵权而言更加的复杂,具有更大的不确定性。

综上所述,笔者认为,网络环境下的商标侵权可以定义为:未经商标权人同意,也不具有相关法律法规规定的其他合理使用的情形,侵权人通过使用互联网相关技术，侵害商标权人的合法利益。

（二）网络环境下商标侵权的特点

1. 侵权形式复杂多样

在网络技术发达的今天，作为网络人，相信大家也发现，网络技术还在不断地迅速地发展，这种发展势头是可喜的却也伴随着风险。网络环境下的商标保护正面临着挑战，因为出现了一系列新的商标侵权形式，如域名商标侵权、网络链接商标侵权、搜索引擎商标侵权等。这些新的商标侵权形式是伴随网络技术的发展而产生的，以后也势必会伴随其继续发展而出现更多元化的商标侵权形式。另外，互联网具有一些独特的性质以及技术特征，通常利用互联网进行商标侵权的侵权手段与高科技是密不可分的，侵权人往往具备一定的网络技术和专业知识，因此在网络环境下的商标侵权形式也会愈加复杂。

2. “商标使用”界定模糊

在网络这个虚拟的空间中，信息是唯一存在的东西。由于互联网的虚拟性、信息性与全球性，传统意义上“商标使用”的概念在网络环境中的界定成为一个难题。“公开性使用”和“商标性使用”这两个“商标使用”的构成要件在虚拟的信息空间中变得模糊。在域名和网络链接中使用商标属于“公开性使用”，那么在关键词以及元标记中对商标的“内部使用”是否属于“公开性使用”呢？如果不属于“公开性使用”，我们应该怎样保护这部分的商标呢？“商标性使用”核心在于标识的区分功能，即“表示商品或服务来源的使用”。作为元标记或者关键词的商标所指向的却不是商品或服务，而是网站或网页。那么，将商标作为元标记和关键词搜索是否属于商标的“商标性使用”呢？上述这些问题都表明，“商标使用”这个概念在互联网环境下商标侵权纠纷中的适用，还需要进行进一步的界定。

3. 侵权地的不确定性

传统意义上商标权具有严格的地域性，对于商标的保护仅限于一定国家或区域内。而全球性与开放性是互联网的两大特性，网络环境中的商标侵权不再受地域的限制。由于互联网的传播速度快、传播范围广，在互联网中使用的商标很容易被他人盗用或滥用。而一旦发生侵犯商标权的纠纷，侵权地的确定成为一个难题。最高人民法院《关于审理商标民事纠纷案件适用法律若干问题的解释》第6条规定，由于侵犯他人注册商标专用权而引起的民事诉讼，根据修订后的《商标法》第13条以及第57条确定管辖法院，其中侵权行为实施地、侵权商品储藏地或者查封扣押地以及被告住所地的人民法院均有管辖权。而对于网络环境下的商标侵权纠纷，由于网络空间的特殊性，侵权行为实施者可以隐藏真实的网络IP，侵权行为实施地的确定存在难度。而网络的自由性使得信息易被转载且传递速度极快，关于商标的侵权信息经过无数次的传播，侵权结果的发生地几乎可以覆盖全球，无法确定。而对于侵权行为人，其隐藏在网络之后，真实身份难以确定，被告住所地确定管辖的规定也不能在网络环境下的商标侵权纠纷中很好地进行适用。鉴于上述网络的复杂性导致侵权地难以确定，所以在实际案例中，商标权人往往采取向原告住所地法院起诉的方式维护自己的权益。

4. 证据收集的困难性

网络环境下商标侵权行为的隐匿性是由互联网的复杂性以及技术性决定的，举个简单的例子，微小的网络元标记的修改就可能会构成商标侵权并且不易被发现。正是由于这种侵权形式的隐蔽性，网络环境中的商标侵权行为不易被商标所有权人发现。而即使侵权行为被发现，由于网页是动态的且容易进行修改，侵权人可以通过修改元标记或者删除链接等方式迅速销毁证据，这样一来非常不利于商标所有权人收集证据。互联网的开放性和自由性特点给商标所有权人保护自己的商标带来了很大的挑战，从其发现侵权行为到对侵权行为采取措施，留给他们采集证据的时间是非常有限的。同时，商标所有权人还需要证明其证据的真实性，这样一来证据收集的难度又会加大。而在司法实践中，相关的法律法规以及司法解释并不能够真正地深入到网络技术所涉及的所有领域，所以在商标侵权的认定上也有一定的难度。

（三）网络环境下商标侵权法律规制困境分析

由于网络技术的复杂性以及隐蔽性，网络环境中的商标侵权行为也比较复杂和隐蔽，具有不同于传统意义上商标侵权行为的特点。传统的商标侵权理论不能完全涵盖网络环境下的商标侵权行为，传统的《商标法》也逐渐不能满足解决网络环境下商标侵权纠纷的需要。因此可以看出,在我国的司法实践中,网络环境下商标侵权行为的法律规制还存在一些问题。

1. 侵权主体的判定存在困难

(1)域名注册人构成商标侵权的判定标准范围过宽

根据《中国互联网络信息中心域名争议解决办法》第 8 条规定,域名注册人构成商标侵权需要满足三个条件:第一个条件是,注册人注册的域名与商标权人的商标相同或相似,相似的域名足以导致混淆;第二个条件是,域名注册人对其注册的域名不享有正当权利或合法利益;第三个条件是,域名注册人具有“恶意”。该办法紧接着在其第 9 条中列举了构成“恶意”的四种具体情形:注册域名是为了获利,且该利益属于不当收益,将该域名卖与或以其他方式处分给商标所有权人或与其有竞争关系的其他人;注册域名的目的是阻止商标权人在互联网上使用其商标或其他其具有正当权利的商业标识;注册域名的目的是破坏与其有竞争关系的商标权人的声誉,或故意制造混淆引起公众的误认;其他。虽然该办法对域名注册人侵犯商标权的构成要件作出了具体的规定。但是在司法实践中,域名注册人是否具有“恶意”,其注册域名的目的是否是破坏商标权人的业务等涉及主观性目的判定依然存在界限模糊的问题。在域名侵犯商标权的案件中,法官对于域名注册入主观目的的判断还是有很大的自由裁量权,这既不利于案件的公平审判,也会影响案件的审判效率。

(2)设置链接者是否构成商标侵权尚存争议

网络链接的设链者设置链接的行为是否构成商标侵权目前还存在很多争议,大致有三种观点。第一种观点是构成商标侵权,设链者在自己的网站中设置链接,当浏览者点击链接标志进入被链接网站的子网页时,会误认为其访问的还是设链者的网站,这样可能会导致浏览者对被链接网站中的商标发生混淆。这种行为完全符合商标混淆理论中“初始兴趣混淆”。第二种观点是不构成商标侵权,持这种观点的学者认为网络链接只是提供了一条进入他人网站的通道,并没有对他人网站的内容进行变动或利用,或者说没有对他人的商标进行“商标性使用”,因此不构成商标侵权。另外,网络链接的出现促进了网络信息的流通,给网络用户提供了极大的便利,符合互联网共享与传播的精神。第三种观点就是中立说,因为网络链接是一项比较复杂的网络技术，对其是否构成侵权应当分情况讨论。主要判断依据为被链接网站内容的完整性以及是否容易引起公众的误认和混淆。

(3)搜索引擎服务提供商能否构成共同侵权

从司法实践中来看，我国法律对于搜索引擎服务提供商能否成为商标侵权主体是持肯定态度的。一般来说，法院认为搜索引擎服务提供商构成间接侵权，与作为链接的第三方网站承担连带责任。根据《侵权责任法》第8条第2款以及《民法通则》第130条的规定，搜索引擎服务提供商与作为链接的第三方网站共同对商标所有权人承担责任。但是，在实践中，判定两者构成共同侵权存在一定的不合理性。如果发生商标侵权纠纷后，搜索引擎服务提供商与被链接的第三方网站被判定为共同承担连带责任，那么对于搜索引擎服务提供商是不公平的。因为在司法实践中，搜索引擎服务提供商是很容易找到并确定的，但是被链接的第三方网站的经营者就不那么好找了。出于便利的目的，商标所有权人自然会选择将搜索引擎服务提供商作为被告提起诉讼。判定搜索引擎服务提供商承担连带责任，过高地要求了搜索引擎服务提供商的注意义务。因此，搜索引擎服务提供商应当与作为链接的第三方网站分别承担与其过错相适应的责任。

2. 混淆可能性的判定因素不确定

2013年8月30日我国《商标法》在经过第三次修改后终于将“混淆可能性”纳入了商标侵权认定的构成要件中，但是对于“混淆可能性”需要考虑的相关判定因素还存在很大的不确定性，需要对其进行细化。

(1)域名混淆可能性的判断

如果一个商标已经具有了一定的知名度，他人将该商标注册为域名，而公众看到这一域名时很自然地会将该域名与该知名商标联系起来，以为两者之间存在着某种程度的关联，从而访问该网站。从这个角度出发，域名注册人利用了在先商标的声誉，企图通过使用与该商标相同的域名来提高自己网站的访问量与知名度。上述行为引发了一个问题，即公众误认为该域名属于商标所有权人或以为两者存在某种关联，能否以此认定该域名构成混淆可能性？混淆可能性的相关因素包含以下几个方面：商标的强度；产品类别的相似度；商标的相似度；实际混淆的证据；消费者的注意程度以及被告的善恶意。因为网络域名的特殊性，所以在考察域名的混淆可能性时应对其相关因素进行特殊适用，根据具体情况对其进行细化。但是，我国目前的法律法规并没有针对域名混淆可能性的相关判定因素作出详细具体的规定。

（2）链接混淆可能性的判断

美国的 Ticketmaster corp. v. Microsoft corp. 案①是一起比较典型的网络链接侵犯商标权的案件，被告在没有经过原告允许的情况下，在自己的信息网站中设置了链接，用户点击链接直接进入原告网站的子网页，即订票系统界面。这种绕过被链接网站首页直接进入分页的链接设置，会让网络用户分不清是在浏览谁的网页，产生还停留在设链者网页的混淆。前面介绍过的加框链接的设置，更容易导致用户的混淆，其原因就在于用户浏览被链接网站的网页时，设链者网站的框架和标志依然显示在计算机屏幕上，并且网页地址也不会发生变化。网络链接中所涉及的网络技术相较于域名更加复杂，在判断混淆可能性时只靠“六因素”理论肯定是不够的，在这块区域我国仍缺乏相应的具体规定。

（3）元标记混淆可能性的判断

元标记的隐蔽性极强，不会在网页的任何位置显示出来，所以消费者是无法直接看到元标记的，也看不到设置为元标记的商标。对于商标的这种“内部性使用”是否会导致发生混淆成为元标记混淆可能性判断的最大争议之处。纵观各国的司法实践，大都对这个问题有所涉及，甚至在不同的法院对这同一问题产生了不同的意见。其典型案件有德国的 Impuls 案，原被告均是提供医疗保险服务的公司，被告将原告的注册商标“impuls”设置为自己的元标记关键字，由此产生纠纷。上诉法院认为被告使用的元标记虽然是原告的商标，但是由于网络用户并不能看到该元标记，所以不会发生混淆的后果。而随后德国最高法院推翻了这一判决，其认为原被告双方处于同一竞争行业中，消费者浏览被告网站与其进行交易的很大原因就是对原被告的网站产生了混淆以及误认，因此被告用原告的商标作为其元标记侵犯了原告的商标权。

（4）关键词推广中混淆可能性的判断

关键词的选用存储与元标记一样，都是对商标进行内部使用的方式，网

---

① Bob Tedeschi："Ticketmaster and Microsoft Settle Linking Dispute"，载 http//www. nytimes. Com/libray/tech/9902/cyber/articles/15tick. html，最后访问时间：2016 年 5 月 7 日。

络用户是看不见的，网络用户能看见的是搜索结果页面中所显示的网页标题与网页描述。所以在关键词推广中混淆可能性的判断主要是基于广告的内容而不是关键词。关键词推广中混淆可能性的判断是十分复杂的，其可以分为两种情形进行讨论：第一种情形，仅将他人商标作为关键词，该商标不会出现在自己的广告页面中；第二种情形，不仅将他人的商标作为自己的关键词并且在其网站的广告页面中也使用了他人的商标。在第二种情形中又存在两种可能性：一是消费者极易产生混淆；二是尽到注意义务的消费者不会产生混淆。这些情形中使用关键词是否存在混淆可能性将在后文中进行详细讨论。总之，鉴于关键词推广中混淆可能性判断的复杂程度，应当出台相应的规定将其混淆可能性的判定因素具体化。

二、互联网商标侵权类型

随着电子商务时代的来临，网络环境下的商标侵权也呈现出与以往不同的特点，对商标法律制度提出了新的挑战，对互联网上的商标侵权行为进行分类研究也就十分必要。

（一）网络环境下商标侵权行为的宏观分类

从宏观层面来看，对网络环境下的商标侵权行为这个整体进行大致分类同一般的民事侵权行为分类方法类似，划分的标准大致一样，都是侵权行为中的几个要素，包括主体、主体数量、方式途径、对象、客体等。这种分类是学理上通用的技巧，分类的结果也都比较容易总结得出，线条较粗，只是起到对整体事物有个宏观划分认识的作用。因此，该种分类属于比较宏观的分类。①

依照不同的划分标准，分类如下：

首先，按行为主体不同，可以分为网络内容提供者实施的网络商标侵权行为、网络服务提供者实施的网络商标侵权行为，以及网络信息接收者实施的网络商标侵权行为等。该种分类项下还可以做进一步细分，如网络服务提供者这一类还包括网络基础设施经营者、接入和主机服务提供者、电子布

① 郭建广、朱成辉：《互联网时代的商标侵权行为》，载《企业科技与发展》2010 年第 11 期。

告板系统经营者等很多类型。

其次，按侵权行为主体数量的多寡，可以分为单独的网络商标侵权行为和共同的网络商标侵权行为两种。此处的多寡是指侵权主体的单一或众多，不论是公民还是法人。在对网络商标侵权行为的法律适用以及责任承担上，单一主体与共同主体实施的网络商标侵权行为的后果是明显不一样的。共同的网络商标侵权行为中涉及了主体的复合性以及侵权行为的同一性、所致结果的单一性等问题，同时在责任承担上还要考虑连带赔偿责任等问题的具体评判标准。

再次，按网络商标侵权行为作用效果的不同，可以分为直接的网络商标侵权行为和间接的网络商标侵权行为。比如，网络服务提供者在电子商务中就一般不直接参与商品生产、制造或销售，它们实施的侵权行为大多就是间接的，与网络用户通常直接实施一些侵权行为就有所不同。

最后，按网络商标侵权行为所利用的具体方法、手段或途径不同，可以分为域名抢注商标侵权行为、链上商标侵权行为、元标记商标侵权行为（或者又叫“隐形”商标侵权）等。

（二）网络环境下商标侵权行为的微观分类

除了学理上的宏观分类，实践中通常按网络商标侵权行为所利用的具体方法、手段或途径不同进行的分类，就是贴合了现实网络环境的实际情况，符合网络中具体技术手段元素不同从而决定了侵权行为具体方法、手段或途径不同的情况，以此为标准所做的更细致更深入的分类。按该标准进行分类，有助于更加清晰地认定并分析现有的网络商标侵权行为。

随着网络技术的深入发展，越来越多的高新网络技术被运用到了经济、政治和文化等各个领域，在应对日益增长的商标侵权案件中，我们也对使用于其中的新方式有了较为详细的了解。现对网络环境下商标侵权的几种常见的、主要的侵权方式单从形式上进行较详细的论述。①

1. 网页内容与商标侵权行为

网页是我们接触和使用网络时最常用也是最直接的形式，它是构成网

① 孙海龙、姚建军：《网络商标侵权问题研究》，载《电子知识产权》2007 年第 8 期。

站的基本元素,是各种网站应用的载体、平台。网页一般用图像档来提供图画,透过网页浏览器来阅读,我们一般所谓的上网,基本上就是指的浏览网页。

网页中的内容多种多样,其中就不乏侵权行为人将他人的商标标识放在自己网站的网页上面作为网页中的图标,或是将他人的注册商标设计成自己网页的部分内容。这种在网页上任意使用他人知名商标、商号、商品或服务名称等的行为,足以导致相关公众对行为人网页上进行的电子商务与商标权利人的电子商务产生混淆。注册商标的文字、图形或者是它们的组合都是受到法律保护的,在网页中擅自使用注册商标的图文,或者设计成网页内容的行为,已经违反了我国《商标法》第 52 条的规定,是典型的侵犯商标权的行为。网页内容中这类商标侵权,属于网络中比较简单明了的方式,很容易发现和规制,处理的方法和使用的规则以及适用的法律法规,都与传统的商标侵权类似,只不过该类行为是发生在虚拟的网络环境下而已。

2. 域名与商标侵权行为

讲到网络不得不提的一个概念就是域名(Domain Name),域名就是计算机在网络上的地址,它是为了化简人们无法记住的复杂 IP 地址而产生的与 IP 地址分级分区对应便于记忆的地址系统(可以理解为 IP 地址的外部代码),并且,不同于 IP 地址的是,域名是独一无二不会重复的,一个主机有且仅有一个域名。

首先,有必要就造成域名与商标之间冲突的原因简要做出分析。网络环境下的商业活动中,经营者使用的域名就相当于自身的一种商业标识,从知识产权的角度来看,经营者对商业活动中使用的域名就享有商业标识权,这一点使域名与商标十分相似。这种唯一性以及类似商标的标识性,使域名常常与一定的商品或者服务相关联,从某种意义上说,就类似于商标起到了标识商品或者服务的作用,在网络环境下的商业活动中具有一定的经济价值。此外,随着 IPv4 地址耗尽的最终发生[来自中国互联网络信息中心(China Internet Network Information Center,CNNIC)的数据称,截至 2011 年 1 月 24 日,互联网数字分配机构(The Internet Assigned Numbers Authority,IANA)地址池剩余 7 个 A 的 IPv4 地址(即 1.17 亿),在 2011 年 2 月分配完毕],域名的价值越来越受到人们,特别是电子商务领域的重视。域名的唯一性、标识性、附随IP地址的有限性，使侵权人利用它谋取利益成为可能，并且在利益驱动之下，情况越发恶劣，侵权人利用域名网络标识的性质，以“搭便车”、恶意抢注高价出售等各种形式牟取暴利，严重侵犯了商标权人的合法利益。

其次，虽然两者在商业标识性上类似，但本质上还是存在很大的区别的。域名具有唯一性，而同样的商标可以作为不同类别商品或服务的标识；域名在注册后具有非地域性，全球范围内都有效，而商标则具有地域性，不同地域可以存在相同商标的出现。上述区别的存在必然导致冲突的发生，加之存在一定知名度的商标和域名在现代电子商务中的价值越来越大，两者之间的冲突也就显得更加激烈。

再次，现行的域名注册机制与商标权的保护制度之间没有建立有效的联结，无法良好地沟通和协调。域名的获得是通过专门机构注册而来，注册时仅仅只对其全球唯一性有要求，并不会进行诸如是否与现存商标相同的检索或审查；而商标的注册则是由各国根据本国的法律独立进行注册，并且只对其进行本区域内同类商品或服务内的审查。可想而知，以他人商标作为域名获得注册或者不同商品或服务的商标权人不可能同时拥有与该商标相同的域名之类的情况的发生是必然的，在这种各行各事的制度问题影响下，注定会产生两者之间的冲突。

最后，在我国，目前涉及调整网络域名与商标冲突的法律法规很少，也没有完整的配置，根本无法满足现实需求。同时，规制域名的法律法规也极其不完善，根本无法与现有的商标法相协调。在这种法律保护体系微弱的大环境下，两者的冲突不但会产生，而且会愈演愈烈。

域名与商标之间的冲突即两者之间的权属分配及其使用利益所发生的冲突。在目前网络环境下的商业活动中常发生的冲突类型有以下几种：

(1)域名中含有他人的注册商标。一般都是在二级或者三级域名中直接使用他人所拥有的注册商标，或者仅仅再加上地域限制性的字符，又或者是将注册商标与其他字符相组合。

(2)恶意抢注域名。网络用户明知或应知所注册的域名中含有他人享有权利的商标，依然进行注册，只要在主观上满足这个状态，就构成恶意抢注。至于抢注的具体目的，则有诸如高价出售、损毁性侮辱性使用等多种情况。

(3)在先注册的域名之后被其他人申请注册成为了注册商标。这种类型里又包含几种具体情况,一是在先注册的域名在使用之后,被他人注册成为了注册商标;二是在先注册的域名并没有实际使用,而之后注册的商标在实际使用;三是之后注册的商标是驰名商标的,要与普通商标区别对待。各种具体情况的不同,对行为责任的认定和规则都有不同的影响。

(4)域名中含有中文注册商标的汉语拼音或者中文域名的汉语拼音为他人的注册商标。这种情况的发生,是汉语中文字和文字拼音一一对应的语言规则导致的,因此在我国出现较多这类情况。

(5)域名中包含的标识部分同时有数个商标权人。域名具有唯一性,而商标因地域性和商品或服务类别的限制性,可以为数人所拥有。因此,很可能同样的标识在不同地区或者不同商品或服务类别上为不同权利人所有,但是,包含该商标的域名却只有一个,该域名应该为哪个权利人所有,又具体侵犯哪个权利人的利益,都是普遍存在争议的问题,需要一定的原则和标准来解决。

3. 链接与商标侵权行为

链接(或称超级链接),是指由某网页指向某目标的连接。这里的目标通常是指另外的网页,或者是同一网页上不同的位置,也可以是图片、文件、Email 地址或应用程序。网络环境下链接的存在,给商标侵权人提供了便利的方式途径,同时,随着网络链接技术的不断成熟和广泛使用,这类链接的商标侵权纠纷也越来越多,利用链接进行商标侵权成为时下网络环境中较为常见的商标侵权形式。

利用链接进行商标侵权,主要运用的是对"锚"进行设置的方式,即通过锚点链接达到侵权的效果。行为人在自己的网页当中对锚点进行设置,把他人的商标设置于锚点之中,再链接到该商标权人的网页中。用户在网页浏览时,被这些他人商标吸引,点击了这些锚点链接,进入了商标权人的网页,在这种情况下,用户很难弄清之前的网页和点击链接之后网页的关联或区别,从而,该链接设置的行为就成为了准商标侵权行为,并且一般情况下都构成对权利人商标侵权。

纵深链接,是链接中使用较多、危害性较大的深度连接设置。通过纵深链接设置，可以绕开被链接的外部网站的主页而直接就进入到相关的子页面当中。当行为人通过链接他人的商标，直接又跳过他人的主页进入子页面时，不仅混淆了网络浏览者对自己网站与商标权人网站的认识，还很可能因为跳过他人网站主页而使网络浏览者根本没有意识到进入了商标权人网站的子网页，也无法接收到商标权人网站主页上的重要信息。这种利用深度链接的行为，是对他人的商标或者商号更大程度上的无权使用、滥用、淡化，是需要大力打击和控制的。

加框链接，是在基本的锚点链接上完成加框设置，使网络浏览者在点击使用他人商标所作的链接之后，行为人的网站整个外部框架、网站名称都不会发生改变，网络浏览者还是在行为人的网站中，但是可以在这个不变的框之中，看到通过链接获得的商标权利人网站中网页里的各种信息。这就使网络浏览者更加难以发现行为人无权使用、滥用、淡化商标权人所拥有商标的行为，商标权人也很难发现自己的商标权正在遭受如是侵犯。

4. 元标记与商标侵权行为

元标记(meta - tag)，是网络超文本置标语言 HTML 的一种软件参数，用以对网站进行描述，如网主情况、版权声明以及关键词等。对于网络浏览者而言，这些信息并不是可见的，但对于单搜索引擎来说，元标记就是其工作的关键。因此，就会有人利用网页的元标记设置，把他人的商标埋置于其中，这样，搜索引擎以该词进行检索时，该网站就会毫无征兆地出现在检索结果当中。可想而知，当网络浏览者检索某商标时，将该商标设置于自己元标记中的网站也会被网络浏览者检索到，该网站也就通过他人的商标，成功地使网络浏览者浏览到了自己的网页。

这种暗地里把他人商标埋设于自己网站的行为，有着非常强的隐蔽性，并且表面上也并没有使用他人的商标，只是通过技术设置让自己的网站在搜索结果中出现，很难认定该类行为的侵害性，更难制止其发生。这种利用元标记的设置进行商标侵权的行为，就是我们所称的“隐形商标侵权”，因为该类行为通常都是发生在利用搜索引擎功能提供网络查询服务当中，所以，也有人称之为“搜索引擎商标侵权”。

三、具体案例分析

(一)衣念(上海)时装贸易有限公司与浙江淘宝网络有限公司、杜某侵害商标权纠纷上诉案

案例索引

一审法院:上海市浦东新区人民法院

案号:(2010)浦民三(知)初字第426号

二审法院:上海市第一中级人民法院

案号:(2011)沪一中民五(知)终字第40号

基本案情

上诉人(原审被告):浙江淘宝网络有限公司。

法定代表人:马某,董事长。

委托代理人:张某,浙江淘宝网络有限公司职员。

委托代理人:颜某,北京市隆安律师事务所上海分所律师。

被上诉人(原审原告):衣念(上海)时装贸易有限公司。

法定代表人:金某,董事长。

委托代理人:戴某,该公司职员。

委托代理人:陈某,上海市锦天城律师事务所律师。

原审被告:杜某。

上诉人浙江淘宝网络有限公司(以下简称淘宝公司)因侵害商标权纠纷一案,不服上海市浦东新区人民法院(2010)浦民三(知)初字第426号民事判决,向上海市第一中级人民法院提起上诉。

上诉人淘宝公司的上诉理由是:

1.因被上诉人涉案7次投诉未提供判断侵权的证明,不属于有效投诉,上诉人无法知道被上诉人存在多次投诉,无法对被投诉信息是否构成侵权予以审核,故无法对被投诉卖家采取进一步的处理措施。

2.上诉人不知道杜某存在侵权行为,对于杜某的侵权行为不具有过错。

原审法院以上诉人删除了投诉信息认定上诉人知道杜某多次发布侵权商品信息没有法律依据，认定上诉人放纵杜某继续实施侵权行为，故意为杜某销售侵权商品提供便利条件更是没有事实和法律依据。

被上诉人答辩称：上诉人明知杜某存在侵权行为，仍未采取任何措施以防止再次侵权行为的发生，其为侵权行为提供了网络服务帮助。具体理由如下：

1. 被上诉人的投诉函均具明了判断侵权成立的初步证明和理由。其在函中指出相关链接商品并非其公司生产或者委托生产，且进一步指明了其公司产品是直营模式销售，未曾授权他人经销或者代理；其公司与委托加工工厂定量生产，对超额产品约定了销毁等处理方式；其公司直营店目前销售价均在吊牌价格的50%以上，他人买入其公司产品再以低于50%折扣销售，不符合交易常识等多项理由。

2. 上诉人针对被上诉人投诉函的回函中表明经其查看相关信息，暂无法判断侵权成立，从未向被上诉人提出过被上诉人的投诉函存在未提供判断侵权的证明或理由等不符合要求之情况。况且，被上诉人自2006年以来，针对淘宝网上的侵权商品信息频繁投诉，上诉人从未向被上诉人表明上诉人的投诉是无效投诉。上诉人根据被上诉人提供的判断标准方法及单方面陈述可以认定相关链接侵权，且上诉人已作删除，并提供侵权卖家信息附在上诉人邮件中。而杜某的注册信息亦在上述邮件中，上诉人并没有将杜某的信息列在“无法判断链接清单”中，而且在长达2个月的期间内，杜某对于上诉人删除被投诉信息未提出异议。

3. 根据上诉人的规定，权利人投诉应提供：判断侵权成立的初步证明是网页上明显的侵权信息、公证购买证明、卖家在聊天中自认。这种要求将使权利人不堪重负，亦与法律精神相悖。

4. 淘宝网作为国内最大的网上购物平台，完全有能力管理网络用户的违规行为，然上诉人对于被上诉人的多次投诉仅作删除商品信息处理，未进一步采取适当措施，如果其能严格按照其制定的规则对侵权用户进行处罚，可以制止卖家的违规行为。

原审被告杜某称，其从事厂家代理，并不知道发布信息的商品侵权。其同意上诉人的意见。

本院经审理查明,原审法院认定事实基本无误,本院予以确认。

本院认为:被上诉人经注册商标专用权人的授权许可,依法享有第1545520号、第1326011号注册商标独占使用权,有权针对侵犯商标专用权的行为提起诉讼。根据《商标法》第52条规定,销售侵犯注册商标专用权的商品的行为,属侵犯注册商标专用权。原审法院关于杜某销售侵犯第1545520号、第1326011号注册商标权的商品构成商标侵权的认定及理由,本院认同。

上诉人作为淘宝网的经营者,其在本案中为杜某销售侵权商品提供网络交易平台,其未直接实施销售侵权商品的行为,而属于网络服务提供者。网络服务提供者对于网络用户的侵权行为一般不具有预见和避免的能力,因此,并不因为网络用户的侵权行为而当然须承担侵权赔偿责任。但是如果网络服务提供者明知或者应当知道网络用户利用其所提供的网络服务实施侵权行为,而仍然为侵权行为人提供网络服务或者没有采取适当的避免侵权行为发生的措施的,则应当与网络用户承担共同侵权责任。

具体到本案,本院认为:首先,在案证据证明被上诉人从2006年起就淘宝网上的商标侵权向上诉人投诉,而且投诉量巨大,然而至2009年11月,淘宝网上仍然存在大量被投诉侵权的商品信息,况且在上诉人删除的被投诉商品信息中,遭到卖家反通知的比率很小,由此可见,上诉人对于在淘宝网上大量存在商标侵权商品之现象是知道的,而且也知道对于被上诉人这样长期大量的投诉所采取的仅作删除链接的处理方式见效并不明显。其次,被上诉人的投诉函明确了其认为侵权的商品信息链接及相关的理由,虽然被上诉人没有就每一个投诉侵权的链接说明侵权的理由或提供判断侵权的证明,但是被上诉人已经向上诉人提供了相关的权利证明、投诉侵权的链接地址,并说明了侵权判断的诸多理由,而且被上诉人向上诉人持续投诉多年,其所投诉的理由亦不外乎被上诉人在投诉函中所列明的几种情况,因此上诉人实际也知晓一般情况下的被上诉人投诉的侵权理由类型。上诉人关于被上诉人未提供判断侵权成立的证明,其无法判断侵权成立的上诉理由不能成立;上诉人在处理被上诉人的投诉链接时,必然要查看相关链接的商品信息,从而对于相关商品信息是否侵权有初步了解和判断。因此,通过查看相关链接信息,作为经常处理商标侵权投诉的上诉人也应知道淘宝网上的卖家实施侵犯被上诉人商标权的行为。再次，在案的公证书表明被上诉人购买被控侵权商品时杜某在其网店内公告："本店所出售的部分是专柜正品，部分是仿原单货，质量可以绝对放心……"从该公告内容即可明显看出杜某销售侵权商品，上诉人在处理相关被投诉链接信息时对此当然是知道的，由此亦能证明上诉人知道杜某实施商标侵权行为。最后，判断侵权不仅从投诉人提供的证据考查，还应结合卖家是否反通知来进行判断。通常情况下，经过合法授权的商品信息被删除，被投诉人不可能会漠然处之，其肯定会作出积极回应，及时提出反通知，除非确实是侵权商品信息。故本案上诉人在多次删除杜某的商品信息并通知杜某被删除原因后，杜某并没有回应或提出申辩，据此完全知道杜某实施了销售侵权商品行为。

综合上述因素，本院认为上诉人知道杜某利用其网络服务实施商标侵权行为，但仅是被动地根据权利人通知采取没有任何成效的删除链接之措施，未采取必要的能够防止侵权行为发生的措施，从而放任、纵容侵权行为的发生，其主观上具有过错，客观上帮助了杜某实施侵权行为，构成共同侵权，应当与杜某承担连带责任。

综上所述，原审判决认定事实基本清楚，适用法律正确。上诉人的相关上诉理由不能成立，其上诉请求本院不予支持。依照《民事诉讼法》第 153 条第 1 款第 1 项之规定，判决如下：

驳回上诉，维持原判。

二审案件受理费人民币 800 元，由上诉人浙江淘宝网络有限公司负担。

本判决为终审判决。

法院观点

一审法院认为，网络服务提供者接到通知后及时删除侵权信息是其免于承担赔偿责任的条件之一，但并非是充分条件。网络服务提供者删除信息后，如果网络用户仍然利用其提供的网络服务继续实施侵权行为，网络服务提供者则应当进一步采取必要的措施以制止继续侵权。哪些措施属于必要的措施，应当根据网络服务的类型、技术可行性、成本、侵权情节等因素确定。具体到网络交易平台服务提供商，这些措施可以是对网络用户进行公开警告、降低信用评级、限制发布商品信息直至关闭该网络用户的账户等。

淘宝公司作为国内最大的网络交易平台服务提供商，完全有能力对网络用户的违规行为进行管理。淘宝公司也实际制定并发布了一系列的网络用户行为规则，也曾对一些网络用户违规行为进行处罚。淘宝公司若能够严格根据其制定的规则对违规行为进行处理，虽不能完全杜绝网络用户的侵权行为，但可增加网络用户侵权的难度，从而达到减少侵权的目的。就本案而言，淘宝公司接到衣念公司的投诉通知后，对投诉的内容进行了审核并删除了杜某发布的商品信息。根据淘宝网当时有效的用户行为管理规则，其在接到衣念公司的投诉并经核实后还应对杜某采取限制发布商品信息、扣分，直至冻结账户等处罚措施，但淘宝公司除了删除商品信息外没有采取其他任何处罚措施。在7次有效投诉的情况下，淘宝公司应当知道杜某利用其网络交易平台销售侵权商品，但淘宝公司对此未采取必要措施以制止侵权，杜某仍可不受限制地发布侵权商品信息。据上，一审法院认为，淘宝公司有条件、有能力针对特定侵权人杜某采取措施，淘宝公司在知道杜某多次发布侵权商品信息的情况下，未严格执行其管理规则，依然为杜某提供网络服务，此是对杜某继续实施侵权行为的放任、纵容。其故意为杜某销售侵权商品提供便利条件，构成帮助侵权，具有主观过错，应承担连带赔偿责任。

关于赔偿数额，因原、被告均未举证证明杜某因侵权所得利益或者衣念公司因被侵权所受损失，本院综合考虑涉案商标具有较高知名度，杜某网店经营规模较小、获利不多等因素，酌情确定经济损失赔偿额为3000元。原告主张律师费、公证费、查档费等开支，一审法院根据开支的真实性、关联性、必要性和合理性，酌情支持合理费用7000元。因被告侵犯原告的商标专用权，并不涉及人格利益，故原告要求被告赔礼道歉的诉讼请求，本院不予支持。

案件评析

在网络时代，通过网络平台发生的侵权行为越来越多，网络交易平台是指“为各类网络交易提供网络空间以及技术和交易服务的计算机网络系统”，用户与用户（Customer to Customer）在此平台之上进行交易的模式可称之为C2C模式。目前国内关于C2C模式的商标侵权纠纷案件中，绝大多数的涉嫌“间接侵权”行为主体为交易平台提供商。其在交易中所处法律地位也一直存在较多争议。那么，如何较为合适地对平台提供商进行法律定位呢？我们认为将其认定为交易场所提供者，对其"间接侵权"的行为认定可参照实体交易中商铺或柜台出租者的标准进行较为合适。在 C2C 模式中，平台提供商与用户签订服务协议并提供交易场所，并为其维持系统正常运营提供诸如网页、通信软件制作等必要服务，而淘宝公司的《用户服务协议》亦注明："淘宝网仅作为交易地点，获取物品或服务信息、物色交易对象、就物品和/或服务的交易进行协商及开展交易的场所。"在实体交易中，商铺或柜台出租者同样是为租赁方提供商品销售的场所，且只是为保证交易进行而对提供的商铺或柜台进行维护，并不参与到交易过程之中，两者均以提供经营场所的方式为用户交易提供便利条件。在司法实践中，无论是"路易威登诉北京市秀水豪森服装市场有限公司案"还是"丹麦公司诉易趣网网络商标侵权案"，法院在认定案件事实时也并未因两者分属网络交易与实体交易环境而区别对待，而是将其统一视为向售假者提供经营场所的主体，依此所作判决并无不当。因此，将其认定为交易场所提供者，参照商铺或柜台出租者进行"间接侵权"行为认定，一方面可以在未来立法中简化"间接侵权"行为模式；另一方面亦可参照现有案例，有利于分析研究。

因此，必须对网络平台提供者施加必要的法律义务和责任。在网络侵权中，网络平台提供者并不是直接的侵权人，因此其侵权责任的承担应当以存在过错为前提，即其没有采取足够合理的措施阻止侵权行为发生或扩大。行为人通过第三方网络平台出售侵犯他人商标权的商品的，如果被侵权人向网络平台提供者进行了积极反馈，要求其采取必要措施阻止侵权行为继续发生，那么网络平台提供者就应当在审核相关事实的基础上采取必要技术手段进行干预，否则其应当与侵权者共同承担连带侵权责任。

那么具体依据的法条是哪个呢？电子商务虽然已经成为人们购物的重要方式，然而关于网络平台服务提供者应当承担的侵权责任却不甚清晰。《侵权责任法》的出台填补了这一空白，为互联网侵权责任的判断提供了若干标准。该法第 36 条根据为自己行为承担责任和还是为他人行为承担责任对侵权责任进行了划分。其中第 2 款和第 3 款是对他人侵权行为承担责任的规定，有学者将其总结为以下两项规则：其一，提示规则或者"通知与删除"规则，只要网络服务提供者在接到投诉后采取及时和必要的措施，就能避免承担责任;其二,知道规则,即网络服务提供者知道网络用户利用其网络服务侵害他人民事权益,未采取必要措施的,与该网络用户承担连带责任。

综上所述,我国侵权责任法并未赋予电子商务平台主动审查的义务,但平台服务提供者对其商户的商标侵权行为须承担一定的注意义务。因此,在判定电子商务平台商标侵权责任时,应当坚持审慎的原则,既不能放纵电子商务平台成为制假贩假的大本营,也不能对其赋予过多的义务而阻碍电子商务产业的发展。

(二)奥钢联股份有限公司诉海纳百川世通国际酒业(北京)有限公司侵犯其商标专用权案

域名就是计算机的地址,就是通常大家所说的网址。可以发现的是,域名在诞生之初其目的与功能是比较单纯地为了显示其网络地址,增进网络交流的通畅。然而随着互联网技术的日新月异与网络活动的极度繁荣,域名身上所潜藏着的商业识别功能却越来越明显,甚至在一定程度上扮演了代表商业主体商誉影响力的使命,这恐怕是当初硅谷的计算机科学家所始料未及的。也正是因为域名身上散发着越来越强烈的商业识别气息,在这一意义上,域名几乎成为了网络主体的另一种“商标”。现实中,确实有大量的网络主体经营者或者域名拥有者都倾向于将具有一定影响力的商标注册为域名的组成部分,即使该商标的来源与权限并不清晰。不可否认的是,如今的网络域名至少在一定程度上与商标发生了功能上的近似或者混淆,而这恰恰是现代网络域名与商标在现实中冲突不断的“万恶之源”。在互联网时代的大背景下,网络域名与商标的冲突几乎是与互联网技术的自身属性相绑定的,在现实中的主要体现方式则是与域名相关的各类商标侵权。那接下来就以奥钢联股份有限公司诉海纳百川世通国际酒业(北京)有限公司侵犯其商标专用权一案作出分析。

案例索引

法院:北京市第二中级人民法院

基本案情

认为自己的注册商标被抢注为域名,侵犯了自己注册商标专用权,奥钢联股份公司(VOESTALPINE AG)将海纳百川世通国际酒业(北京)有限公司(以下简称海纳百川公司)告上法庭。在北京市第二中级人民法院主持下,这起世界知名重工企业商标抢注域名案成功调解,双方达成了海纳百川公司将涉案域名以5万元价格转让给奥钢联股份公司的调解协议。

1982年以来,奥钢联股份公司陆续在第六类生铁、钢材等商品以及第八类煤、焦炭等商品上注册了"voest""voestalpine""voest - alpine"系列商标,对上述商标享有注册商标专用权。后奥钢联股份公司发现海纳百川公司注册了名为"voest. cn"和"voest. com. cn"的域名(以下简称涉案域名)。2013年年底,奥钢联股份公司将海纳百川公司诉至北京市第二中级人民法院。

奥钢联股份公司诉称,其公司是世界汽车、能源和大型家电工业的重要合作伙伴,主要生产钢铁、铁路系统以及管材等产品,空客A380、伦敦温布利球场、布鲁塞尔原子球塔和迪拜哈里发塔等大型项目均使用该公司产品。其为开拓和发展中国市场投入了巨资进行宣传,"voest"等注册商标取得了较高的市场知名度和美誉度。海纳百川公司涉案域名与自己的注册商标、企业名称、域名均构成相同或近似,足以造成相关公众的误认,侵害了自己的注册商标专用权,并构成不正当竞争。故请求判令海纳百川公司停止侵权,由自己注册使用涉案域名,并且赔偿经济损失以及诉讼合理支出共计10万元。海纳百川公司辩称,自己注册涉案域名并非依据奥钢联股份公司的注册商标,而是具有自己的设计思路,即"voest"是由其公司字号"海纳百川"英文译文单词中具有代表性的字母组成,没有侵犯奥钢联股份公司的商标权,故请求法院驳回其诉讼请求。

法院观点

北京市第二中级人民法院审理期间,在与双方当事人进行充分沟通、详细了解案情的基础上,案件承办法官了解到,奥钢联股份公司提起诉讼的主要目的是想得到涉案域名,故其同意以适当价格购买涉案域名,而海纳百川公司也不准备再以涉案域名进行商业经营,故同意出售域名。但由于海纳百川公司对奥钢联股份公司存在抵触和不满情绪,故要价较高。在掌握此情况之后,承办法官与双方当事人进行多轮沟通。结合最高人民法院《关于审理商标民事纠纷案件适用法律若干问题的解释》、最高人民法院《关于审理涉及计算机网络域名民事纠纷案件适用法律若干问题的解释》的相关规定,承办法官进行深入讲解,指出了奥钢联股份公司在诉讼中存在的风险,同时,分析了海纳百川公司从日后经营、出售域名等方面的利弊得失。在反复多轮次的协调下,双方终于自愿达成了调解协议,海纳百川公司将涉案域名以 5 万元价格转让给奥铁联股份公司。

案件评析

在与域名有关的商标专用权侵权行为中,首先同时也是最主要的一类是基于域名抢注行为引发的商标侵权,主要是指商标侵权行为人将权利人的商标、商号或者其他商业标识注册为行为人自己的网络域名。其抢注的内容既可以是他人完整的商标,也可以是商标涵盖的主要文字内容,这一侵权行为的主观方面主要是故意,即明知他人合法拥有被抢注的商标权利。根据司法实务界接触到的相关案例分析,一般以恶意抢注他人商标以及商业标识作为自己网络域名的行为主要存在两类行为目的:其一是在成功抢注权利人商标为网络域名之后再以高价将该域名出售给被抢注商标的权利人,凭借此行为攫取利润;其二是不以出售域名攫取利润为目的,而是更为具有针对性地抢注商业竞争对手所持有之商标或商业标识,以干扰对手之正常商业经营与品牌发展,进而达到恶意排挤竞争对手的非法目的。这两类行为都建立在行为人与受害人双方明确意识到商标以及以此为内容的网络域名具有巨大商业价值的基础上,事实上也通过这类行为在现实中攫取了不菲的商业利益或者市场优势地位,造成了不可忽视的商业乃至社会影响。更有甚者,针对驰名商标的域名抢注行为由于驰名商标本身具有的不俗商业价值,造成了更为严重的后果与影响,对国内外驰名商标持有主体造成了严重困扰。在基于域名抢注引发的商标侵权范畴里,除上述介绍的两种情况,尚有一类并非基于主观恶意的域名抢注行为同样屡见不鲜,就是本案中的行为。

此案中，奥钢联公司自1982年起陆续在钢材、煤炭等商品上注册了“VOEST”“VOESTALPINE”“VOEST - ALPINE”等系列商标，然而日前奥钢联公司却发现海纳百川公司注册了“voest. cn”域名，遂于2013年向北京第二中级人民法院提起诉讼。奥钢联公司诉称其“VOEST”系列商品广泛应用于阿联酋迪拜哈利法塔、法国空客A380客机、英国伦敦温布利大球场等世界知名工程项目，多年来为“VOEST”系列商标投入了巨大的宣传资金并且取得了相当不俗的市场声誉和知名度。而被告公司所注册之域名与其系列商标具有高度相似性，侵害了自己的商标专用权；反观被告海纳百川公司，其辩称自己的注册域名拥有独立的设计思路，并非依据原告的商标抢注而成，故而不构成商标侵权。此案中海纳百川公司之注册域名虽然与原告商标高度近似，但其客观上确实不存在恶意抢注域名的主观动机和目的，属于非故意之巧合。

（三）广东茂名某公司将商标与网络域名组合使用构成商标侵权案

案例索引

法院：贵州省遵义市中级人民法院

案号：(2007)遵市法行终字第85号

基本案情

2007年6月25日贵州省务川自治县工商局执法人员在市场巡查中，查获广东茂名某公司授权委托其公司员工曾某某、刘某等4人在该县黄都镇宣传销售该公司生产的一款商标与网络域名组合使用的CFXB160型电热炉，因涉嫌产品质量不合格和商标侵权，务川自治县工商局于同日立案调查，并采取了强制措施，当场查扣所有涉案产品及收款收据若干份。

根据调查的事实和情节，务川自治县工商局认定广东茂名某公司商标侵权行为成立，于2007年8月6日向广东茂名某公司邮寄送达了工商行政处罚告知书，同年9月5日依据《商标法》第52条、第53条和《商标法实施条例》第52条之规定，[①]作出如下处罚：(1)责令广东茂名某公司立即停止侵权行为；(2)没收假冒“三洋”标识的电热炉及配套的其他商品；(3)罚款人民币1万元。

法院观点

收到工商部门的行政处罚决定书后，广东茂名某公司不服行政处罚，于2007年9月17日向务川自治县人民法院提起诉讼，他们在诉状中诉称：“他们公司使用‘SANCU’商标是依法向国家商标局申请注册的，他们作为‘SANCU’商标的注册权人，依法享有使用该商标的权利。他们在使用过程中，将商标与网络域名(合法注册拥有)WWW·三洋电器·net组合使用，没有构成对其他权利人的商标造成侵权或近似。他们使用域名WWW·三洋电器·net，是从合法渠道申请批准的，他们是依法享有。在产品及其包装和使用说明书上，将商标与网络域名组合使用，目的是让众多的消费者充分行使知情权、监督权、更好地服务于消费者。他们认为务川自治县工商局用《商标法》作出的行政处罚缺乏事实依据和法律依据，属于适用法律错误。请求人民法院依法撤销工商部门作出的行政处罚决定，并承担诉讼费用”。

该案经过了一审和二审法院的审理，一审法院认为：广东茂名某公司未在合理范围内正确使用域名，却在其产品外包装上将其注册商标“SANCU”和域名“WWW·三洋电器·net”组合成“SANCU WWW·三洋电器·net”使用，突出使用“三洋电器”中文字体，使其产品的外包装、使用说明书、实物上的商业标识与日本三洋电机株式会社的注册商标“三洋、SANYO三洋”相混淆，整体视觉上易使相关公众在一般注意状态下，对该商品来源产生误认，或者认为其来源与日本三洋电机株式会社注册商标“三洋、SANYO三洋”商品有特定的联系，足以误导相关公众认为其产品系日本三洋电机株式会社的产品，已构成对他人注册商标的侵权。一审法院据此判决，维持务川自治县工商局对广东茂名某公司商标侵权一案作出处罚决定。

当事人广东茂名某公司不服一审法院作出的判决，又在法定的时间向二审法院——贵州省遵义市中级人民法院提请诉讼。2008年3月5日贵州

① 法院裁判时，引用2001年《商标法》，现《商标法》已于2013年修正。——编者注

省遵义市中级人民法院作出判决:"一审法院认定事实清楚、证据充分,决定驳回上诉、维持原判。"

案件评析

本案中双方争议的一个焦点问题为:网络域名能否与商标组合整体使用?根据我国商标法的立法精神和调整对象以及有关的司法解释,网络域名与商标在注册机制上存在较大差别,网络域名的基本功能是区别互联网上不同计算机,面向的是网络系统本身。商标的基本功能是区别商品和服务的来源,面向的是相关公众。商标与域名有着显著的区别,二者均应在其合理、合法的范围内正确使用。商标权具有地域性并且依附于不同的商品或服务类型。《中国互联网络域名管理办法》《中国互联网络信息中心域名争议解决办法》界定:域名是为了方便人们使用互联网而创立的,是互联网络上识别和定位计算机的层次结构式的字符标识;与该计算机的互联网协议(Internet Protocol,IP)地址要对应,也是网络地址及电子邮件、地址的识别标志;而商标是用来标识商品和服务的,只能用在商品和服务上。

务川自治县工商局在查处该案中认为:广东茂名某公司在商标和网络域名的使用上,没有在合理合法的范围内使用,却在其产品的外包装、炉体和使用说明书上,将其注册商标"SANCU"和域名"WWW·三洋电器,net"组合成"SANCU WWW·三洋电器,net"使用,突出使用"三洋电器"字体,误导消费者认为该公司与日本三洋电机株式会社有着某些联系,或就此认为广东茂名公司的产品就是日本三洋电机株式会社的产品,严重侵犯了其他权利人的商标注册专用权。

日本三洋电机株式会社早在1997年就注册拥有了"SANYO""三洋""SANYO三洋"商标专用权,核定使用在第7类、第11类、第18类商品上,其注册的商标多次进入全国重点商标保护目录。而广东茂名某公司生产销售的电热炉,属于第11类产品;擅自在电热炉的外包装上使用"三洋"文字,已经构成《商标法》第52条第1款第2项、第5项所指"未经商标注册人的许可,在同一种商品或类似商品上使用与其注册商标相同或者近似商标的"和"给他人的注册商标专用权造成其他损害的"的行为,已构成侵犯注册商标专用权的事实。

对照《反不正当竞争法》第5条的规定，本案中广东茂名某公司依法使用英文字母组合"SANCU"商标不假，但是在使用过程中，有意识将其注册商标"SANCU"和域名"WWW·三洋电器，net"组合成"SANCU WWW·三洋电器，net"使用，突出使用"三洋电器"字体，其目的就是误导消费者认为是其他权利人的产品，引起混淆。根据《商标法》第52条规定，侵权行为包括三种情况，一是使用与商标注册人注册商标相同的商标；二是使用与商标注册人近似的商标；三是使用商标注册人的商标标识。将网络域名与商标组合整体使用，就是一种商标侵权行为，本质特征是利用他人注册商标的声誉，以自己生产的商品冒充注册商标人的商品，使一般消费者对商品来源产生误认，具有不同程度的欺骗性。因此，擅自将网络域名与商标组合整体使用的行为，应属于侵犯注册商标专用权的行为。

我国《反不正当竞争法》保护知名商品特有的名称、包装、装潢，而《商标法》保护的是注册商标专用权。针对此案来说，广东茂名某公司未经其他权利人的授权许可，有意识突出使用其他权利人注册的商标"三洋"中文字体，即在其生产销售的CFXB160型电热炉外包装、使用说明书、炉体上突出使用其他人已在先使用和注册的商标，运用商标法查处更为妥帖。

国家工商行政管理局《关于解决商标与企业名称中若干问题的意见》第3条规定："商标是区别不同商品或者服务来源的文字，由文字图形或者其他形式组合构成；企业名称是区别不同市场主体的标志，由行政区划、文字、行业或经营特点、组织形式构成，其中的文字和企业名称中的字号相同或近似，使他人对市场主体及其商品或者服务的来源产生混淆（包括混淆的可能性下同）从而构成侵犯注册商标专用权或不正当竞争的，应当依法予以制止。"广东茂名某公司在依法注册的"SANCU"商标下面又擅自加上"WWW·三洋电器，net"明显地就是一种"搭便车"行为。

最高人民法院《关于审理商标民事纠纷案件适用法律若干问题的解释》（法释〔2002〕32号）第1条第1款第3项规定：将他人注册商标相同或者相近似的文字注册为域名，并且通过该域名进行相关商品交易的电子商务，容易使相关公众产生误认的，属于《商标法》第52条第5项规定的给他人注册商标专用权造成其他损害的行为。最高人民法院的司法解释是对《商标法》第52条第5项的法律解释，扩大了《商标法实施条例》第50条的解释范围。

作为工商行政执法部门，我们可以在案件的办理中参考有关的司法解释认定商标侵权行为成立，从而有效整治和规范市场经济秩序。

（四）北京金融城网络公司起诉成都才智网深层链接侵权案

案例索引

法院：北京市第二中级人民法院

案号：(2000)二中知初字第122号

基本案情

原告金融城公司与被告财智公司均为经营计算机网络信息服务的企业法人。金融城公司于2000年2月开办了“295”网站（网址为：www. 295. net. cn），财智公司在此前也开设了财智网（网址为：www. imoney. com. cn）。在两公司开设的网站中均有金融信息服务内容。为向公众提供外汇交易服务信息，金融城公司通过与中国建设银行北京市分行（以下简称建行北京分行）合作，制作了“中国建设银行北京市分行外汇币种走势图”，在295网站的外汇频道中发布。交易走势图的形成过程是金融城公司通过自己开发专用软件，对建行北京分行提供的外汇交易牌价的即时行情进行处理后，以曲线图的形式在网上发布。该走势图在金融城网站页面上的显示状态是一幅独立于页面背景内容的图形，该图标题为“中国建设银行北京市分行外汇币种走势图”，图页本身没有制作者的标志和署名。2000年6月中旬，财智公司在所开设的财智网上，越过金融城网站主页，直接对在该网站外汇中心频道内的走势图设置了链接，将其链置财智网外汇中心栏目下，在链接期间财智公司没有对被链走势图整体显示状态进行修改。8月中旬，财智公司与金融城公司取得联系，在得知对方不同意此链接行为后，随即自行取消了链接。为证明财智公司实施了链接行为，金融城公司在诉讼中向本院提交了该公司于2000年7月6日在长安公证处上网查询财智公司链接走势图的结果和查询过程的证明公证书。财智公司对链接走势图的行为予以承认，但对公证书中反映的上网查找过程提出异议，认为公证内容没有完整地反映出在财智网上查找链接状态下的走势图的全部过程，并提出在财智网链接走势图期间,如果通过财智网上的路径查找走势图,在该图显示之前,应当有一个几秒钟显示金融城网址的过程,以此证明财智公司的链接行为不会导致访问者误认。为证明自己的主张,审理过程中财智公司进行了模拟恢复链接,金融城公司对模拟结果不予认可。

法院观点

本案双方当事人均为网站经营者,彼此之间存在商业上的竞争关系,被告财智公司未经金融城公司许可,擅自对金融城网站主页以下的次页面内容进行深层链接,其行为违背了金融城公司的意愿,应属不正当的经营行为。按照我国反不正当竞争法律的规定,财智公司应当对此行为后果承担相应的法律责任。

关于走势图是否构成作品问题,法院认为,金融城公司根据银行提供的外汇牌价数据制作的走势图只是一种特殊的服务性产品,尚不构成我国著作权法所保护的作品。在本案中对这一问题的判断与对本案争议问题的处理及法律适用并无直接关联。

关于链接行为是否会造成访问者误认问题,法院认为,就本案双方争议事实而言,虽然走势图本身标明的信息提供者为建行北京分行,但该图的形成和发布毕竟是基于金融城公司提供的技术支持,并且合作双方共同约定只在金融城公司经营的网站上发布,金融城公司应当拥有相应的权益。财智公司在链接过程中虽然没有对走势图的内容进行修改,但通过财智网看到走势图的访问者自然会认为财智公司是该图的发布者,至少会认为该网站与建行北京分行存在某种合作关系,即足以使访问者产生误认。因此,对财智公司关于链接行为不会导致误认的抗辩理由,本院不予支持。

关于财智公司对金融城公司制作走势图使用的数据是否具有合法来源所提出的抗辩,本院认为,关于走势图使用的外汇牌价信息来源,金融城公司已经予以证明,且财智公司没有足够充分的证据证明这种使用是非法的,故对这一抗辩理由本院不予支持。

关于金融城公司提出的赔偿经济损失请求,本院认为,由于对不合理的链接行为造成的损害后果难以量化,故应根据金融城公司对走势图开发、使用情况及财智公司设链时间、主观状态等因素酌定赔偿数额。

综上所述，依据《反不正当竞争法》第 2 条第 1 款的规定，判决如下：

1. 成都财智软件有限公司未经许可，不得在所开办的网站上对北京金融城网络有限公司网站发布的“中国建设银行北京市分行外汇币种走势图”建立链接；

2. 成都财智软件有限公司于本判决生效后 10 日内向北京金融城网络有限公司书面赔礼道歉（逾期不执行，本院将在全国公开发行的报刊上公布本判决内容，相关费用由成都财智软件有限公司负担）；

3. 成都财智软件有限公司向北京金融城网络有限公司支付赔偿金 5000 元（于本判决生效后 10 日内执行）；

4. 驳回北京金融城网络有限公司的其他诉讼请求。

案件评析

本案中涉及以下法律问题，即外汇币种走势图是否可以获得著作权法的保护？如何认定被告的链接行为？如果不能依据著作权法保护原告的权益，怎样处理此案？

判断本案涉及的外汇币种走势图能否获得著作权法的保护，首先应该确定它是否属于法定的作品。由原告金融城公司提出的一种观点认为该外汇币种走势图是由原告付出了一定的智力投入而设计出的有独创性的作品，应该受到法律的保护；另一种观点认为该外汇币种走势图不属于法定的著作权保护的客体，不能援引著作权法加以保护。在庭审过程中，法官首先对该外汇币种走势图的制作事实进行了调查。经查，本案原告金融城公司根据建行北京分行提供的有关外汇信息，组织专门人力、财力设计相关的软件，对该信息进行了一系列的编排、整理工作，并以曲线图的形式表现外汇交易的实时变化。交易者可以通过曲线图对外汇币种走势作出更为形象、直观的判断。这在某种程度上，有别于通常以表格形式表现外汇牌价的方式，具备一定的独特之处。据此可以初步认定原告对该外汇币种走势图的形成付出了一定的智力创造劳动。

但是并不是具备了作品的特征即可获得著作权法的保护。判断该外汇币种走势图是否能够获得著作权法的保护，仍然要以我国现行法律规定为标准。首先，我国《著作权法实施条例》中规定编辑作品是指根据特定要求选择若干作品或者作品的片断汇集编排而成的作品。依据《伯尔尼公约》中第2条第5款的规定,汇编作品的构成素材本身应该是享有版权的作品,且内容的选择和编排构成智力创作,只有符合这样的条件才可以作为汇编作品加以著作权法律保护。由此可见,依据我国现行的著作权法律体系,以数据以及其他不能构成作品的材料为素材形成的数据库,不能依据有关"汇编作品"或"编辑作品"的规定而取得著作权法律保护。在本案中原告金融城公司所制作的外汇币种走势图虽在内容的编排、表现的形式上具有一定独特之处,但是由于构成素材的性质仍无法取得著作权的法律保护。因此,法官认为它只能作为一种特殊的服务产品得到相关的民事权益的法律保护。

在 TRIPs 协议第10条第2款中规定,数据或其他材料的汇编,无论采用机器可读形式还是其他的形式,只要其内容的选择或安排构成智力创作,即应予以保护;但不延及数据及材料本身的保护,不得损害数据及材料本身已享有的版权。也就是说,虽然本案中未能对外汇币种走势图加以著作权法律保护,但是可以预见,不远的将来这类问题一定会在法律上得到明确的规制。当然,在这起案件中,关于认定外汇币种走势图是否予以著作权保护的问题最终与案件的判决结果没有直接的关联。

虽然在我国的相关法律中,像外汇币种走势图这类的数据库无法得到著作权法律保护,但是这并不意味着他人可以随意链接加以使用。毕竟原告金融城公司在外汇币种走势图的制作发布方面作出了一定的投入,法律应该保护其相关的民事权益。

本案被告财智公司未经原告金融城公司的许可而越过金融城的网站主页直接将外汇币种走势图链至其外汇中心栏目下。这种行为在法律上应该得到怎样的规制呢? 原告金融城公司认为这种行为违反了诚实信用原则,访问者会误以为该外汇币种走势图的发布者是被告财智公司,构成了不正当竞争,因此依据我国《反不正当竞争法》的规定被告财智公司承担相应的民事责任。

这里值得一提的是,在知识产权法体系中,反不正当竞争法的作用非同一般。学者们常常将商标法、专利法、著作权法比作冰山的一角,而反不正当竞争法则是冰山的基座。它涵盖了几乎整个知识产权领域。比照著作权法而言,由于反不正当竞争法主要源于诚实信用原则,实践中具有很大的弹性,因此某种程度上弥补了著作权保护力度相对较弱的不足,特别对于混淆来源方面能够充分发挥规制作用。

纵观各国反不正当竞争法,对不正当竞争行为的规定大多包括违反诚实信用与公平竞争的商业行为。例如,《德国反不正当竞争法》将其认定为在商业交易中以竞争为目的的违反善良风俗的行为。《美国联邦贸易委员会法》规定,商业中或影响商业的不正当的竞争方法和不正当竞争或欺骗性的行为或做法,均为非法。我国《反不正当竞争法》第 2 条中规定经营者违反自愿、平等、公平、诚实信用的原则和公认的商业道德,损害其他经营者的合法权益,扰乱社会经济秩序的行为构成不正当竞争。我国参加的《保护工业产权巴黎公约》中也规定任何违反工商业活动中诚实习惯的竞争行为均构成不正当竞争行为。

从以上各国法律及有关的国际公约的规定可以看出,不正当竞争应该发生在有竞争利益关系的主体之间。我们通常所谓的竞争实际上就是市场经济的基本运行机制。市场主体在市场上通过相对较为有利的条件争取交易机会,这里包括商品的价格、质量及其他条件。市场主体为获取最大经济利益必须创造出市场优势,这种优势应该是依据合法渠道获得的。这也是一种理想的竞争环境,是立法者创立反不正当竞争法的初衷之一。然而现实生活是复杂的。对利益的向往常常驱使市场主体有时会违反竞争法则,以非法的手段获得比较优势,从而导致市场中诚实主体的交易利益遭到损害,不利于市场经济的良性发展。

在本案中,原告、被告设立的网站均设有提供金融信息服务的内容,可以说二者之间存在竞争关系。在这种情况下,被告财智公司未经原告金融城公司的许可将外汇币种走势图链至其外汇中心栏目。法律上应该如何认定这一行为呢?

首先从技术上,被告的这种行为属于深度链接。所谓深度链接,英文为“deep link”,是指绕过网站的主页(homepage)而直接将用户引至某一个次页面(sub - page)的行为。

虽然在当今的互联网上,网站之间相互设置链接是一种普遍的经营方式,法律上也没有相关的禁止性规定,但业界普遍认为,如果未经许可,擅自对他人网站制作、发布的信息实施链接是违反行业规则的。

由于互联网经济本身具有的特殊性,因此它通常被比喻为“注意力经济”。对于一个网站而言,它吸引的访问者越多,获得的相关利益就越大。所以,网站的经营者均努力通过制作精彩、独特的内容以吸引访问者的注意力,同时拓展网站的社会知名度。这势必要求经营者投入一定的人力和物力。虽然本案被告财智公司并未对外汇币种走势图的内容进行修改,但是访问者通过财智网的外汇中心看到外汇币种走势图之后会误认为财智公司是该图的发布者,至少会以为财智公司与建行北京分行之间存在合作关系,这在某种程度上造成了资料来源的混淆,影响了原告的网站访问量。被告未作任何投入而擅自与原告金融城公司的外汇币种走势图建立链接,其行为本身构成对他人竞争条件的非法利用。同时,在行为结果上被告不仅增加了自己的交易机会,而且获得了原本属于外汇币种走势图制作者的一部分市场优势,损害了竞争对手的利益。被告的行为毫无疑问已经违反了《民法通则》的诚实信用原则,构成了“搭便车”(free - riding)的行为。根据《反不正当竞争法》的规定,被告财智公司未经原告金融城公司的许可,擅自越过原告网站的主页与其外汇币种走势图建立链接的行为构成了不正当竞争行为。

由于互联网经济本身的特殊性,对于不正当的链接行为所造成的损害结果往往很难量化,且我国相关法律也没有设立法定赔偿金额。因此,在本案中,法官依据外汇币种走势图的开发、使用以及被告财智公司建立链接的时间、主观状态等因素酌定赔偿数额。

(五)美国“花花公子诉卡尔文设计标签”案

基本案情

在该案中,原告花花公子,被告为卡尔文公司。原告指控被告在自己的网页主页上使用并埋设以原告花花公子商标“Playboy”和“Playmate”的元标记符号(meta - tag),致使原告的网页在网络搜索中的排名低于被告的排名。网络用户在通过搜索引擎查找原告网页时被误导进被告的网络主页,因而原告花花公子公司认为被告构成了对其商标权的侵害,违反了美国商标淡化法案。

法院观点

美国法院经审理后认为被告在自己网页上多次使用以原告注册商标为元标识符的字符,虽然原告在自己的网页中也使用该标识符,但是网络用户通过搜索引擎得出的网页中,被告的网页总是排在原告的网页之前,这就使原本想访问花花公子网页的网络用户被误导进入被告网站主页。这一行为确实违反了美国的相关商标淡化法律,构成了对原告花花公子商标的淡化行为和不正当竞争(包括虚假的商品来源和虚假陈述),因而法院对被告发出禁止令,禁止被告使用原告的注册商标为元标识符埋入自己网页,并且在数据或信息的检索过程中,以任何方式使用原告商标"Playboy"或"Playmate"。

案件评析

互联网络演变成为无边无际的虚拟市场,网上的商业竞争也愈演愈烈。对一个网站而言,能够保持生存和发展的途径之一就是广告收入。广告收入取决于网站访问量和曝光的概率。而曝光概率与网站元标签中置入的关键词有直接比例关系。用户输入搜索关键词后,搜索引擎在运作过程中会在搜索结果中将搜索到的网址进行归类和排列。在一个网站中,同样一个关键词放置在元标记中的次数越多,搜索引擎碰到该关键词的次数也越多,这个网址将会排列在搜索结果中越靠前的位置上。

为了在搜索结果中使自己的网址获得更加靠前的排名,一些网站所有人或者创作人不公平地将他人的商标尤其是驰名商标置入网站的元标记中,这样盗用者的网址会排列在搜索结果靠前的位置上,公众先点击靠前的网址将会被误导进入"欺骗者"的网站。这就可能构成商标侵权、不正当竞争、商标淡化,或者这种使用是基于非商标意义上的描述性或者传达信息方式的合理使用。

1. 在互联网络 meta 标记中产生的商标权利冲突

在美国,对于在网站 meta 标记中使用他人商标,在判例法的发展过程中,法院总结了包括两部分的分析标准来判定在互联网络中商标侵权的情况。第一部分需要审查的是使用他人商标是否属于合理使用,其中包括使用商标的意图;第二部分是要审查在网站的 meta 标记中使用他人商标是否构成混淆可能性或者起初利益混淆。在审理案件时,对这两个部分都需要进行审查,即使是对使用他人商标受到指控时提出合理使用的抗辩理由时,也必须考察这两个方面。

(1)在元标签中使用商标的意图

在判定未经授权而在网站上使用他人的商标是否构成侵权时,使用者的真实意图是一个非常关键的判定因素。在美国,第一个涉及在网站中使用他人商标的案例是花花公子企业有限公司诉卡尔文名牌设计公司一案(Playboy Enterprises, Inc. v. Calvin Designer Label)。在这个案件的判决中,法院支持原告的请求,对被告在其网站 meta 标记中使用原告的"Playboy"和"Playmate"商标作出了禁止的决定。从法院的裁定中可以看出,法院主要考虑了被告使用原告的商标的不当目的,即非法利用原告商标的良好的商业信誉和在公众的知名度。继这个案件之后,在花花公子企业有限公司诉亚洲聚焦国际有限公司一案中(Playboy Enterprises v. Asia Focus International, Inc.),被告分别在其网站的 meta 标记和域名中使用原告的商标"Playboy"和"Playmate",法院支持原告的三项诉讼请求,裁定被告对原告的商标构成商标侵权、不正当竞争和商标淡化。法院同样考虑了被告"故意侵权"(willful infringement)的大量证据而作出裁定。

(2)混淆的可能性

在花花公子企业有限公司诉卡尔文名牌设计公司一案中,法院在裁定中指出,被告卡尔文公司的网站与原告的网站之间存在相似性,因此在公众中会造成误导,因为公众会错误地认为两者之间存在某种合作关系,从而产非常高的混淆可能性。在尼顿一案中,法院同样也禁止被告在其网站中使用复制的 Meta 标记及连接,目的是为了避免给公众一个这两个网站之间存在某种关系的错误印象。

(3)基于初始利益混淆而产生的混淆可能性

基于初始利益混淆而产生的混淆可能性理论,是在布鲁克菲德通信有限公司诉西海岸娱乐公司一案中法院总结并且引入审判实践中的(Brook field Communications, Inc. v. West Coast Entertainment Corp),在这个案件中,原告从事计算机软件的开发和销售,使用的商标为"Movie Buff",被告从事录像带出租业，拥有域名 movie buff. com 的所有权。原告诉被告在其域名中使用原告的商标，同时在其网站中置入原告的商标“movie buff”，从而构成商标侵权。

法院在审理案件过程中，将在网站的 meta 标记中使用他人的商标作为一个法律问题作出特别阐述。法院在审理过程中没有应用传统的混淆可能性的理论，而是采用了基于初始利益混淆而产生的混淆可能性作出了商标侵权的裁定。根据法院的解释，基于初始利益混淆而产生的混淆可能性的适用情形是，当消费者在寻找原告布鲁克菲德公司的网站时，他们要么输入其网站地址“www. movie buff. com”，要么通过搜索引擎输入搜索关键词“movie buff”，但是由于被告西海岸公司在自己的网站 meta 标记中置入“movie buff”，因此消费者将最终引入西海岸公司的网站中。尽管如此，这些消费者在误入西海岸公司的网站之后可能嫌麻烦没有离开该网站，而是选择停留在西海岸公司的网站上，虽然他们已经认识到登陆了一个错误的网站。基于初始利益混淆而产生的混淆可能性，法院裁定支持原告，对被告西海岸公司签发了临时禁止令，禁止继续使用“movie buff”一词。

法院同时也发展了在 meta 标记情形中判定商标侵权和不正当竞争的基本因素：①商标使用是否可能造成基于初始利益混淆而产生混淆可能性；②商标使用是否是为了将潜在的客户从竞争者那里吸引到自己的网站上来。

因此，通过基于初始利益混淆而产生混淆性的理论和实践，在商标侵权和不正当竞争的案件中，商标所有人的合法权益在网站的 meta 标记情形中得到强有力的保护。

(4)在 meta 标记应用情形中产生的商标淡化

在网站的 meta 标记情形中，反淡化法律同样适用于商标侵权的保护，同时也是一个法律问题。如传统的淡化理论，在 meta 标记情形中，使用他人商标可能通过污化和毁誉造成商标淡化，结果是削弱了他人商标本身具备的标明和区分商标所有人以及所有人的商品和服务的能力。

在亚洲聚焦公司一案中，法院支持了原告花花公子公司的诉讼请求，判定被告在其网站 meta 标记中使用原告商标对原告商标造成了商标淡化。法院在裁定中指出：“被告在其隐蔽的计算机源码中，故意地采取技术手段，投机取巧，置入原告‘Playmate’和‘Playboy’商标，这充分而进一步证实了被告的侵权故意。这种伎俩污化了花花公子公司的商标。这样，当消费者通过搜索引擎输入搜索关键词‘Playboy’和‘Playmate’而寻找到在meta标记中置入了关键词Asian－playmates的被告的网站时，他们会可能相信被告的网站和花花公子公司存在某种合作关系。”

在meta标记情形中，如果在其网站的meta标记中或者在与通过网络进行交易的商品或者服务上使用他人合法的商标，但是该网站或者网络中涉及的商品或服务在品质上低于真正的商标所有人，那么这种使用便是通过毁誉而造成的商标淡化。正如法院在纽约州注册会计师协会诉埃里克路易斯协会有限公司一案指出“当公众将被告的缺乏质量保证或者声誉的产品或服务与原告不相关的商品或服务联系起来，或者被告的使用降低了原告商标的信誉，或者降低了本来已经成为标明原告健康的商品或者服务形象，那么原告商标本身的声誉和商业价值就会遭到削弱。”

因此，在网站的meta标记中，反淡化法已经成为保护商标所有人合法权益的又一支有力的法律手段和保障。

2. 在互联网络meta标记应用情形中商标自身财产及商品化权利

从现实世界到网络的虚拟世界，将商标视为或者作为有价值的财产和商品并不足为奇。在网站的meta标记中，虽然商标使用的空间狭小，但是商标已经成为并且更加成为越来越有价值的资产，并且成为商品。在meta标记的情形中，商标在使用方式上从技术角度看并不等同于传统的使用在商品或者服务上用于标明和其区别商品和服务的来源，实际上，体现了商标自身具备的类似有形财产的权利和基于此项权利的商品化权利。

那么，在meta标记情形中，如何体现商标的价值呢？答案是通过搜索引擎。搜索引擎在无边无际的网络空间中实施非常关键的作用，因为用户只有通过搜索引擎才能寻找到所要的信息。在使用搜索引擎过程中，用户首先输入搜索词语，这个搜索词语通常是商标，然后搜索引擎携带指令在无限的网络空间中爬行寻找。最后，搜索引擎会发现置入在任何网站的meta标记中与搜索词语相吻合的关键词并且与该网站链接，那么在搜索结果中，用户会在显示屏上看到置入了用作搜索词语的商标的网站地址。通常，人们会非常习惯地将商品或者服务和其使用的商标尤其是驰名商标紧密地联系起来，所以，在通过搜索引擎进行网络搜索时，他们会自然地或者习惯地在搜索引擎中输入他们知道的商标去寻找所要的信息或者网站，因为对于消费者而言，他们普遍地认为只有真正的商标所有人才会有权在其网站中将其商标作为关键词，置入 meta 标记中。如果一个非商标所有人在其网站的 meta 标记中置入他人商标，尤其是他人的驰名商标，或者置入大量的驰名商标，那么从网络搜索技术的角度来讲，人们在使用这些驰名商标作为搜索词语的情况下，他的网站地址将越有可能更多地出现在搜索结果中并且在搜索结果中排列在越靠前的位置上，而对于公众而言，他们点击并且拜访这些网站地址的概率就越大，那么这些网站产生的广告收入就越多。法院在这样的案件中，认识到商标自身具备的类似有形财产和商品化权利，从而判定这种未经授权的使用属于对商标所有人合法的财产权利的侵犯。

3. 对我国司法实践的借鉴

美国是一个判例法的国家，面对互联网络迅猛发展及电子商务日益普及的新的形势下，法院在审理元标签商标冲突的司法实践中显示了对传统的商标侵权、不正当竞争、商标淡化的灵活性，对赋予商标以有形财产和产品化的权利从而显示了创造性，跨越了商标作为无形资产和有形资产在原标签应用中在传统意义上的界限。笔者认为，值得我国法院在元标签应用中存在的商标权利冲突的司法实践上进行借鉴。

我国现行《商标法》第 57 条对侵犯注册商标专用权的行为做了列举：“（一）未经商标注册人的许可，在同一种商品上使用与其注册商标相同的商标的；（二）未经商标注册人的许可，在同一种商品上使用与其注册商标近似的商标，或者在类似商品上使用与其注册商标相同或者近似的商标，容易导致混淆的；（三）销售侵犯注册商标专用权的商品的；（四）伪造、擅自制造他人注册商标标识或者销售伪造、擅自制造的注册商标标识的；（五）未经商标注册人同意，更换其注册商标并将该更换商标的商品又投入市场的……”从我国《商标法》中可以看出构成商标侵权行为的情形之一是商标侵权应当涉及商品并且涉及的是同种或者类似商品。

我国《反不正当竞争法》第 2 条规定：“经营者在市场交易中，应当遵循自愿、平等、公平、诚实信用的原则，遵守公认的商业道德。”经营者不得采用不正当手段从事市场交易，损害竞争对手，如（1）假冒他人的注册商标；

(2)擅自使用知名商品特有的名称、包装、装潢,或者使用与知名商品近似的名称、包装、装潢,造成和他人的知名商品相混淆,使购买者误认为是该知名商品;(3)擅自使用他人的企业名称或者姓名,引人误认为是他人的商品。该法界定的不正当竞争行为是在现实生活的经营者之间的市场交易中,而非网络空间元标签的应用情形。

为了加入 WTO 后与国际接轨,新《商标法》增加了对驰名商标保护的规定。这实际上类似于对驰名商标的反淡化保护。《商标法》第 13 条第 3 款规定:"就不相同或者相类似的商品申请注册的商标是复制、摹仿或者翻译他人已经在中国注册的驰名商标,误导公众,致使该驰名商标注册人的利益可能受到损害的,不予注册并禁止使用。"《商标法》反淡化保护规定却存在法律适用的缺陷之处:一方面,对驰名商标的反淡化虽然扩展到非类似商品上,但仍然局限于商品上;另一方面,"误导公众"的措辞显然说明了立法者对淡化的法律特征和混淆的传统商标侵权因素之间的区别没有明确的界定。

目前,我国仍然处在电子商务发展的初期阶段。相对于美国等发达国家,以互联网为基础的电子商务并没有达到普及的程度。但是在电子商务中,实际上可能已经存在网站元标签中滥用他人商标尤其是驰名商标的现象,或者随着电子商务的发展,这种商标权利的纠纷将会成为司法实践中法院面临的新的问题。由于在元标签应用中,一个最突出而棘手的问题是不涉及同种或者类似商品,因而很难以商标侵权处理。反不正当竞争法中的诚实信用原则在使用上过于宽泛和勉强,因为元标签情形中商标的使用发生在电子空间中而非现实生活中,被告可以把他人的商标、知名商品的包装装潢、企业名称等作为元标签置入其网站,而元标签是消费者肉眼看不到的;元标签的应用中,也没有直接涉及具体的商品。商标淡化并不以是否造成混淆的损害结果为法律判定依据。在元标签的应用情形中,被告使用他人驰名商标也许没有涉及具体的商品,或者虽然涉及商品却没有在网络用户中产生或者可能产生混淆或者初始利益混淆。而淡化的后果的确存在,即通过消费者的主观联想或者实际上对驰名商标造成了污化或者毁誉的淡化事实。从美国的司法实践上,在元标签的应用情形中,可以考虑赋予商标类似有形财产或者商标商品化的权利。前者的法律权利类似于拥有一套计算机系统而通过租赁的方式给他人使用并从中获得租金;后者的法律权利是只有商标所有人或者被授权的一方才拥有商标产品化的权利,如将米老鼠商标图形做成玩具的商品化权利。对于未经授权而在元标签中滥用他人商标尤其是驰名商标的行为可以依据有形财产法律的有关规定予以制止,切实保护商标权利人的合法权益。

四、对完善网络环境下商标权保护制度的建议

目前,我国并没有专门的针对网络环境下的知识产权保护的法律,更谈不上专门的网络环境下的商标权的保护。到目前为止,我国还没有一部专门针对网络商标侵权的法律或者法规出台,我国相关商标法律法规对于网络链接、搜索引擎等网络技术涉及的法律问题没有作出相应的规定,这些抽象而概括的法律条文给司法实践带来了很大的不确定性,直接导致了司法实践中面对此类纠纷法律适用的空白。

当然这也是法律滞后于社会发展的结果。由于没有明确的法律规定,对网络环境下的商标侵权案件只能依据传统的商标法律,法官只能参照已有的《商标法》和《反不正当竞争法》等法规来寻求模糊地匹配,在此基础上结合个案作出判决,这也导致了同案不同判情况的发生。因此,当务之急是加快推进立法,完善我国在网络商标权方面的保护机制。

网络是一个高速发展的全新行业,对于日新月异的网络,法律不可能事无巨细地超前规定。我们目前的司法实践对于一些问题的认定也在变化,当前也没必要把法律制定得太详细和绝对,而应当预留一定的空间,等到将来我们对于类似于搜索引擎、链接等问题明确后,再作出详细的规定。同时,司法人员应当采取谨慎的态度来解释法律,过分强调权利人的合法权益,可能会压制网络产业的发展;而过分地强调产业利益,则会导致网络侵权者的天堂,阻碍网络的健康发展,关键是要把握住平衡点。总的来说,网络环境下的商标权保护要遵守利益平衡原则。从某种程度说,利益平衡原则是谁是弱者,就保护谁。从商标保护的理由来说:首先要保证商标权人的利益,商标是商标权人提升品牌价值、维护品牌形象的重要工具,任何人在未经允许的情况下不能使用;其次要保证公共利益,社会公众作为社会的主体,应当充分享受知识产权发展所带来的便利,避免知识产权人的垄断私

利;最后要保证商标创造者的积极性,创造者的智慧成果可以为全人类服务,而保证其积极性可以更好地创造出更加方便人们生活的智慧成果。如果我们对商标权的保护,只是考虑作为私权利保护,而忽视了公共利益,就可能导致利益失衡的情况出现。因此,商标权人的利益、公共利益和技术发展的平衡问题是网络环境下商标权保护制度的核心。

网络环境下的商标权保护要维护公平正义这一基本价值。公平正义是法律的基本价值,放之四海而皆准,是每一个法治国家所追求的目标。当前,由于我国的知识产权还比较薄弱,和欧美、日本等国家相比还有非常大的差距。在商标这一领域,我国的驰名商标在国际上寥寥无几,越来越多的消费者又看重品牌。长期以来,我国的企业已经习惯于"傍大牌",其实就是侵犯他人的商标权。在加入世界贸易组织后,我们对知识产权如商标等加大了保护力度,看起来是保护了国外的品牌,于是有一些人出于"民族主义""爱国情绪",认为应该扶持中华民族企业,对这些企业侵犯国外商标采取宽松的态度,也就是不要保护得太厉害。但是,无论怎样,我们的法律制度要维护和体现基本的公平正义价值,而不能采取狭隘的"民族主义"。

(一)立法保护

我们也要看到,尽管网络环境下的商标保护有很多独特的问题,但其实这些问题与传统的商标权保护并不是隔绝和断裂的,而只是发生空间的不同,其保护精神和实质是相通的,我们只有在深入准确理解传统的商标权保护理论的基础上,才能更好地理解和解决网络环境下的商标权保护问题,从而更好地实现对网络环境下的商标权保护。

总体而言,目前并没有必要建立一个彻底全新的法律体系,而是依据实践和现实情况以及网络的特点,对现有的法律制度加以修改和完善。可以从两个方面进行:一是根据新的侵权行为,针对性地进行规制,从而加强对权利人的保护;二是针对新的智力产品类型,添加新的权利种类,鼓励创新。

1. 完善商标侵权行为的规定

稳定性是法律的重要特性,法律的生命力在于稳定性,这也带来法律的相对滞后性。尤其是互联网技术的瞬息万变,新的侵权形式层出不穷,使二者矛盾加剧。为协调法律的稳定性与社会发展的变动性之间的矛盾,我们必须要坚持法律稳定性与适时性的统一。通过最高人民法院发布司法解释的形式将其作为以后案件审理的依据,这种司法解释具有与法律同样的效力。但是这种方法不可能一下涵盖所有的网络商标侵权形式,只有随着相关纠纷的增多,人民法院才能将其作为一种典型的商标侵权形式进行规定。不管选择上面哪种做法,只要作出相关的规定,日后如果产生涉及网络商标侵权的纠纷时,商标权人即可依此来主张自己的权利,同时也为司法机关处理相关案件提供了法律依据。

我国 2001 年修改的《商标法》以及随后出台的《商标法实施条例》主要涵盖了传统的商标侵权模式,但是,没有涉及对网络上网页、链接、元标记等商标侵权行为,这远远解决不了问题。因此,把一些表现突出、危害严重、较易认定的行为,纳入法律调整范围,不失为一种稳妥的做法。在网络环境下,这几种商标侵权形式应纳入《商标法》的第 52 条之中。

然而,随着网络社会的不断发展,各种各样的商标侵权形式也会层出不穷,这是社会发展的必然规律。作为规范社会生活的法律,就一定要紧紧跟随社会的变化而变化。在制定法律的时候注重法律的灵活性与适应性,并且增加一些开放性和原则性的条款来应对可能出现的新情况,保持法律制度的活力。

2. 增加将网络标志注册为商标的规定

随着网络的发展,网络诞生了一大批目前仅仅在网上使用的域名、网站名称及网站图形标志,比如天猫(tmall. com)、1 号店、梦芭莎、凡客诚品、易讯、唯品会、淘宝(taobao. com)、京东商城等,都具有标识性、独特性和显著性特征,具有巨大的商业价值,但按照传统的商标法规定,其不属于商标。为了将其纳入商标权的保护范围,在商标注册上,应该增加一些在网络上使用,但其性质、功能、特点和商标相类似的标志,允许其注册为商标的规定,从而获得同等的保护。

3. 对于域名与商标冲突的解决方案

解决域名和商标的冲突,仅仅依靠事后解决是远远不够的,建立全方位、多层次的域名和商标保护机制才是解决之道。首先要明确域名的法律属性,使其与商标、商号、企业名称等并列,建立他们之间的联系,防止他们之间互相侵权,可以从以下几个方面入手:(1)建立域名注册防御机制;

(2)规范域名行政管理机制;(3)完善域名争议解决机制;(4)制定域名特别法,加强域名保护;(5)合理限制商标权人的权利,禁止域名的反向劫持。

4. 对诉讼程序的完善

(1)侵权主体确定

网络服务商对于平台上交易行为的合法性负有职责,但是即便其没有尽到侵权法的注意义务,现行的法律法规并没有规定它有义务将侵权人的信息透露给权利人。实践中,网络服务商也拒绝提供侵权人的信息,这便给权利人确定侵权主体带来困难。因此,应当出台相关的司法解释,如权利人在起诉时,一是法院应当根据权利人的要求向权利人提供举证通知书,二是要求相关的网络服务商在接到法院所给的诉讼举证通知书后有向权利人提供侵权人信息的义务。这就解决了权利人确定侵权主体难的问题。

(2)对于侵权证据获取的困难

制定相关的司法解释,对网络环境下的商标侵权证据进行解释。

(3)赔偿数额

为了赔偿的公平和合理,解决目前侵权赔偿偏低的问题,可以考虑加大对侵权人的惩罚,使得其赔偿可以尽可能弥补权利人的损失。可以考虑建立统一的案件数据库,作为司法审判的参照。

5. 对网络服务者的规制

网络服务者在商标侵权中的作用通常有以下几种:第一种是为他人的商业行为提供交易平台,如淘宝网、易趣网等;第二种是在为他人提供交易平台的同时,其自身也从事直接的电子商务,如卓越网、当当网、京东商城等网站;第三种是为他人提供搜索引擎服务,如谷歌、百度。必须加强对网络服务商的规制,直到此刻,笔者在淘宝网上输入"LV 高仿"这几个词,仍然可以看到许多链接,这说明淘宝网仍然没有完全履行其基本的义务,根本原因还是在于法制不健全。对于网络服务者的责任应该明确,有必要确立网络环境下的间接侵权制度。由于法的滞后性,在对搜索引擎的规制过程中,要采取法律原则和规则相结合的方式。首先要把握以下两项法律原则:一是兼顾广大网络用户利益原则,因为用户利益是网络市场得以健康发展的基础,损害大众利益的行为必然会导致网络发展受阻。而且,这样也才会更好地体现法律公正。二是要以规范行业发展为目的原则。应当建立与版权注意义务相类似的商标侵权注意义务，搜索引擎服务商应当履行对于提供竞价排名服务的企业所发布的商标信息进行形式审查的义务，从而明确搜索引擎服务商承担责任的义务前提。搜索引擎服务商在收到商标权人的权利主张或是审查出有侵权嫌疑的商标信息时，应当及时通知有关的竞价排名的企业，要求其撤销相关信息，此通知程序可以参照《信息网络传播权保护条例》第14条相关的企业应当及时删除有关的假冒商标信息或是向搜索引擎服务商提供书面保证。通过上述程序之后，可以参照《信息网络传播权保护条例》第22条，搜索引擎服务商不再承担相关责任。网络中介服务者的侵权责任风险主要是间接责任，即网络中介服务者是否要为他人借助其提供的中介服务而实施的侵权行为承担侵权责任。就网络中介服务者的侵权责任而言，目前可以适用的是《侵权责任法》第36条，但其内容过于原则化，在实践中运用还需要明确以下事项：

一是投诉通知何为合格有效。二是明确电商的合理必要措施、必要措施的判断标准，必要措施包括：删除侵权通知列明的特定链接；全站检索、逐条比对、删除；关键词屏蔽；封停账号等。三是权利人通知错误的处理。四是防止权利人滥用权利，最终平衡卖家、权利人、平台三方的利益。

参照著作权法避风港原则，增加网络服务提供者责任的规定，网络服务者存在主观过错的时候才承担责任。法律不赋予事先审查义务，但不是说没有注意义务，二者不能混淆。注意义务包括平台的身份核实义务，如果不能提供侵权人身份的，平台承担连带责任。注意义务是指要考虑以下因素：商标的知名度、侵权的多发性、多次投诉、反通知。合理措施：一是指同行业普遍采取的技术措施；二是成本分担与公平正义。

6. 完善商标权的合理使用制度

在版权法律制度和专利法律制度中都有合理使用制度的内容，其制度的设立具有重要的意义。一方面，合理使用制度明确了权利人的权利边界和权利范围，并且要求权利人在有限的范围内行使权利，同时赋予了社会公众部分权利，在不妨碍权利人行使权利的前提下，最大限度地满足了社会公众的需求。另一方面，合理使用制度使权利人的利益与社会公众的利益能够得到平衡，进而在有关的领域内保持发展的后续动力。在商标权制度中完善合理使用制度，可以更好地推动网络环境下商标权的保护。

合理使用制度的核心在于确定合理使用制度的内容，其内容包括商业性使用和非商业性使用两个方面。商业性使用就是将商标用于商业交易中，而对商业性使用领域中的合理使用主要是描述性使用和指示性使用。描述性使用是指利用他人的商标来对自己的商品的功能、质量和样式等因素进行客观描述，并不存在借用他人商标使消费者产生混淆。指示性使用是指在自己的商品表述中不可避免地使用到他人的商标，但这样的使用并不构成侵权。这种情况主要是针对商标权利人的下游产业，即为其商品提供后续服务的企业。非商业性使用是指在新闻介绍、学术研究或行政文件中不可避免地提到某些商标，主要是为了说明与商标有关的现实情况，或是对商标的发展进行分析研究。这些非商业性质的使用都属于合理使用的范围，不构成商标侵权。完善合理使用制度应当从制度的层面和现实的层面加以考虑，更加注重对现实社会生活的考察，同时更加注重制度的科学性和可操作性。

（二）完善网络环境下商标权的行政保护

对于商标权的保护，目前可以适用的行政法规有：《商标法实施条例》《驰名商标认定和保护规定》《网络商品交易及有关服务行为管理暂行办法》。其中，《网络商品交易及有关服务行为管理暂行办法》是专门针对网络商品交易的，但其级别比较低，只是暂行办法，这满足不了当前对网络环境下商标权行政保护的需要，也发挥不了行政保护的优点。行政保护法规要求是具体可以执行，而我国目前缺乏网络环境下商标权保护的行政法规，这也解释了为什么当前网络环境中的商标侵权纠纷几乎都是以司法途径来解决。

网络环境下的商标权的行政保护，和网络环境下的著作权保护相比，还远远不够。因此，当前应该参照《互联网著作权行政保护办法》，制定《互联网商标权行政保护办法》，这样可以为行政机关，如工商行政管理部门提供执法依据。

当然，仅仅有执法依据还不够。由于网络的技术性特征，执法也需要一定的技术知识。因此，需要加强对执法人员的法律和技术培训，建立一支高效专门行政执法队伍，从而更好地发挥网络环境下商标权行政保护的优势，更好地实现网络环境下的商标权保护。

(三)提高企业的商标保护意识

网络环境下的商标侵权原因主要在于我国企业商标意识薄弱和“搭便车”心理。针对此现象,我们一方面要立法健全商标保护制度,加强打击商标侵权,树立基本的价值导向;另一方面让企业认识到树立自身商标的重要性,采取积极的商标品牌策略,不去侵犯他人的商标权,也要保护好自己的商标。尤其是在电子商务迅猛发展的今天,任何企业要想占领市场,不能只把目光停留在网下市场,而应该重视电子商务,要懂得在网络中运用商标战略,建立与企业名称相关的域名,或利用网络交易平台进行电子商务。

完善的法律制度是实现网络环境下商标保护的重要前提,同时,网络环境下的商标保护,离不开网络服务商的商标保护意识。作为网络服务商,一定程度上可以说是商标保护的守门人,其对商标保护的重视与否,至关重要。因此,一方面我们要健全法制,以便督促其履行商标保护义务;另一方面要提高网络服务商的商标保护意识,让其意识到做好商标保护有利于其网络的健康发展,有利于其自身的发展。

(四)充分发挥行业协会的作用

诉讼是解决纠纷的最后一道防线,诉讼耗费大量的人力和物力,既是不得已的办法,也不符合经济效率,而且司法审判也不是万能钥匙。而行业协会的谈判和协调、行政机关的调解等,不但有利于纠纷的解决,而且有利于社会的和谐。实际上,行业协会在当前网络发展迅猛,而法律纠纷解决机制尚未完善的情况下已经发挥了重要的作用。因此,应鼓励和支持行业协会参与网络环境下的商标权的保护。实际上,我们也看到,行业规范往往更贴合实践,我们在立法中甚至可以借鉴。比如,拍拍网等网络交易平台提供商就建立了完整的侵权投诉流程,包括要求投诉人提供相应的身份信息、联系方式、相应的权属证明、对投诉信息的真实性和合法性负责的承诺书、对侵权的具体商品的链接地址等。几乎所有的网络和电子商务企业都有自律性组织和自律性行业规范。在强调“他律”的同时,我们也要强调“自律”。“自律”和“他律”的紧密结合,最终能更好地实现网络环境下的商标权保护。

第六章

互联网企业反垄断诉讼

一、互联网企业反垄断诉讼概述

随着互联网技术的持续发展,互联网日益改变人类的生产生活方式,给人类社会发展带来新的巨大机遇与挑战。改革开放近40年来的经济高速发展和国民生活水平提高,为互联网在中国的应用与发展提供了前所未有的广阔空间,激发了国人的互联网创业热情。一批具有前沿意识和创新精神的企业家在全新的互联网领域深耕细作,创造着属于自己的互联网奇迹。奇虎360、阿里巴巴、腾讯、京东、百度公司等互联网行业领军企业的快速发展改变着中国普通民众的日常生活。奇虎360公司通过短短的10年时间成长为当前国内最大的互联网安全公司,其践行的免费杀毒安全服务的理念为中国互联网用户带来切实利益的同时,亦改变着整个互联网安全行业的生态环境。阿里巴巴已经成为中国电子商务行业的领航企业,其庞大并高效运作的业务生态系统给国人带来了全新的消费购物体验,也给众多中小电子商务平台提供了可以借鉴学习的标本。腾讯公司以社交通信服务起家,经过10多年的快速发展已经成为中国最大的互联网企业公司之一,其产品QQ和微信改变了中国人传统的社交习惯。百度公司以搜索业务为中心,其多元化的搜索业务使我们的信息收集和检索能力有了质的提升,遇到任何问题百度一下成为当下国人的行为习惯,使我们的日常生活更加高效便利。上述多家互联网企业巨头都有自己特定的业务优势,在自己的优势业务领域扎实耕耘,都得以实现快速的发展,取得令世人瞩目的骄人业绩。与此同时,随着互联网行业竞争日益激烈,各大互联网公司在保持原有优势业务的同时,积极涉足互联网的新兴业态,构建庞大的多元化业务生态系统,在互联网各个领域攻城略地。然而，由于互联网的开放性、自由性以及低准入门槛，使中小型互联网创业公司不断涌现，它们专注于自己擅长单一业务领域，提高了自身“精确打击”的能力，逐渐成长为某个互联网新业态的潜力型企业，这就形成了若干家成功的中小型互联网企业逐渐蚕食大型互联网企业优势业务的局面，使整个互联网行业的竞争更加白热化。最终，“大象型”互联网企业和“蚂蚁型”互联网创业企业之间的市场之战就愈演愈烈了。

互联网企业之间的公平竞争本应是一种新常态，这样有利于整个互联网行业的健康有序发展。但是，现实是中小型互联网企业时刻面临着来自大型互联网企业的变相恶性竞争。大型互联网企业具有雄厚的资金实力、强大的技术能力、完善的市场营销网络、完备的综合管理能力等，逐渐形成在一些互联网业务领域的垄断局面，恶意提高进入相关业务领域的竞争门槛，保护自己所谓的合法市场份额和市场利益。所以，当面对来自中小互联网企业的挑战时，大型互联网公司可以依靠其强大的综合实力进行应对，甚至采取一些不正当的市场竞争手段，打压中小企业的新产品，直至逼迫中小互联网企业退出市场。类似的竞争行为严重影响着整个互联网行业的健康发展环境，打击中小互联网创业企业的创业发展热。

自 2007 年《反垄断法》颁布后，反垄断执法机关依据相关法规对传统行业存在的垄断问题进行了调查和处罚，我国的大型企业开始认真依据《反垄断法》进行合规审查，同时积极主动应对反垄断审查，在一定程度上改善了我国市场的公平自由竞争环境。但是，相较于近年中国互联网行业的蓬勃发展带来的潜在的市场垄断行为，因缺乏可借鉴的实践经验和对互联网行业发展认识的不足，有关规范互联网领域垄断行为的法规制度相对欠缺，从而也使反垄断执法机关针对互联网行业的垄断问题的审查处罚明显滞后于市场的发展。尤其是近两年，伴随互联网行业的飞速发展，诸多传统产业开始依托互联网进行转型升级。起初类似社交软件、网页搜索、视频娱乐等业态是在互联网出现后才逐步发展起来的，它们已经无法脱离互联网本身，这些业态在进行反垄断执法时完全在互联网虚拟环境中加以判断。但是，随着“互联网 +”概念的出现，如金融、贸易、旅游等传统行业开始依托互联网的发展，突破原有的发展模式，变得愈加平台化和网络化。从而使互联网线上和线下各行业的区分界限愈加模糊不清，互联网线上和线下行业的竞争判断标准是否统一，给反垄断执法中相关市场界定带来诸多挑战。

因此，在大众创业和万众创新的发展背景下，《反垄断法》也应在互联网行业健康发展中发挥重要的保驾护航作用。由于互联网行业有着有别于传统行业的特殊性，加之互联网新业态不断涌现带来的与法律滞后性之间的矛盾，对垄断行为的事实认定和违法性认定存在诸多困难，使适用《反垄断法》解决互联网行业涉及垄断问题上需突破固定的思维定式，立足互联网行业的发展现状并结合《反垄断法》的法律规定，对互联网行业垄断案件作出判决和决定。而其中具有代表性的便是奇虎360公司和腾讯公司因"3Q大战"而引发的反垄断诉讼案，该案成为《反垄断法》实施以来影响最大的反垄断私人诉讼案件。由于互联网行业的高度开放性和界限模糊性，有关互联网领域相关市场的认定、对市场支配地位的认定、滥用市场支配地位的行为等依然存在不同意见，缺乏完全标准统一的审理标准，这一新兴问题也引发学术界、实务界对互联网反垄断问题的高度关注，该案已成为中国互联网企业发展史上的标志性事件。本案本身无论判决结果如何，审理该案件的整个过程给司法机关就处理相关法律问题有着重大的借鉴意义，成为未来解决互联网反垄断案件的标本案例，强化反垄断法律规范的作用，从而保证整个互联网行业的公平自由竞争，将为我国的互联网公司和创业者带来新的曙光。

二、互联网企业反垄断诉讼的主要焦点

我国《反垄断法》中规定的垄断行为的主要类型为：垄断协议，滥用市场支配地位，经营者集中以及行政垄断。其中，滥用市场支配地位也是互联网反垄断之焦点问题。反垄断法仅仅禁止滥用市场支配地位，而非禁止市场支配地位本身，拥有市场地位本身并不一定违法即市场支配地位之取得通常都是合法的。例如，向社会提供电力、电信、铁路、邮政、自来水等服务的公用事业企业，其市场支配地位一般都是来自政府的授权。而有些企业的市场支配地位源自企业的创新和远见卓识，如微软公司凭借其知识产权从一个小企业发展成为一个全球大牌企业，在世界软件市场上占据了支配地位。因为世界各国一般都鼓励企业的创新和发明，很多国家还制定了专门的法律制度如专利法、著作权法等保护知识产权，反垄断法并不谴责企业因

其自身经济效益或者知识产权而取得的市场支配地位。然而，由于占市场支配地位的企业只是有限度地受到了竞争的制约或者根本不受竞争制约，它们就可能滥用其市场势力，排除、限制竞争，损害消费者的利益。因此，《反垄断法》对滥用市场支配地位的行为作出禁止性规定。其主要问题是：(1)界定相关市场；(2)认定市场支配地位；(3)认定滥用市场支配地位的行为。

(一)相关市场的界定

认定企业是否占市场支配地位，首先应考虑该企业是开展经营活动之地域市场与产品市场，它的竞争对手是谁。反垄断法将该市场称为相关市场。我国《反垄断法》第 12 条第 2 款规定："相关市场是指经营者一定时期内就特定商品或者服务进行竞争的商品范围和地域范围。"这说明，界定相关市场需要考虑三个因素，即相关产品、相关地域和相关时间。实践中，界定相关市场的因素主要是相关产品市场和相关地域市场。《欧共体委员会关于界定相关市场的通告》指出，"从产品和地域范围两方面对市场进行界定，其目的是确定相关企业实际的竞争对手，即确定哪些企业有能力约束这个企业，以阻止因其不受有效竞争制约而为所欲为的行为。从这个角度看，只有界定了相关市场，才能计算市场份额，而市场份额则是传递关于市场势力的重要信息，而评价市场支配地位或者适用条约第八十一条，都需要对市场势力进行分析"。①相关产品市场是指根据产品(包括服务)的特性、价格和用途，消费者认为具有相互可替代性的所有产品。这种需求替代对特定产品的供货商来说是最直接和最有效的约束力。界定相关产品市场时，除考虑特定产品的需求替代，还应考虑市场上潜在的竞争，即当特定产品出现小幅度但很重要且非临时性涨价时，该潜在竞争者进入市场后，消费者视为具有可替代性的其他产品。美国司法部、联邦贸易委员会和欧共体委员会一般将该非临时性的涨价幅度定为 5% ~10%，即考虑当特定产品出现了该涨价幅度时，消费者可能选择的其他替代品。

相关地域市场是指具有可替代性的相关产品所活动的地理范围。即在

---

① The Commission Notice on the Definitions of the Relevant Market for the Purposes of Community Competition Law [1997] OJC 372.

该地理范围内,相关产品开展竞争的条件是一致的,可以将该相关地域市场与具有不同竞争条件的其他地域市场区别开来。反垄断执法机构根据案情,可能会把一个地方性市场视为相关地域市场,也可能把整个国内市场视为相关地域市场。在国际反垄断案件中,如涉及跨国并购或在微软公司涉嫌滥用市场支配地位的案件中,反垄断执法机构还可能将全球视为相关地域市场。

(二)市场支配地位的认定

根据《反垄断法》第17条第2款之规定,市场支配地位是指经营者在相关市场上能够控制产品的价格、数量或者其他交易条件,或者能够阻碍、影响其他经营者进入市场的一种能力。这说明,市场支配地位作为一种经济现象,反映了企业与其竞争对手、交易对手包括消费者的关系,也反映了企业与市场竞争的关系。换言之,拥有市场支配地位的企业因为不受竞争的制约,不必考虑竞争对手和交易对手即可自由定价或者自由作出其他经营决策。

为使"市场支配地位"概念具有可操作性,第18条提供了认定市场地位的参考因素:(1)经营者的市场份额和相关市场竞争状况;(2)经营者控制市场的能力;(3)经营者的财力和技术条件;(4)其他经营者对该经营者在交易上的依赖性;(5)其他经营者进入相关市场的难易程度;(6)与认定市场支配地位相关的其他因素。为提高法律的稳定性和当事人的可预见性,第19条借鉴《德国反对限制竞争法》之立法的经验,提出以下情况可推定市场支配地位:(1)一个经营者在相关市场的市场份额达到1/2的;(2)两个经营者在相关市场的市场份额合计达到2/3的;(3)三个经营者在相关市场的市场份额合计达到3/4的。然而,该条第3款规定,经营者有权对市场支配地位的推定进行反驳。这就是说,《反垄断法》第19条不过起着信号的功能,即警示当事人和反垄断执法机构某些情况下可能出现市场支配地位。当事人可以有很多理由推翻关于市场支配地位的推定,如它和另一个或者其他几个经营者之间存在实质性的竞争;或者因技术条件,它的市场份额不足以说明其市场支配力;或者它存在潜在的竞争对手,等等。

我国《反垄断法》中"市场支配地位"的概念借鉴了德国法和欧共体法之

规定。美国反托拉斯法一般使用“垄断势力”和“市场势力”两个概念。因为垄断势力一般也被理解为企业在相关市场上“控制价格或者排除竞争”的能力,与我国《反垄断法》中“市场支配地位”的概念是一致的。

(三)滥用市场支配地位的行为

根据《反垄断法》第17条,滥用市场支配地位的行为包括:(1)以不公平高价销售商品或者以不公平低价购买商品;(2)没有正当理由,以低于成本的价格销售商品;(3)没有正当理由,拒绝与交易相对人进行交易;(4)没有正当理由限定交易相对人只能与其或者与其指定的经营者进行交易;(5)没有正当理由,搭售商品或者在交易中附加其他不合理的条件;(6)没有正当理由,对条件相同的交易相对人在价格等交易条件上实行差别待遇;(7)国务院反垄断执法机构认定的其他滥用市场支配地位的行为。这些滥用行为可分为两种类型:一类是剥削性滥用,即不公平的价格行为;另一类是妨碍性滥用,即不正当地排除竞争。

在我国反垄断立法过程中,亦有学者提出价格监督是反垄断执法机构的一项艰难任务。但是,人们痛恨垄断企业的霸王条款,特别是厌恶垄断企业的不合理抬价行为,因而禁止剥削性滥用便成为我国反垄断法中很受欢迎的规定。然而,由于经济学方面的原因,仅当企业进入市场存在法律上或者事实上的障碍时,政府监管企业的价格行为才具有合理性。

反垄断法所禁止的妨碍性滥用,在本质上都是排他性的行为。与一般合同中的排他行为不同,排他性滥用性至少要满足以下构成要件:其一行为人在市场上占支配地位;其二这种行为严重损害竞争,甚至排除竞争;其三这种排他不具有正当性或合理性。其中第三个条件最难认定,因为这不仅需要法律知识,而且需要相关的经济学或者技术方面的知识。例如,社会对微软公司的捆绑交易就有不同看法。一方认为既然视窗和因特网浏览器都是微软的产品,微软就有权按照自己选择的方式销售它们,也有权要求个人计算机生产商按照它提出的条件销售产品。然而,从反垄断法的角度而言,微软的捆绑交易是不正当的,因为它在计算机操作系统市场上占据了垄断地位,这种捆绑销售可以通过网络效应和近似杠杆的作用,将计算机操作系统的下游市场尽心收入自己的势力范围,从而会长期地和不公平地损害其他企业的创新活动。所以,对微软知识产权的强制许可,不是限制微软的发展和创新,而是要给其他企业提供参与竞争和创新的可能性。

上述关于搭售行为的案例说明,占市场支配地位的企业虽然原则上可以与其他企业一样参与经济交往,有权根据合同自由原则订立合同,但是如果它们凭借其市场地位限制竞争,即滥用合同自由,应当予以禁止。这说明,合同自由的前提条件是市场竞争。某些交易在竞争性市场条件下是合法的,但在垄断性市场条件下却失去其合法性。《反垄断法》第55条规定:“经营者滥用知识产权,排除、限制竞争的行为,适用本法。”该规定说明,滥用知识产权的行为不能得到反垄断法的豁免。该规定具有重要价值意义,一方面是知识产权在市场竞争中拥有特殊意义;另一方面是因为我国当前基本是知识产权进口国,通过法律手段有效防止知识产权权利人的滥用行为,对维护我国企业的利益和促进经济发展具有重要的意义。

三、互联网企业反垄断诉讼典型案例

(一)奇虎360诉腾讯垄断纠纷案

案例索引

一审法院:广东省高级人民法院

案号:(2011)粤高法民三初字第2号

二审法院:最高人民法院

案号:(2013)民三终字第4号

基本案情

2010年9月27日奇虎360发布了其新开发的360“隐私保护器”,专门“盯梢”腾讯QQ软件是否侵犯用户隐私。监控结果显示,腾讯QQ涉嫌侵犯用户隐私。对此,腾讯QQ予以坚决否认并认为奇虎360浏览器涉嫌借黄色网站不正当推广,并联合金山网络、百度等网络公司联合发布声明抵制奇虎360系列软件。10月29日奇虎360推出“扣扣保镖”剑指腾讯QQ,要对其实施包括清垃圾和去广告在内的系列“净身”动作。11月3日腾讯QQ发布公开信，要求用户在腾讯 QQ 软件与奇虎 360 软件之间只能选择其一使用。在主管部门的干预下，两家企业之间越发激烈的对抗行为被紧急叫停，双方进入法律程序，分别针对对方提起标的额巨大的诉讼。

2011 年 9 月腾讯 QQ 在广东省高级人民法院提起诉讼，认为奇虎 360 开发、运行“360 扣扣保镖”软件构成不正当竞争，索赔 1.25 亿元。2011 年 11 月 15 日奇虎 360 也向广东高院提起诉讼，诉称腾讯 QQ 在“3Q 大战”期间，明示禁止其用户使用奇虎公司的 360 软件，否则停止 QQ 软件服务；拒绝向安装有 360 软件的用户提供相关的软件服务，强制用户删除 360 软件，在此期间造成大量用户删除了奇虎 360 相关软件。奇虎 360 认为，腾讯 QQ 的上述“二选一”的行为属于滥用市场支配地位，排除、妨碍竞争，构成垄断侵权，并提出了 1.5 亿元的赔偿要求。

2013 年 3 月 28 日广东省高级人民法院作出一审判决，认定腾讯公司强迫用户进行“二选一”的做法属于限制交易行为，但由于法院同时认定腾讯公司不具有市场支配地位，因而认为其行为不构成滥用市场支配地位，判令奇虎公司赔偿腾讯公司经济损失及合理维权费用 500 万元。奇虎 360 不服判决向最高人民法院提出上诉。

2014 年 10 月 16 日最高人民法院作出终审判决。最高人民法院认为，一审判决认定事实虽有不当之处，但适用法律正确，裁判结果适当，故驳回上诉，维持原判。

法院观点

本案二审过程中的争议焦点集中在五个方面：第一，如何界定本案中的相关市场；第二，被上诉人是否具有市场支配地位；第三，被上诉人是否构成反垄断法所禁止的滥用市场支配地位行为；第四，一审法院审理程序是否违法；第五，本案相关民事责任的承担。其中，最为核心的三大争议点为“相关市场的界定”“市场支配地位”“腾讯是否实施了滥用行为”。滥用市场支配地位的一般认定程序首先为“相关市场的确定”，其次确定经营者是否具有“市场支配地位”，最后确定经营者是否有“滥用行为”。但在“3Q”案件中，这三个环节都与传统案件有着不同的内涵。

1. 相关市场的界定问题

最高人民法院在审理过程中将“相关市场”的界定问题细分为如下九个方面:其一,一审法院对本案相关产品市场未作明确界定是否属于案件基本事实认定不清;其二,是否适合运用假定垄断者测试方法界定本案相关商品市场;其三,综合性即时通信服务与文字、音频以及视频等单一即时通信服务是否属于本案同一相关商品市场;其四,移动端即时通信服务是否属于本案相关商品市场;其五,社交网站、微博服务是否属于本案相关商品市场;其六,手机短信、电子邮箱是否属于本案相关商品市场;其七,本案相关商品市场是否应确定为互联网应用平台;其八,本案相关地域市场应界定为中国大陆地区市场还是全球市场;其九,本案的相关市场界定是否可以或者应当考虑本案诉争行为发生之后的相关市场状况及技术发展趋势。

(1)一审法院未对相关商品市场做出明确界定是否属于基本事实认定不清

最高人民法院明确指出,在滥用市场支配地位案件的审理中,界定相关市场是评估经营者的市场力量及被诉垄断行为对竞争的影响的工具,其本身并非目的。即使不明确界定相关市场,也可以通过排除或者妨碍竞争的直接证据对被诉经营者的市场地位及被诉垄断行为可能的市场影响进行评估。因此,并非在每一个滥用市场支配地位的案件中均必须明确而清楚地界定相关市场。

(2)本案是否适合运用“假定垄断者测试”方法界定相关市场以及一审法院对该方法的运用是否正确

“假定垄断者测试”(the Hypothetical Monopolist Test,HMT)作为界定相关市场的一种分析思路,具有普遍的适用性。其基本思路是,在假设其他条件不变的前提下,通过目标商品或者服务某个变量的变化来测试目标商品与其他商品之间的可替代程度。其中价格上涨方法被称为SSNIP(Small but Significant and Nontransitory Increase in Prices),质量下降方法被称为SSNDQ(Small but Significant and Nontransitory Decline of Quality)。SSNIP标准主要是观察假定垄断者的产品价格提高5%～10%时消费者转向其他替代产品的可能性,根据不同的市场反应来判断相关市场范围大小的方法。一审中,广东省高级人民法院借助传统的基于价格上涨的假定垄断者测试方法对相关市场进行界定,但最高人民法院对这一方法予以否定。

最高人民法院认为,“利用免费的基础服务吸引和凝聚大量用户,利用巨大的用户资源经营增值业务和广告以实现盈利,然后以增值业务和广告的盈利支撑免费服务的生存和发展,已经成为互联网服务提供商通行的商业模式”。“因此,互联网服务提供商在互联网领域的竞争中更加注重质量、服务、创新等方面的竞争而不是价格竞争”。“在免费的互联网基础即时通信服务已经长期存在并成为通行商业模式的情况下,用户具有极高的价格敏感度,改变免费策略转而收取哪怕是较小数额的费用都可能导致用户的大量流失。”“在这种情况下,如果采取基于相对价格上涨的假定垄断者测试,很可能将不具有替代关系的商品纳入相关市场中,导致相关市场界定过宽。因此,基于相对价格上涨的假定垄断者测试并不完全适宜在本案中适用”。

网络经济与传统经济最大的区别在于,消费者对商品的消费可能不通过价格机制而对消费者的效用产生影响。在本案中的即时通信服务市场中,所有的运营商提供的服务均为免费,使 SSNIP 所要求的价格因素不存在,所有 SSNIP 标准无法在本案件中成功运用。但同时最高人民法院也指出:尽管基于相对价格上涨的假定垄断者测试难以在本案中完全适用,但仍可以采取该方法的变通形式,例如,基于质量下降的假定垄断者测试。由于质量下降程度较难评估以及相关数据难以获得,因此可以采用质量下降的假定垄断者测试进行定性分析而不是定量分析。

(3)文字、音频以及视频等非综合性即时通信服务是否应纳入本案相关商品市场范围

相关市场界定的一般方法,主要从需求者角度进行替代分析,辅之以经营者角度的供给替代分析。本案中,最高人民法院“首先从需求替代的角度出发,基于商品的特性、用途、质量、获取的难易程度等因素进行替代分析;在必要的时候,从供给替代的角度进行分析”,最终得出了“单一文字、音频以及视频等非综合性即时通信服务也应该纳入本案相关商品市场范围”的结论。

(4)移动端即时通信服务是否应纳入本案相关商品市场范围

随着移动互联网技术的成熟,智能手机与平板电脑不断普及,用户终端

平台系统呈现多样化发展趋势，即时通信服务可以在个人电脑、智能手机、平板电脑等各类平台上实现。最高人民法院认为，智能手机、平板电脑等移动端即时通信服务使沟通更加便捷，对个人电脑端即时通信服务构成较强的替代性，并对个人电脑端即时通信服务的经营者形成有效的竞争约束，因而移动端即时通信服务应纳入本案相关商品市场范围。

(5)社交网站、微博服务是否应纳入本案相关商品市场范围

双方对于社交网站、微博单独提供的即时通信服务应纳入本案相关商品市场无争议，但是对社交网站、微博本身是否应纳入本案相关商品市场存在争议。最高人民法院从社交网站、微博与即时通信在商品特性、使用功能上的差异入手，认为一审法院关于社交网络和微博应纳入本案相关商品市场范围的认定欠妥。因为即时通信更注重双边私密交流或者小群体的内部交流，而社交网站、微博主要针对大量用户之间的开放性的群体交流，对即时性的要求偏低。根据中国互联网信息中心(CNNIC)《中国即时通信用户调研报告》(2009年)的调查结果显示，用户使用社交网站和微博的目的主要集中在联系朋友、分享信息、展示自我、结识朋友等社交功能，而即时通信侧重于聊天功能，二者满足的是用户的不同需求，呈现互补关系而非替代关系。因此，社交网络和微博不应纳入本案相关商品市场范围。

(6)手机短信、电子邮箱是否应纳入本案相关商品市场范围

最高人民法院认为，传统的电话、手机、短信等通信服务与腾讯即时通信服务虽然存在一定的竞争关系，但是在商品特性、功能用途、价格等方面存在较大差异。更为重要的是，固定电话、手机及短信均进行收费服务，而即时通信则进行免费服务，二者之间不存在较为紧密的产品替代关系。同时电子邮件因为不具有即时性，在替代性上比之手机短信更弱。因此，最高人民法院再次肯定一审广东省高级人民法院的意见，即手机短信、电子邮箱不应纳入本案相关商品市场范围。

(7)本案相关商品市场是否应确定为互联网应用平台

互联网行业是一个动态市场，行业内成功的产品、服务及商业模式很容易被其他企业模仿，市场进入门槛较低。为整合优势，互联网经营者往往会利用免费服务所集聚的用户资源提供收费增值服务或者向广告主提供广告

服务，因此互联网竞争呈现出平台竞争的特征。以腾讯为例，QQ 除了基本通信功能外，还集成了电子邮件、博客、音乐、电视、游戏和搜索等多种功能，成为具有交流、娱乐、商务办公、客户服务等特性的综合化信息平台。但是如果考虑互联网平台竞争的特性，把搜索引擎、新闻门户、互联网安全等相关平台均纳入本案相关商品市场范围，可能会夸大其他网络平台对腾讯在即时通信领域所形成的潜在竞争约束，弱化腾讯的实际的市场力量。鉴于上述理由，最高人民法院认为在本案相关市场界定阶段不应界定为整个互联网应用平台。

（8）本案的相关地域市场界定

本案中的即时通信软件即服务市场究竟应该为中国大陆市场还是全球市场，双方各执一词。奇虎认为中国大陆市场是本案相关地域市场，而腾讯对此提出了反驳，认为不应限于中国大陆的范围，综合相关地域市场的界定因素，相关地域市场应为全球市场。最高人民法院纠正了一审的观点，将本案的相关地域市场认定为中国大陆市场。

互联网的开放性和互通性使其可以突破空间限制，以最快的速度将讯息传播到世界各地，一个软件也往往提供多个不同的语言版本供不同国家的人使用。但是受到语言差异、历史传统、风俗习惯、用户习惯等诸多因素的影响，各个即时通信软件都有主要的受众区域，其他的则是附带地域。虽然即时通信产品和服务的市场参与者在整个世界范围内提供和获得即时通信服务，但是受制于语言偏好和使用习惯的差异，国外产品很难打入中国市场，即使与 QQ 在功能上具有替代性，也无法影响其市场份额。例如，全球最大的即时通信软件 MSN 在全球应用软件市场拥有高达 42% 的市场份额，但我国的市场份额不到 4%。因此，本案的相关地域市场应该限定为国内市场。

（9）本案的相关市场界定是否应考虑本案诉争行为发生之后的相关市场状况及技术发展趋势

判决指出，互联网领域的竞争呈现出动态竞争的特征，在界定相关市场时，尤其需要考虑在可预见的未来具有现实可能性的市场反应和变化。例如，需要考虑假定垄断者的行为持续适当的一段时间后（如 1 年）的市场反应和变化，以正确判断其是否受到来自其他方面经营者的竞争制约。因此，最高人民法院支持一审法院考虑了微博和社交网站的发展现状及未来趋势的这种思路，认为应将之后发生的相关市场状况及技术发展趋势纳入本案的考量范围。

2. 市场支配地位问题

判决认为，市场份额在认定市场支配力方面的地位和作用必须根据案件具体情况确定。市场份额只是判断市场支配地位的一项比较粗糙且可能具有误导性的指标。特别是，互联网环境下的竞争存在高度动态的特征，相关市场的边界远不如传统领域那样清晰，在此情况下，更不能高估市场份额的指示作用，而应更多地关注市场进入、经营者的市场行为、对竞争的影响等有助于判断市场支配地位的具体事实和证据。基于中国大陆即时通信服务市场竞争比较充分、市场进入壁垒较旧、大量新兴即时通信服务提供商成功进入市场等因素，最高人民法院认定腾讯并不具有市场支配地位。

3. 腾讯是否构成反垄断法所禁止的滥用市场支配地位行为

关于腾讯公司是否滥用市场支配地位问题，最高人民法院认为，即使被诉经营者具有市场支配地位，判断其是否构成滥用市场支配地位，也需要综合评估该行为对消费者和竞争造成的消极效果和可能具有的积极效果。在"二选一"行为期间，其主要竞争对手 MSN、飞信和阿里巴巴等的用户数量均有较高增幅，显著超出前 3 个月平均变化幅度。MSN 月覆盖人数增长率高达 61.93%，移动飞信个人电脑客户端 3 天内下载量猛增，新浪 UC 也乘机进入市场。同时，腾讯公司的行为对安全软件市场的影响极其微弱，其安全软件市场份额仅增加了 0.57 个百分点，从 3.89% 增长至 4.46%。而奇虎公司的市场份额未有较大变化，其安全软件市场的市场占有率仅降低了 3.3 个百分点，从 74.6% 下降至 71.3%。没有证据表明，通过实施"产品不兼容"和将 QQ 软件与其他软件打包安装的行为，腾讯公司将其在即时通信市场的领先地位延伸到安全软件市场。尽管上述行为对用户造成了不便，对奇虎造成了一定的损害，但是并未导致排除或者限制竞争的明显效果，因而腾讯公司不构成反垄断法所禁止的滥用市场支配地位行为。

案件评析

随着最高人民法院对奇虎公司诉腾讯公司滥用市场支配地位纠纷案作出终审判决，持续数年的"3Q 大战"尘埃落定。无论胜诉抑或败诉，此案是迄今为止中国互联网领域诉讼标的额最大的反垄断案件，也是最高人民法院审理的关于互联网领域反垄断私人诉讼案件，而这场案件在无形中也传播了竞争文化，对于推动反垄断法的实施具有重要价值。换言之该判决对于相关领域的标准和规则的确立具有十分重大的影响，可谓是“标杆性判决”。而对本案涉及的相关问题的评析，对于互联网企业在新时期如何应对“反垄断”纠纷并进行合规亦具有重要意义。

本案最突出的两个亮点就是对于相关市场规则的突破和对市场支配地位问题的具体解读：

1. 相关市场

“相关市场”是指经营者在一定时期内就特定商品或服务进行竞争的商品范围和地域范围，可分为相关商品市场及相关地域市场。其中，“相关商品市场”是指依据产品的不同特性、价格及用途等相关因素，由需求者认为的具有较强竞争关系的和紧密替代关系的若干产品所构成的市场；“相关地域市场”是指存在有效竞争的一个地理区域。

在本案中，相关商品市场和相关地域市场都属于争议的焦点问题。原告奇虎360公司认为，集成了文字、音频等综合功能的即时通信软件及其服务市场是本案的相关产品市场，中国大陆的具备综合功能的即时通信软件及其服务市场应为本案的相关地域市场；腾讯公司则认为原告界定的相关产品市场过窄，其他互联网产品和服务也具备即时通信服务的功能，相关产品市场范围应扩充至这些能够实现即时通信服务功能的互联网产品和服务。

在滥用市场支配地位案件中，界定相关市场是案件审理的前提，是判断经营者行为是否违法的关键问题。《反垄断法》及国务院反垄断委员会《关于相关市场界定的指南》对此作出了规定，并提出了对相关市场界定的基本依据，如替代性分析、需求替代、供给替代以及假定垄断者测试等，但是就互联网领域内如何界定等问题并没有进行特别规定。互联网平台越来越多地成为多边性的平台，其创新速度快、市场进入较为容易、市场份额不稳定等特殊的业态模式，使互联网行业具有不同于传统行业的特殊之处。理论上关于传统市场的定义以及与此相应的以单边企业行为为核心的反垄断分析，对如今的互联网企业来说基本都已不再适用，因此如何鉴定相关市场便成为了首要问题。在本案中,最高人民法院对这一规则进行了突破,认为相关市场的确定不是反垄断案件审理的必要环节。由此案可以得出,在反垄断案件中始终作为案件审理前提的"相关市场"确定的原则已经不再"屹立不倒",法官可以透过限制竞争的直接证据进行评估。对于反竞争明显的案件,不需要在界定"相关市场"问题上纠结。互联网行业中各种产品市场相互交融贯通,很难以传统的单一市场思维来进行分析。经营者往往同时经营多种高度相关的产品,且各种相关产品之间的边界模糊,随时可能变动和创新。从传统的三步法到现在的直接判定,这种变化符合互联网市场边界流动的特点,值得今后的反垄断执法借鉴。

2. 市场支配地位

"市场支配地位"是经营者在相关市场内具有能够控制商品价格、数量或者其他交易条件,或者能够阻碍、影响其他经营者进入相关市场能力的市场地位。我国《反垄断法》以经营者在相关市场的市场份额为依据,规定了经营者市场支配地位的推定方法:"有下列情形之一的,可以推定经营者具有市场支配地位:(一)一个经营者在相关市场的市场份额达到二分之一的;(二)两个经营者在相关市场的市场份额合计达到三分之二的;(三)三个经营者在相关市场的市场份额合计达到四分之三的。有前款第二项、第三项规定的情形,其中有的经营者市场份额不足十分之一的,不应当推定该经营者具有市场支配地位。"通说认为,市场份额对企业在市场中的地位具有主要的决定作用。通常情况下,当一个经营者在相关市场的市场份额达到 1/2 的时候,可以推定其具有市场支配地位。但本次判决表明,这一推定可被推翻。

根据中国互联网信息中心 2010 年 7 月公布的 2010 年上半年中国互联网调查报告,在中国十大互联应用网络中,即时通信位于第四位,仅排在网络音乐、网络新闻、搜索引擎之后,使用率达到 72.4%,较 2008 年增长了 11.7%,即时通信用户规模达到 3.04 亿人。而在整个即时通信市场上,腾讯一直处于第一位,和移动飞信、微软 MSN 在即时通信领域三分天下。其中,腾讯市场份额占 80% 左右,飞信占 16%,MSN 占 4% 左右,而其他即时通信软件仅占即时通信市场极少的份额,三者在即时通信业市场构成寡占地位。360 提供的艾瑞咨询报告中也显示,腾讯在 2010 年中国即时通信整体市场的份额中占到 76.2%。根据上述数据,的确可以得出腾讯在即时通信市场上具有垄断性市场份额的结论。

但是最高人民法院指出，在相关市场边界较为模糊时，仍应该进一步分析被诉垄断行为对竞争的影响效果，以检验关于其是否具有市场支配地位的结论正确与否。在被诉垄断行为发生时，中国大陆地区即时通信领域存在腾讯QQ、阿里旺旺、飞信、MSN等数十款即时通信工具，创新较为活跃，正处于蓬勃发展时期，市场竞争比较充分。虽然腾讯具有较为强大的财力和技术条件，但是在中国大陆地区即时通信领域的多个竞争者，如阿里巴巴、百度、微软、中国移动等，均有雄厚的财力和技术条件。这些大型企业拥有足够的实力对腾讯的市场领先地位形成冲击，使腾讯控制商品价格、数量或者其他交易条件的能力较弱。另外，腾讯也不具备阻碍、影响其他经营者进入该相关市场的能力。低市场份额并不当然意味着较弱的市场竞争约束力，有大量成功案例证明新兴即时通信服务商进入该市场的扩张阻力小。2006年中国移动推出的飞信、2007年阿里巴巴公司推出的阿里旺旺、2008年百度公司推出的百度Hi和2008年多玩游戏网推出的YY语音等即时通信软件，都在短期内迅速地占领了一定的市场，用户增长率均远超同期中国互联网网民的增长率。互联网市场免费的特性呼唤各服务供应商不断在质量、服务、用户体验等方面持续创新，新技术、新商业模式的层出不穷使没有任何一家企业可能长期操纵市场。经营者在该市场内要立稳脚跟，就必须具有持续创新的能力。以腾讯为例，其在2009年累计功能更新14次，涉及项目近百项；2010年累计功能更新8次，涉及项目近40项；2011年累计功能更新5次，涉及项目40余项；2012年累计功能更新4次，涉及项目近30项；2013年1月至7月累计功能更新8次，涉及项目60余项。这进一步说明了通信领域竞争日趋白热化，市场份额与支配地位之间并不具有必然的联系。即使在360所主张的最狭窄的相关市场内，腾讯的市场优势地位并未抑制和缩小其他即时通信产品的市场发展空间，亦不构成该市场整体发展的阻碍因素，因此无法判定腾讯在该相关市场具有市场支配地位。

3. 滥用市场支配地位

滥用市场支配地位是指居于市场支配地位的经营者不当地运用其经济力量，取得非因市场竞争产生的不当利益，妨害市场自由竞争秩序的行为。

经营者拥有市场支配地位并不必然地违反《反垄断法》,只有当经营者滥用其市场支配地位时才受到反垄断法的规制。《反垄断法》规制的行为包括:“以不公平的高价销售商品或者以不公平的低价购买商品;没有正当理由,以低于成本的价格销售商品;没有正当理由,拒绝与交易相对人进行交易;没有正当理由,限定交易相对人只能与其进行交易或者只能与其指定的经营者进行交易;没有正当理由搭售商品,或者在交易时附加其他不合理的交易条件;没有正当理由,对条件相同的交易相对人在交易价格等交易条件上实行差别待遇。”本案中,关于滥用市场支配地位的争议集中在限制交易和搭售行为上。

(1)强迫用户“二选一”是否构成反垄断法禁止的限制交易行为

《反垄断法》第 17 条规定:“具有市场支配地位的经营者,没有正当理由,限定交易相对人只能与其进行交易或者只能与其指定的经营者进行交易的,构成滥用市场支配地位。”奇虎指出在“3Q 大战”事件中,腾讯强迫用户在腾讯和 360 之间进行“二选一”,拒绝向安装有 360 软件的用户提供相关的 QQ 软件服务,强制用户停止使用并卸载 360 的软件,构成反垄断法所禁止的滥用市场支配地位限制交易行为。最高人民法院从“二选一”行为的动机和对消费者以及市场竞争的影响出发,得出了腾讯不构成滥用市场支配地位的结论。但是若从行为的潜在目的和公共利益的角度进行考量,这一结论就值得商榷。

腾讯声称,其停止服务的理由是 360 隐私保护器和 QQ 保镖破坏与篡改 QQ 软件功能,并借侵犯用户的隐私之名诋毁腾讯 QQ 的商业信誉。360 的恶意竞争行为在先,侵犯了腾讯的正当商业利益,腾讯是出于“自卫”才不得作出了这个“艰难决定”,因此该行为是针对 360 对其实施的侵权行为的一种自力救济行为,具有《反垄断法》第 17 条所规定的“正当理由”。从域外反垄断法的实践来看,经营者、消费者和公共利益三者之间的利益平衡是衡量“正当理由”的主要标准。如果能够给消费者、其他经营者或公共利益带来比自身更大的利益时,该滥用市场支配地位的行为将被正当化。诚然,腾讯和奇虎各自作为即时通信和安全服务市场的领头者,仅持续一天的“产品不兼容”行为并不能对各自的市场份额造成显著影响。但是互联网市场平台化的特点,使各经营者都致力于提供综合性的服务,整合平台资源。例如,新浪微博利用核心产品微博产生巨大的用户量后，进一步在微博上开放包括即时通信、广告、游戏、微音乐、微数据等多种应用入口；360浏览器也同样利用其浏览器所聚集的用户数量提供翻译、游戏、邮件等多项服务入口。经过近几年的发展，QQ软件早已从仅具备聊天功能的单纯即时通信工具，向集聊天、广告、资讯、交友、杀毒、微博等服务于一身的综合性软件发展。腾讯让用户在QQ与360软件之间“二选一”的行为，表面上看似是拒绝向用户提供QQ软件服务，实则是希望利用其在即时通信领域积攒起的庞大用户群的力量，联合抵制360，减少360软件的用户使用率，从而达到其抢占电脑管理软件领域市场份额目的，限定用户仅使用其软件服务的限定交易行为。即便胁迫用户“二选一”的行为可以归结为维护自身效益，腾讯采取自力救济的直接反击对象也应该是奇虎公司，而不是通过绑架用户对软件服务的自主选择权。该举致使“3Q大战”波及无辜的网络用户，行为已经超过了必要限度，侵犯了公共利益，明显缺乏正当性。

(2)搭售

“搭售”是指在相关产品市场上具有支配地位的企业在出售产品或者服务时，强迫买方接受与该产品或服务无关的产品与服务的行为，或者要求买方签订接受与该产品或服务无关的产品与服务的协议。《反垄断法》第17条的规定：“具有市场支配地位的经营者，没有正当理由搭售商品，或者在交易时附加其他不合理的交易条件的，构成滥用市场支配地位。”

互联网行业的自身特性也使互联网企业的搭售具有不同于与传统行业的特点。首先，互联网企业实现搭售的难度远远低于传统行业，只需要加入一些程序代码，就可以为无形的软件类产品添加一项新功能，并不会为企业带来过高的成本；其次，搭售行为具有隐形性，往往在安装程序过程中悄无声息地实现搭售过程，若非更改定价也很难为消费者所察觉。因此，搭售现象在互联网行业非常普遍。以腾讯为例，其凭借QQ所积累的庞大用户群，迅速进入了门户网站、视频、音乐分享、电子邮箱、搜索引擎、网络游戏、微博、社交网络、团购等领域，几乎覆盖了互联网的全部服务功能，有些搭售产品并不经过消费者的同意就自行开通。本案中，腾讯的搭售主要体现在它将“QQ电脑管家”与即时通信软件QQ捆绑，并且以升级软件的名义安装“QQ医生”。奇虎认为，QQ和QQ医生作为即时通信产品与互联网安全软件产品,分别满足用户的不同需求,将两者捆绑安装是简单的叠加,无任何集成效益,因而该行为具有强制性,损害市场竞争。我国《反垄断法》第17条所禁止的是没有正当理由搭售商品的行为,因此争议的焦点就在于,腾讯到底有没有"正当理由"将QQ管家和QQ捆绑在一起?

最高人民法院在审理中认为,尽管腾讯实施了搭售行为,但在纠纷期间其在安全软件市场的份额没有超过5%,仅增加了0.57个百分点,并不能撼动奇虎在该领域中的领先地位。同时,QQ即时通信软件与QQ软件管理打包安装具有一定的合理性,可以方便用户更好地管理和使用QQ,保障账号安全,从而提高QQ的性能和价值。而且其提供了卸载功能,并通过公告的方式向用户告知了选择权,用户可以在将QQ软件管理和QQ医生升级为QQ电脑管家的过程中自由地卸载,行为的强制性并不明显。因此,"没有可靠的证据表明被诉搭售行为使得腾讯将其在即时通信市场上的领先地位延伸到安全软件市场"。但需要注意,虽然最高人民法院认为腾讯具有"正当理由",然而,腾讯的QQ电脑管家大幅度抄袭360安全卫士,具有其他的附加安全功能。如果腾讯仅将某种专门且只保护QQ账号安全的软件和QQ捆绑,的确可以构成正当理由,但本案中QQ电脑管家还涉及除此以外的用户电脑安全服务,未免有越界之嫌,其正当性值得怀疑。

《反垄断法》自2008年实施以来,已经在诸多领域中进行了执法和司法活动,积累了丰富实施经验;但互联网领域,却仍然属于摸索阶段。一方面,互联网行业作为新兴行业,与传统经济领域都有很大的不同,无论是在市场结构还是在垄断局面的形成方面,都有其自身鲜明的特点,即在网络经济中普遍存在较高程度的市场垄断结构,且案件一般都表现为滥用市场支配地位;另一方面,从本案的终审判决就可以看出,在目前《反垄断法》的背景下认定互联网企业的市场支配地位非常困难,这是传统的市场反垄断和最前沿、最活跃的互联网领域在中国的交叉碰头。

判决再次明确了互联网动态竞争和平台竞争之特征。在界定相关市场时,需要考虑在可预见的未来具有现实可能性的市场反应,对相关市场的认定不宜过细也不宜过窄。在识别经营者的市场地位和市场控制力时也应考虑上述特点。同时由于该行业进入门槛低,网络效应和用户锁定效应难以持续维持,行业发展变化迅速,对竞争格局的判断需要开放性和动态性,法律和权力的干预也应审慎。

互联网行业高速发展的生命力就在于创新如果长期处于寡头垄断中，中小创业公司的生存空间就会被挤压，用户的利益也会被忽视。从长期来看，失去竞争的巨头也终究失去创新能力、失去用户，使中国互联网行业陷入泥淖之中。正如最高人民法院在判决中强调的那样，“反垄断法所关注的重心并非个别经营者的利益，而更应关注健康的市场竞争机制是否受到扭曲或者破坏”。奇虎与腾讯的“3Q”大战是国内互联网行业围绕垄断问题所进行的第一起诉讼，无论对于腾讯公司还是对于奇虎公司，甚至对于整个互联网行业来说，都是影响深远：不仅树立了反垄断领域的新的标准，而且敲醒了百度、阿里巴巴和腾讯三大巨头，促进了互联网生态环境的净化和长久发展。

（二）米时科技诉奇虎360滥用市场支配地位案

案例索引

一审法院：北京市第二中级人民法院

案号：（2014）二中民（知）初字第08091号

二审法院：北京市高级人民法院

案号：（2015）高（民）知终字第1035号

基本案情

原告米时公司诉称：第一，奇虎公司在中国大陆地区综合性、辅助性手机安全软件及服务市场具有支配地位。首先，奇虎公司360手机安全软件的市场份额达50%以上，360手机安全软件的“渗透率”高达70%以上。由此可以推定奇虎公司具有市场支配地位；其次，奇虎公司在相关市场具有控制交易条件的能力和阻碍、影响他人进入相关市场的能力；再次，奇虎公司具有强大的财力和技术条件，可以压制相关市场的竞争；最后，奇虎公司滥用市场支配地位，排除、妨碍竞争，违反了《反垄断法》的相关规定。一是被告拦截原告向用户发出的“易米片”邀请短信、拦截原告“易米片”用户发送名片交换短信来阻碍、影响原告正常进入电子名片市场；二是被告以其“来电秀”全面覆盖“易米片”的方式，使原告商品无法正常显示，原告的用户无法正常使用原告的服务，被告的上述两种行为构成《反垄断法》第17条第1款第4项规定的限定用户只能使用其电子名片商品的限定交易行为；三是被告捆绑销售“来电秀”，将其市场势力直接传导到手机电子名片市场，使“来电秀”在与“易米片”的竞争中获得优势地位，该行为构成《反垄断法》第17条第1款第5项规定的不合理搭售商品行为。第二，被告公然诋毁原告商誉，构成不正当竞争。被告为非法维护其“来电秀”的市场地位，限制电子名片市场的竞争，将与其具有竞争关系的“易米片”相关短信放入垃圾箱中，恶意贬损“易米片”，其行为违反了《反不正当竞争法》第2条和第14条的规定，属于诋毁商誉的不正当竞争行为。

因此，奇虎公司应对其垄断和不正当竞争民事侵权行为承担相应的法律责任。米时公司请求法院判令奇虎公司：(1)立即停止滥用市场支配地位及不正当竞争的侵权行为，即解除原告“易米片”和“米洽”软件相关的短信拦截、解除对原告“易米片”来电显示电子名片功能的压制、停止在360手机安全卫士商品中搭售“来电秀”商品、停止将原告软件运行中所发短信评价为“垃圾短信”；(2)向米时公司赔礼道歉，即奇虎公司在《人民法院报》及该公司官方网站首页(www.360.cn)连续10天刊登经米时公司书面认可的道歉声明；(3)赔偿米时公司经济损失500万元，及因维权而支付的各项合理开支63,509元；(4)承担本案诉讼费用。

被告奇虎公司辩称：(1)米时公司未能正确界定相关市场。米时公司主张的相关市场为“中国大陆的、综合性、辅助性手机安全软件市场”，但未说明“综合性”“辅助性”和“安全软件”的外延与内涵。本案的相关市场应当包括PC端安全软件市场、平台类的安全软件市场、专项类的安全软件市场、应用软件的安全插件市场、移动互联网的APP分发平台市场，并应当将企业级安全市场与个人安全市场作为同一相关市场。(2)米时公司无法证明奇虎公司具有市场支配地位。其主张的“渗透率”不是合适的计算市场份额的指标，奇虎公司的市场份额仅小幅领先于市场其他竞争者，手机安全软件市场进入门槛低，网络效应弱，竞争激烈，被告不具有控制手机安全软件价格和交易条件的能力。(3)奇虎公司的行为不构成滥用市场支配地位的行为。一方面，米时公司认为奇虎公司具有支配地位的市场为“手机安全市场”，但又认为,被控滥用市场支配地位行为的排除、限制竞争效果却不发生在此市场,而发生在“来电秀”市场;另一方面奇虎公司的“来电秀”显示不是独立的商品,而是手机安全软件的一项功能,手机安全软件具备这项功能具有合理性和普遍性。(4)奇虎公司对米时公司发送的短信实施拦截并将其界定为垃圾短信不构成不正当竞争。奇虎公司实施上述行为系遵照网络安全行业所通行的规则,不构成对诚信原则的违反。①奇虎公司只是制定了相关拦截规则,未针对米时公司进行有意贬损;②奇虎公司也没有捏造、散布任何针对米时公司的不实信息,没有造成米时公司社会评价的降低。(5)米时公司主张的损失与被诉行为之间没有关联性。

由于原告所提供的证据不足以证明被告在相关市场上具有市场支配地位,也不能证明被告实施的被诉行为构成滥用市场支配地位的行为或不正当竞争行为,故原告要求判令被告立即停止滥用市场支配地位的垄断民事侵权行为和不正当竞争行为、赔偿原告经济损失以及合理的维权费用、赔礼道歉等诉讼请求,均缺乏事实和法律依据,法院不予支持。

法院依照《反垄断法》第 6 条、第 12 条、第 17 ~ 19 条,《反不正当竞争法》第 2 条、第 14 条,《民事诉讼法》第 64 条第 1 款的规定,判决驳回原告北京米时科技股份有限公司的诉讼请求。

法院观点

本案双方当事人的争议焦点问题是:相关市场如何界定;被告在相关市场上是否具有支配地位;被告是否滥用了市场支配地位以及被告是否实施了商业诋毁行为。

1. 关于相关市场如何界定的问题

本案中,原告指控被告利用手机安全软件进行了限制竞争及捆绑销售,构成滥用市场支配地位。要确定被告是否具有市场支配地位,前提是界定手机安全软件及其服务所在的相关市场范围。《反垄断法》第 12 条规定,相关市场是指经营者在一定时期内就特定商品或者服务进行竞争的商品范围和地域范围。

(1)相关商品市场

根据国务院反垄断委员会《关于相关市场界定的指南》第 4 条的规定,

相关市场范围的大小主要取决于商品的可替代程度。在市场竞争中对经营者行为构成直接和有效竞争约束的,是市场里存在需求者认为具有较强替代关系的商品,界定相关市场主要从需求者角度进行需求替代分析。当供给替代对经营者行为产生的竞争约束类似于需求替代时,也应考虑供给替代。第5条规定,需求替代是根据需求者对商品功能用途的需求、质量的认可、价格的接受以及获取的难易程度等因素,从需求者的角度确定不同商品之间的替代程度。原则上,从需求者角度来看,商品之间的替代程度越高,竞争关系就越强,就越可能属于同一相关市场。根据上述规定,法院将从需求者的角度定性分析不同商品之间的替代程度,同时结合经营者供给替代的影响,确定本案相关商品市场的范围:

①因为移动端的手机安全软件区别于PC端的各类电脑安全软件产品,从需求替代上看,运用于PC端的安全软件不能直接安装使用于移动端,消费者也不可能下载PC端的软件安装运行于移动端,因此,消费者通常不会把PC端的安全软件和服务作为手机安全软件和服务进行替代。从供给替代上看,PC端的安全软件经营者想要进入移动端,虽然开发相对应的软件的技术难度不高,但技术上移动端与PC端对应软件的开发难度低,并不意味着移动端与PC端对应软件市场的进入难度也低。移动端软件市场的用户群、用户习惯、消费偏好、市场格局均不同于PC端软件市场,从PC端软件市场进入移动端软件市场,需要较大的成本投入并承担较大的市场运营风险。因此,PC端的各类安全软件,对移动端的手机安全软件不具有竞争约束,两者不属于同一相关商品市场。

②在移动互联网领域,如支付宝、浏览器等,除基础功能之外,还有保障其应用安全的功能,以安全插件的形式存在。安全插件只是其基础软件的程序修补,其功能仅在于确保基础软件的运行正常与稳定,与手机安全软件有着本质的区别,消费者不可能期望通过某款手机软件的安全插件来保障自己手机应用的运行安全,更不可能通过安装安全插件来替代安全软件的安装。通常情况下,安全插件的经营者往往就是基础软件的经营者,其与手机安全软件的经营者一般也不会存在竞争关系。因此,手机安全插件市场与手机安全软件市场不属于同一相关商品市场。

③手机应用分发软件市场不属于手机安全软件市场,手机安全软件市

场应以安全功能为界限,不应包括与安全性能无关的独立商品。手机应用分发软件虽然在某种程度上能发挥甄别手机应用安全性的作用,但其软件功能其实是与安全软件有本质区别的。鉴于这种软件与安全软件功能特征不同,相互间也不存在需求替代关系,因此,手机应用分发软件市场与手机安全软件市场也不应属于同一相关商品市场。

④企业级安全市场确实属于安全软件市场的组成部分,有些企业级安全软件是有偿的,需要企业用户直接支付费用。而在手机安全软件市场,消费者已经普遍习惯了免费的手机安全软件,企业使用的安全软件也存在从直接收费到间接收费的发展趋势,企业容易从收费的安全软件,转而在市场上寻找免费的安全软件进行替代,并且这种替代的获取正在变得越来越容易。因此,从价格接受和获取容易的角度看,免费的个人安全软件市场与收费的企业级安全软件市场不应属于同一相关商品市场。

⑤虽然移动端的专项安全软件,功能单一,针对性强,主要为专门的安全项目和具体的安全漏洞而设计,仅从功能上看,通常不会成为综合性或平台类手机安全软件的替代品。但是,从需求替代上看,消费者能够轻易地在"综合性"和"专项性"的手机安全软件间转换;从供给替代出发,大部分安全软件经营者都能够同时提供"综合性"和"专项性"这两种功能的安全服务。故不应当仅依据技术功能来割裂"综合性"和"专项性"的手机安全软件,而应将该两种商品和服务列入同一相关商品市场。

此外,原告提供的证据显示综合性的手机安全软件功能较多,但这些功能仅为对用户使用手机的辅助,手机的核心功能还是在于通信、社交、商务与娱乐等,安全软件的功能在于保障上述功能的正常实现,具有辅助性的特点。法院认为,辅助性是由手机安全软件功能所决定的,但该特点无法形成对手机安全软件相关市场范围的限定。

综合分析原、被告的主张,双方关于本案相关商品市场的主张均依据不足,考虑到目前软件市场的现状以及安全软件的功能用途、价格质量、替代关系、供给和消费状况,法院认为手机安全软件市场可以构成一个独立的相关商品市场,其范围包括为手机核心功能的正常实现提供安全保障的具有手机防盗、备份还原、垃圾清理、骚扰拦截、流量监控、病毒查杀等多项功能的"综合性"安全软件市场和为专门的安全项目和具体的安全漏洞专项研发的安全软件市场。

如前所述，竞争行为都是在一定的市场范围内发生的，界定相关市场可以明确经营者之间竞争的市场范围及其面对的竞争约束。在滥用市场支配地位的案件中，合理地界定相关市场无疑具有重要意义。但是，是否能够明确界定相关市场取决于案件的具体情况，并且在滥用市场支配地位案件的审理中，界定相关市场是评估经营者的市场力量及被诉垄断行为对竞争影响的工具，其本身并非目的。即使不明确界定相关市场，也可以通过限制竞争的直接证据对被诉经营者的市场地位及被诉垄断行为可能的市场影响进行评估。因此，并非在每一个滥用市场支配地位的案件中均必须明确而清楚地界定相关市场。基于上述分析，被告关于原告没有清晰界定相关市场，应当承担举证不能责任的抗辩主张，法院不予采纳。

（2）相关地域市场

法院认为，考虑到多数需求者选择商品的实际区域、互联网相关法律法规的规定、境外竞争者的现状及其进入中国大陆地区市场的困难等因素，同时考虑到国内消费者互联网消费选择的习惯，将手机安全软件市场的地域范围界定为中国大陆地区市场，符合手机安全软件行业的实际情况，也符合广大网络用户对手机安全软件的选择情况。对此，法院认为本案相关地域市场应为中国大陆地区市场。

2. 关于被告在相关市场上是否具有支配地位的问题

《反垄断法》第 17 条第 2 款规定，市场支配地位，是指经营者在相关市场内具有能够控制商品价格、数量或者其他交易条件，或者能够阻碍、影响其他经营者进入相关市场能力的市场地位。第 18 条认定经营者的市场支配地位，需要考虑市场份额、该市场的竞争状况以及市场进入的难易程度等多种因素。第 19 条规定了市场支配地位的推定规则，即一个经营者在相关市场的市场份额达到 50% 时，可以推定其具有市场支配地位，但允许经营者提供相反证据推翻该推定。

（1）被告在相关市场的市场份额

法院认为，原告关于以“渗透率”作为计算市场份额的指标，进而以此证明被告在相关市场具有市场支配地位的主张，缺乏事实依据，不能成立。理由如下：

①如前所述，市场渗透率与市场份额是彼此独立的概念。市场份额的总和是100%，而渗透率的总和却可以超过100%。因为在以渗透率考察相关市场经营者的市场地位的时候，可能存在多家经营者的市场渗透率都超过50%的情况，所以，从数量关系上看，渗透率不能直接作为计算市场份额的指标，其无法准确反映市场份额分布的真实状况。

②渗透率无法精确反映用户使用各种手机安全软件的实际情况。因为用户可能在同一部手机上安装多款手机安全软件，但真正实际使用的仅有其中一款软件。渗透率仅反映了用户在手机上安装手机安全软件的情况，却未反映出用户使用手机安全软件的使用情况，因此无法反映各款手机安全软件的市场份额和相应的有效市场占有率。

③渗透率反映的是存量，无法反映市场格局动态的变化。本案中，渗透率其实是手机安全软件历史安装率的反映，其无法准确显示各款手机安全软件动态竞争的变化，而结合现有证据，本案相关市场的市场格局变化迅速，竞争者之间所占市场份额的情况也总是处于变化当中。此外，原告关于以两个以上经营者市场份额的叠加来确定被告的市场支配地位的主张，未考虑到这些经营者之间的协同行为，此项主张缺乏法律依据，法院对此不予支持。

综上所述，原告关于被告在相关市场的市场份额超过50%的主张，依据不足，不能成立。原告以不具备客观基础和缺乏权威论证的市场份额为基础推定被告在相关市场上具有支配地位，法院不予支持。

（2）被告在相关市场控制商品价格、数量或其他交易条件的能力

考虑到相关市场内功能近似、质量近似、用户认可度近似的手机安全软件数量众多，提供这些软件的市场经营者彼此间的竞争优势均不明显，相互间竞争激烈，各自的市场地位变化迅速等因素，法院认为原告目前证据尚不足以证明被告在面临较大竞争压力的情况下，具备控制手机安全软件价格、数量或其他交易条件的能力。

（3）被告阻碍、影响其他经营者进入相关市场的能力

手机安全软件市场进入门槛低，中国大陆地区的互联网企业进入相关市场，参与手机安全软件的竞争没有法律上和经济上的限制。从证据看，被告市场份额仅小幅领先于市场其他竞争者。考虑到相关市场竞争相对充

分,其他经营者可以较为自由地进入相关市场,被告并不占有绝对多数的市场份额等因素,法院认为原告目前证据尚不足以证明被告具备阻碍或影响其他经营者进入相关市场的能力。

通过前述关于相关市场界定、市场份额以及市场力量等一系列分析,法院认为原告未能举证证明被告在相关市场上具有支配地位。

3. 被告是否滥用市场支配地位

《反垄断法》第 17 条所禁止的无正当理由限定交易和搭售商品的行为,应以经营者占有市场支配地位为前提条件。因原告未能举证证明被告在相关市场上具有支配地位,故无论被告实施的相关被诉行为是否符合非法限定交易行为的其他构成要件或不合理搭售行为的其他构成要件,均不能认定其构成《反垄断法》第 17 条所禁止的滥用市场支配地位的行为。

即便被告在相关市场上具有支配地位,原告关于被告滥用市场支配地位的指控也不能成立,理由如下:

(1)被告拦截原告短信和覆盖原告"易米片"的行为不构成滥用市场支配地位限定交易的行为

原告认为,被告通过 360 手机安全卫士软件拦截原告短信,和以"来电秀"覆盖原告"易米片"的行为,将被告在"中国大陆综合性辅助性手机安全软件市场"的支配地位传导至"手机来电显示"相关市场。该主张缺乏依据,不符合《反垄断法》第 17 条第 1 款第 4 项关于限定交易行为的适用条件。《反垄断法》第 17 条第 1 款第 4 项所规定的限定交易行为属于反垄断法"排除性滥用"的一种,即通过"排除""挤压"竞争对手,排除或者限制竞争,而"排除""挤压"应发生在经营者具有市场支配地位的市场中。"支配地位传导"仅可能发生在不合理搭售行为之下。本案中,原告指控被告具有市场支配地位的市场为综合性、辅助性手机安全软件及服务市场,但原告却又认为,被诉限定交易行为却不发生在此市场,而发生在本案相关市场的另一边相关市场,即电子名片市场上。同时,原告亦未举证证明被告在电子名片市场上具有支配地位,故法院认为,在本案相关市场,被告不具备足够的市场力量来实施限定交易行为,也不可能会产生排除和限制竞争的市场效果。

被告拦截原告短信具有合理理由。其一,原告的短信属于商业性电子信息,且未经接收人同意,有可能构成应被拦截的短信。全国人民代表大会常务委员会《关于加强网络信息保护的决定》第 7 条规定:“任何组织和个人未经电子信息接收者同意或者请求,或者电子信息接收者明确表示拒绝的,不得向其固定电话、移动电话或者个人电子邮箱发送商业性电子信息。”由于原告发送的短信是软件自动生成、带有超长链接、具有商业宣传推广性质并且是向陌生人发送,确有可能属于前述规定的商业性电子信息。其二,当出现短信误拦的情况时,被告提供了解除拦截的沟通机制,原告也根据上述机制与被告就短信拦截问题进行了沟通协调。其三,被告实施上述短信拦截行为,目的在于维护安装 360 手机安全卫士软件用户不被骚扰的权益,保障用户免受其不愿意接收的商业性电子信息的打扰,而非在于谋取手机安全软件市场中的竞争优势。

被告覆盖原告“易米片”具有合理理由。其一,360 手机安全卫士软件是安全软件,对于安装使用 360 手机安全卫士软件的用户而言,其安全需求高于社交需求,因此安全提示应当优先于社交功能提示;其二,从目前移动端手机安全软件行业的通行做法来看,其他手机安全软件的经营者通常也是将自己安全软件所带的来电显示覆盖于“易米片”之上。

被告认为,360 手机安全卫士软件所带的覆盖于“易米片”之上的“来电秀”可以选择关闭,关闭之后,“易米片”的内容能完全展示,这尊重了用户对于来电显示的选择权。但是,用户对于来电显示选择权的行使应建立在其能够在手机屏幕上识别存在不同来电显示的基础之上,如果安全软件自带的来电显示完全覆盖了“易米片”,用户对于来电显示的选择权将难以实现,因此,被告的“来电秀”全屏覆盖“易米片”存在不妥,但这种不妥并未造成严重的社会负面影响,也未达到需要通过法律进行规制的程度,且 360 手机安全卫士软件通过升级,已将“来电秀”展示设置为“大窗”“中窗”和“归属地”三种模式,这反映出被告为用户行使选择权所需技术支持的提升正在做出努力,也反映出手机安全软件的不足可以通过市场的促进自行完善。

(2)被告经营“来电秀”的行为不构成滥用市场支配地位搭售商品的行为

①手机来电显示属于安全功能的重要组成部分,系手机安全软件的必备功能,而非一款独立的商品,其作用在于保证用户的通话安全,即防止窃听、识别诈骗和骚扰电话等。因此,来电显示的安全提示是确保通话安全的

必要条件，被告在其手机安全软件中提供该功能不构成搭售；②目前相关市场中所有手机安全软件的经营者均将来电显示功能作为安全软件的组件提供给用户。因此，被告在其经营的360手机安全卫士软件中提供来电显示功能是正常的经营行为，不构成搭售商品的垄断行为。

4. 被告是否实施了商业诋毁行为

《反不正当竞争法》规定，经营者不得捏造、散布虚伪事实，损害竞争对手的商业信誉、商品声誉。因此，从商业诋毁的构成要件看，行为人主观上应是故意，客观上实施了捏造、散布虚伪事实，损害竞争对手商誉的行为。本案中，原告指控被告对其涉案软件运行中产生的短信实施拦截，并置入垃圾箱的行为构成商业诋毁，尽管被告的上述行为可能会给原告的商业声誉和经济效益造成负面影响，但被告在实施上述行为时并不知道原告之存在，行为没有针对性，主观上没有实施诋毁行为的故意；客观上也没有捏造、散布虚伪的事实。被告将原告所发的信息界定为垃圾短信，是根据其拦截规则所作的结论，而拦截规则并不针对特定的市场竞争者，而是根据信息内容本身的特点来进行判断分类的。因此，被告实施的上述行为，既不构成《反不正当竞争法》第14条下的商业诋毁行为，也未违背诚实信用原则和公认的商业道德，不构成对《反不正当竞争法》第2条一般条款的违反。

案件评析

本案中，双方当事人对于如何界定相关市场产生了很大的分歧，这一方面反映了界定相关市场的重要性，其界定范围的大小将影响到案件的审判结果；另一方面也反映了要明确经营者竞争的市场范围是相当困难的，传统界定方法运用到互联网领域时存在很大的局限性。《反垄断法》第12条第2款规定："本法所称的相关市场，是指经营者在一定时期内就特定商品或者服务进行竞争的商品范围和地域范围。"在界定相关市场时，产品的可替代性成为了相关产品市场范围大小的主要决定因素。需求替代分析法主要是站在消费者的角度来分析不同产品之间的可替代性。原则上，如果产品之间的相互替代可能越大，其竞争关系就越强，从而认为它们属于同一相关产品市场。在分析产品的可替代性时需要考虑到产品的功能、价格、质量、消费者的偏好等多方面因素，具体案件中需要考虑的因素会略有不同，要根据个案而定之。通常情况下,如果不同产品间的功能差别很大,甚至是不具有相同的使用目的,可以认为二者无法相互替代,不能归为同一相关产品市场。从价格因素来考虑,价格差异较大的两种产品一般也不应归为同一产品市场。消费者的偏好是影响消费者需求的主观因素,如果消费者特别倾向于购买某一产品,那么即使该产品小幅涨价,消费者也不会转向购买其他价格便宜的产品。但是,需求替代分析法客观上也存在一些不足,那就是它无法精确地界定出相关市场的外延。反垄断执法机构或司法机关在运用需求替代性方法进行分析时,经常会遇到这样的难题:不同产品之间的替代程度存在差别,有的替代程度高,有的替代程度低。那么,达到何种替代程度才能够将不同产品划入同一产品市场中呢?这就给反垄断执法机关和司法机关留下了很大的自由裁量权,换言之,该界定方法容易受到主观因素的影响,不同的执法机关或执法人员得出的市场范围大小会有所差异。

根据最高人民法院《关于审理因垄断行为引发的民事纠纷案件应用法律若干问题的规定》第8条之规定,在反垄断案件中,原告首先应当对相关市场的界定承担举证责任。如果原告不能用证据充分证明自己的主张,法院可以驳回其诉讼请求。课题组认为,应该减轻原告的举证责任,原因主要包括:其一,反垄断消费者诉讼案件中原告方通常都是中小经营者或者私人,而被告则通常是占有较大市场份额的大型企业,双方的力量悬殊,在财力、人力、信息的获取等方面都存在巨大差距;其二,相关产品市场的界定需借助经济学工具进行数据分析,这就对数据信息的完整性与精确性有很高的要求,而完成这些任务对处于竞争劣势的原告而言是十分困难的。如何让反垄断司法救济途径为受害者提供真正及时的法律保障,避免让司法救济沦为纸上空谈,是我们当前亟待解决的问题。

《反垄断法》第17条第2款规定:本法所称市场支配地位,是指经营者在相关市场内具有能够控制商品价格、数量或者其他交易条件,或者能够阻碍、影响其他经营者进入相关市场能力的市场地位。《反垄断法》第6条规定:具有市场支配地位的经营者,不得滥用市场支配地位,排除、限制竞争。企业具有市场支配地位且利用这种地位实施滥用行为构成滥用市场支配地位。即一是企业具备市场支配地位;二是企业实施了滥用行为。两者缺一不可,否则是反垄断法无法规制。从某种意义而言,市场支配地位之认定属于事实范畴，而滥用市场支配地位则是一个法律认定问题。在我国，互联网行业作为一个新兴行业，较早进入某个新领域的企业容易取得优势地位甚至是市场支配地位，然而这种优势地位失去的过程也很快。市场支配地位存续的非永久性要求当局在对个案的相关市场进行界定时需要合理考虑置放涉案企业的时间背景。当把企业放到相对较短的时间背景中的时候，企业被认定在相关市场中具有支配地位的风险便会加大，而从长远而言，企业可能并不会被认定为占据市场支配地位。因此，对于互联网企业而言，特别是技术含量高的企业，某些情况下在相关市场的界定中应扩大企业产品的时间范围，把企业放到一个相对宽泛的时间背景中去考察才能正确反映市场竞争情况，否则会把相关市场界定范围界定得过窄，导致夸大企业的市场地位。

（三）唐山人人诉百度在线垄断纠纷案

案例索引

一审法院：北京市第一中级人民法院

案号：（2009）一中民初字第 845 号

二审法院：北京市高级人民法院

案号：（2010）高民终字第 489 号

基本案情

唐山人人信息服务有限公司（以下简称唐山人人公司）为“全民医药网”的实际经营者。2008 年 3 月 3 日，唐山人人公司通过一次性缴费的方式开始参与百度网站（www. baidu. com）的竞价排名。同年 5 月开始降低竞价排名的投入，至同年 7 月投入额降至最低。全民医药网在 2008 年 7 月 9 日的访问量为 2666IP，浏览量为 10331PV，同年 7 月 10 日，其访问量和浏览量分别骤然减至 701IP、6322PV。同时，在百度网站的搜索关键词部分输入“site：qmyyw. com”后，仅有四项自然排名部分的搜索结果符合查询要求。唐山人人公司主张百度网讯公司在占据中国搜索引擎服务市场支配地位的情况下，在自然排名部分减少收录全民医药网的行为属于滥用市场支配地位的行为,请求人民法院判令被告赔偿原告经济损失 1,106,000 元,解除对全民医药网(www. qmyyw. com)的屏蔽并恢复全面收录。后原告又向法院提交对于起诉意见的补充说明称,由于原告现已将全民医药网的域名变更(www. qmyy. com),原诉讼请求中要求解除对原域名(www. qmyyw. com)的屏蔽已无实际意义,故请求法院判令被告解除对新域名(www. qmyy. com)的屏蔽。北京百度网讯公司则主张,因网络中存在大量指向全民医药网的"垃圾外链",因此其在自然排名部分对全民医药网采取了减少收录的措施。

北京市第一中级人民法院认为,根据现有证据,原告既未能举证证明被告在"中国搜索引擎服务市场"中占据了支配地位,也未能证明被告存在滥用市场支配地位的行为,依据《民事诉讼法》及《反垄断法》的相关规定,驳回原告唐山人人公司的全部诉讼请求。

一审宣判后,唐山人人公司不服,提起上诉。二审北京市高级人民法院认为:唐山人人公司提出北京百度网讯公司滥用市场支配地位的主张因证据不足不能成立,北京百度网讯公司实施涉案屏蔽行为具有正当性的,故唐山人人公司诉讼请求均缺乏事实与法律依据。一审判决认定事实清楚,适用法律正确,故依据《民事诉讼法》第 153 条第 1 款第 1 项之规定,判决驳回上诉、维持原判。

法院观点

原审法院认为,"中国搜索引擎服务市场"是本案中《反垄断法》意义上的"相关市场"。搜索引擎服务商向用户提供的免费搜索服务不能等同于公益性的免费服务,它仍然可以通过吸引用户并借助广告等营销方式来获得现实或者潜在的商业利益。因此,百度网讯公司以免费提供搜索服务为由主张本案中不存在《反垄断法》意义上的相关市场,缺乏依据,法院不予支持。

由于无法确定涉案"市场份额"所依据的相关市场范围与本案中所定义的相关市场范围是否一致,而相关市场范围的大小与市场份额的计算直接相关,故不能确定市场份额的计算是以范围相同的相关市场为依据,同时在案证据并未提供具体的计算方式、方法及有关基础性数据。鉴于唐山人人公司未就市场份额的计算方式向法院提供充分证据,无法确信该市场份额的确定源于科学、客观的分析,其主张百度网讯公司在“中国搜索引擎服务市场”占有1/2以上的市场份额,依据不足,法院不予支持。

由于全民医药网确实存在“垃圾外链”,其被减少收录是“垃圾外链”被搜索引擎识别后,搜索引擎的反作弊机制对其进行了“减少收录数量”的处罚措施所致。这种反作弊机制的实施是为了使搜索结果更为真实和可靠,从而保证广大搜索引擎用户的利益,同时,现有证据无法证明百度网讯公司采取的上述措施对唐山人人公司而言存在歧视性或者胁迫性,故百度网讯公司基于全民医药网存在大量“垃圾外链”的事实而对其实施了减少自然排名部分收录数量的技术措施是正当的。

至于唐山人人公司主张由于其减少了对竞价排名的投入,故百度网讯公司对全民医药网实施了减少自然排名部分收录数量的处罚,法院认为,自然排名部分的位次以及被收录的数量与客户是否参与竞价排名或竞价排名投入的多少均无关联性。此外,唐山人人公司也未能举证证明系因其降低了对竞价排名部分的投入,致使减少了对全民医药网自然排名部分的收录数量。

由于唐山人人公司既未能举证证明百度网讯公司在“中国搜索引擎服务市场”中占据了支配地位,也未能证明百度网讯公司存在滥用市场支配地位的行为。相反,百度网讯公司已经通过证据证明其对全民医药网实施的减少收录数量的措施系对其存在大量“垃圾外链”行为的处罚,其涉案行为具有正当性。

而在二审中,最突出的争议则集中在“北京百度公司涉案行为是否属于滥用市场支配地位的行为、应否承担相应的法律责任”问题上。

1. 关于相关市场的界定问题

根据《反垄断法》第12条第2款规定,相关市场是指经营者在一定时期内就特定商品或者服务进行竞争的商品或者服务范围和地域范围。鉴于本案所涉及的是北京百度网讯公司作为经营者所提供的服务,因此对相关市场范围的界定包括相关服务市场和相关地域市场两个方面。法院认定,本案的相关服务市场为“搜索引擎服务”市场,相关地域市场为“中国”。针对北京百度网讯公司提出的“不存在相关市场”的主张,法院认为,百度网讯公司所经营的搜索引擎服务的对象不仅限于那些提出搜索请求的普通用户，还包括那些意图通过付费方式实现商业价值的网站，竞价排名与自然排名两种服务方式在其经营搜索引擎服务过程中是密不可分的，其主张二者为相互独立的服务系统，缺乏事实和法律依据。

2. 关于市场支配地位问题

唐山人人公司依据《反垄断法》第 19 条规定主张北京百度网讯公司在"中国搜索引擎服务市场"占有超过 1/2 的份额，因此具备了市场支配地位。其证据材料仅为《中国证券报》相关文章、百度网站相关文章、"www. eryi. org"网站相关文章、《CNNIC 发布中国搜索引擎市场广告主与用户行为研究报告》、北京正望咨询有限公司网站（www. iaskchina. cn）《2009 年搜索引擎用户调查报告发布》《2008 年搜索引擎用户调查报告》等证据。唐山人人公司认为上述证据所显示的相关市场范围即为本案的相关市场，证据内容也足以证明北京百度网讯公司已经占据了中国搜索引擎服务市场超过 1/2 的市场份额，且北京百度网讯公司也在其公司网站相关文章中对这一事实予以认可。

法院认为唐山人人公司仅提交了两篇有关被告市场地位的新闻报道，缺乏应有的经济分析过程的内容，未能以充分的证据证明其所主张的市场份额是源于科学、客观的经济分析而得出的结论。因此，没有采信其有关北京百度网讯公司占据了中国搜索引擎服务市场超过 1/2 的市场份额的主张。

3. 关于滥用市场支配地位行为的问题

本案中，唐山人人公司主张北京百度网讯公司在涉案期间屏蔽其"全民医药网"网站的行为属于《反垄断法》第 17 条第 1 款第 4 项所规定的"没有正当理由，限定交易相对人只能与其进行交易或者只能与其指定的经营者进行交易"的滥用市场支配地位的行为，其将"屏蔽"界定为"在自然排名部分几乎不收录'全民医药网'"的行为。但法院认为北京百度网讯公司的涉案行为亦具有一定的正当性，不属于滥用市场支配地位的行为。

法院认为，"垃圾外链"是人为地针对搜索引擎设置大量与网站内容无关的链接，虽然能够提高自然排名部分的位次，但如果对其听之任之，则不仅会加剧各网站利用"垃圾外链"无序竞争，同时也会大大降低用户的检索质量。考虑到应当尽可能地以最迅捷的手段降低"垃圾外链"对用户利益的损害，即使在未查明“垃圾外链”设置者身份的情况下，北京百度网讯公司实施涉案屏蔽行为也是具有一定正当性的，唐山人人公司的前述主张依据不足，不予支持。

案件评析

本案是《反垄断法》正式实施后北京法院作出判决的第一起案件。本案的裁判不仅给出了“相关市场”和“市场支配地位”的界定方法，而且对如何认定“滥用市场支配地位的行为”进行了有益探索，因而有着深远的意义。

1. 相关市场的认定

《反垄断法》第12条第2款规定，相关市场是指经营者在一定时期内就特定商品或者服务进行竞争的商品或者服务范围和地域范围。因此，当经营者所提供的是服务时，相关市场包括相关服务市场和相关地域市场两个方面。原告在本案中主张的相关市场是“中国搜索引擎服务市场”，而被告百度网讯公司辩称，由于搜索引擎服务相对于广大网络用户而言是免费的，免费服务不是《反垄断法》所约束的领域，因此本案并不存在《反垄断法》意义上的相关市场。双方分歧的焦点就在于，“免费”服务能否构成《反垄断法》意义上的相关市场。

搜索引擎服务，是指服务商根据网络用户的搜索请求，利用一种互联网应用软件系统，在对相关网页进行搜索和抓取后，经过一定的处理和组织，将查询到的结果反馈给网络用户的互联网信息查询服务。根据目前我国搜索引擎服务的现状，网络用户在借助关键词并通过搜索引擎寻找自己所关注的网站或者网页内容时，确实不需要向搜索引擎服务商支付相应的费用。但作为市场主体营销策略的一种方式，部分产品或者服务的免费提供常常与其他产品或服务的收费密切结合。搜索引擎服务商向网络用户提供的免费搜索服务不能等同于公益性的免费服务，其盈利模式实际上是通过吸引网络用户并借助广告等营销方式来获得现实或者潜在的商业利益。另外，虽然随着互联网技术的快速发展，除了搜索引擎服务外，各种类型的诸如网络新闻服务、即时通信服务互联网应用技术在广大网络用户中也具有较高的使用率，但搜索引擎服务所具有的快速查找、定位并在短时间内使网络用户获取海量信息的服务特点，是其他互联网应用服务所无法取代的，因此

“搜索引擎服务”本身就是一个独立的相关市场，百度网讯公司以是否付费为标准衡量是否存在“相关市场”的观点不能成立。

2. 市场支配地位认定问题

认定经营者是否具有市场支配地位，应当根据《反垄断法》第 18 条所规定的市场份额、竞争状况、控制销售市场和原材料市场的能力等因素进行判断。当然，在经营者的市场份额能够予以准确确定的情况下，同时根据《反垄断法》第 19 条的规定进行市场支配地位的推定。但若依据第 19 条，则必须通过经济分析的方式进行比较精确的计算，从而就其对被告市场份额的计算或者证明方式提供充分的证据予以支持。

原告唐山人人公司以其提供的新闻报告或者文章作为证据，表明被告百度公司在搜索引擎市场所占的市场份额已经远远超出了《反垄断法》第 19 条所规定的 1/2 的份额，据此原告认为可以推定原告在搜索引擎市场具有市场支配地位。而法院认为原告对作为证据的新闻报告或者文章所确定的相关市场范围和本案所确定的相关市场范围二者的一致性无法确定，并且对新闻报告或者文章中的市场份额的计算方式和采用的数据的客观真实性没有提供相关证据予以支持，所以上述新闻报告或者文章不足以证明被告在搜索引擎市场具有市场支配地位。

现行民事诉讼证据制度中并未针对垄断案件作出举证责任方面的特别安排，因此在举证责任的分配上仍应当遵循“谁主张，谁举证”的原则无可厚非。然而，由于在反垄断私人诉讼中，被告通常是相关行业中的领头企业，本案涉及的又是“市场份额”这类专业性事实的证明问题，所以仍将全部证明责任归于原告，则有失偏颇。让原告承担如此之多的证明责任是否有违诉讼法中所蕴含的公平正义原则？在反垄断私人诉讼中，取证的难度在于：首先，数据的取得可能会涉及商业秘密，正常渠道难以获得；其次，对一些专业性的数据进行整理计算，尤其是 IT 领域这些进入门槛较高的企业的技术数据和市场数据，一般的当事人很难以经济学的分析方法得出客观的结果。本案中，唐山人人公司为证明北京百度网讯公司在相关市场的支配地位做出了很大努力，并提供了《中国证券报》相关文章、百度网站相关文章、www.eryi.org 网站相关文章、《CNNIC 发布中国搜索引擎市场广告主与用户行为研究报告》、北京正望咨询有限公司网站（www.iaskchina.cn）《2009 年搜索引擎用户调查报告发布》和《2008 年搜索引擎用户调查报告》等证据作为佐证。因此,本案在对被告百度网讯公司是否具有市场支配地位的认定方面,给予了原告过高的证明责任,从而导致了原告举证不利的后果,而这也是反垄断私人诉讼存在的普遍性问题。

3. 滥用市场支配地位

目前,百度搜索的结果排名方式主要有两种:竞价排名与自然排名。竞价排名是搜索引擎服务商的盈利模式,搜索排名的顺序与客户付款的数额直接相关,付款数额越多排名顺序越靠前。自然排名是非营利搜索服务模式,被收录网站无须交纳任何费用,具体的排名顺序由搜索引擎服务商所设定的算法规则决定。竞价排名与自然排名是相互独立的服务系统,自然排名部分的搜索结果后均标注有"百度快照"四字,竞价排名部分的搜索结果后有"推广"二字。

百度搜索自然排名的算法规则涉及内容权值(网页内容与关键词的关联度)和超链权值(网页获得的链接数量)两项因素。网页内容与关键词的相关程度越高,网页内容获得的链接数量越多,该网页在排名结果中的次序就会越靠前。如果网站存在"垃圾外链",该网站在百度搜索自然排名中的位置将会受到影响。当"垃圾外链"被搜索引擎的反作弊机制识别后,搜索引擎将会自动对其进行处罚。目前,百度搜索的处罚方式有两种:一为降低作弊网站的超链权值,即把作弊网站中属于作弊部分的超链权值去除,并根据其作弊行为的严重性额外扣除一定的超链权值;二为减少作弊网站网页的收录数量,即减少作弊网站被搜索引擎收录的网页数量,严重的情况下甚至会不收录作弊网站。

本案中,虽然百度网讯公司对原告所拥有的全民医药网的自然排名结果实施了减少收录数量的技术措施,但行为具有正当理由。首先,百度实际上已经在"百度搜索帮助—站长 FAQ"中披露了百度搜索引擎的算法规则及针对作弊行为的处罚方式,原告完全有途径了解百度搜索反对网站设置"垃圾外链"的行为,并会对这种行为实施处罚。同时,其处罚措施针对的是所有设置了"垃圾外链"的被搜索网站而非单独指向全民医药网,而原告经营的全民医药网也确实存在"垃圾外链"。这使搜索引擎的反作弊机制对其进行的"减少收录数量"的处罚措施无可厚非,无法证明被告采取的上述措施对原告而言存在歧视性或者胁迫性。

此外，由于竞价排名与自然排名是完全独立的技术服务系统，只有竞价排名与客户付款的数额具有直接关系，自然排名部分的位次以及被收录的数量与客户是否参与竞价排名或竞价排名投入的多少均无关联性。故百度网讯公司基于全民医药网存在大量“垃圾外链”的事实而对其实施了减少自然排名部分收录数量的技术措施是正当的，不构成滥用市场支配地位的行为。

通过本案，我们可以明确《反垄断法》之立法宗旨，即《反垄断法》并不禁止企业通过自身的发展形成规模经济从而占据一定的市场支配地位。其禁止的是占据市场支配地位的企业所实施的，能够影响市场结构，破坏市场竞争秩序的行为和措施。如果经营者所实施的行为具有正当理由，也没有产生破坏市场竞争秩序的后果，即不构成《反垄断法》所禁止的滥用行为。

（四）北京书生电子诉上海盛大网络垄断纠纷案

案例索引

一审法院：上海市第一中级人民法院

案号：（2009）沪一中民五（知）初字第113号民事判决书

二审法院：上海市高级人民法院

案号：（2009）沪高民三（知）终字第135号民事判决书

基本案情

原告北京书生电子技术有限公司诉称，原告运营的读吧网（www. du8. com）是经工业和信息化部等部门审核批准的合法的经营电子图书的门户网站。被告旗下网站起点中文网（www. qidian. com）的经营范围与原告相似。案外人北京书生网络技术有限公司（以下简称书生网络公司）于2008年5月开始委托寇某（笔名“不吃西红柿”）创作作品《星辰变后传》，并授权原告在经营的读吧网上陆续发表。该作品发表后引起了广大读者良好的反响，点击量日渐高涨。但日前，《星辰变后传》的作者受到被告的无理威胁，迫于被告在行业中的地位，不得不任其摆布，否则就会被排挤出这个圈子，在无奈之下停止了为原告的创作，并应被告要求在其旗下的网站上发表了致歉信。其后，被告公然捏造、散布自己拥有系争作品的著作权的事实，并以此为由要求相关网站删除该作品。此外，被告为巩固其独家垄断的地位，阻止竞争对手发展，还杜撰虚假信息散布于各大媒体。原告认为，被告的上述行为超越了道德和法律的底线，并严重损害了原告的商业信誉，破坏了行业和谐发展的氛围，故原告根据《反垄断法》第 17 条、第 19 条的规定请求本院：(1)确认两被告的行为构成滥用市场(中国网络文学市场)支配地位的行为；(2)判令两被告删除起点中文网上刊登的两位作者寇某和李某的道歉声明；(3)判令两被告在读吧网、起点中文网上向原告赔礼道歉；(4)判令两被告赔偿原告经济损失包括公证费和律师费共计人民币 16,820 元。

被告盛大公司辩称，其主营业务为网络游戏，与原告诉称的经营行为不是同一市场，其对原告和被告玄霆公司之间的纠纷毫不知情，完全属于案外人的地位，故请求本院依法驳回原告对其的全部诉讼请求。

被告玄霆公司辩称：(1)原告不具有诉讼主体资格。①原告不是诉争垄断行为的相对人，与本案没有直接利害关系；②原告不是《星辰变后传》的权利人，其既未获得作品作者的授权，也未获得书生网络公司的授权，故无权单独起诉。(2)被告玄霆公司不具有市场支配地位。①原告未界定本案相关市场的范围也未能证明被告具有市场支配地位；②被告从未胁迫《星辰变后传》的作者，没有滥用市场支配地位的行为。(3)原告要求被告赔偿经济损失等诉讼请求缺乏事实和法律依据。因此，被告玄霆公司请求本院依法驳回原告的诉讼请求。

法院观点

上海市第一中级人民法院认为，根据我国《反垄断法》第 6 条规定，具有市场支配地位的经营者，不得滥用市场支配地位，排除、限制竞争。本案的争议焦点在于两被告是否实施了滥用市场支配地位的垄断行为。

1. 关于市场支配地位的认定

《反垄断法》第 18 条、第 19 条对市场支配地位的认定作出了明确的规定。原告依据被告盛大公司官方网站、起点中文网及其他网站上关于“盛大文学”旗下三家网站的宣传内容，认定两被告在中国网络文学市场中占有80%以上的份额，并依据《反垄断法》第19条第1款第2项的规定，推定两被告具有市场支配地位。本院认为，首先，原告提供的证据中涉及了“盛大文学”、起点中文网、晋江原创网和红袖添香网等多个主体，根据起点中文网上的相关版权信息，可以认定该网站系由被告盛大公司和玄霆公司共同经营。但对于晋江原创网和红袖添香网是否由两被告共同经营，原告未能提供证据证明，其认为“盛大文学”即被告盛大公司，故晋江原创网和红袖添香网亦由两被告共同经营，原告的上述主张缺乏事实依据，本院不予支持。其次，原告提供的证据仅仅是各网站上的宣传内容，这些宣传未经核实且无其他证据可以印证，故原告将宣传的市场份额等同于实际所占的市场份额，其依据不足。最后，作为与起点中文网经营范围相似的网站，原告的读吧网亦自称是全球最大的电子书门户网站。因此，仅凭原告提供的宣传内容难以认定两被告在中国网络文学市场已经具有支配地位。

2. 滥用市场支配地位的认定

即便两被告在中国网络文学市场具有支配地位，原告的指控亦不能成立。理由如下：具有市场支配地位本身并不违法，只有对这种地位存在滥用才属于反垄断法规制的范畴，市场支配地位本身并无违法，故其关键在于审查两被告是否有滥用的行为。原告认为，两被告以胁迫手段要求《星辰变后传》的两位作者停止为原告继续创作并在起点中文网上发表致歉声明，还限制其他网站转载该部作品，其行为符合我国《反垄断法》第17条第1款第4项的规定，属于滥用市场支配地位限定交易的行为。上海市第一中院认为，首先，原告提供的证据不能证明两被告采取了胁迫手段。其次，本案纠纷由《星辰变后传》引发，从原告在读吧网上所作的声明以及《星辰变后传》两位作者在起点中文网上的致歉声明可以得知，《星辰变后传》的创作背景为“我吃西红柿”创作的《星辰变》在起点中文网上发表后深受广大网友的喜爱，在该部作品创作终结后，书生网络公司委托寇某、李某以笔名“不吃西红柿”创作了《星辰变后传》。该两位作者采用与《星辰变》作者相似的笔名，并在创作时沿用《星辰变》中的人物、情节、环境等要素，这种创作方式会使读者误认为《星辰变后传》与《星辰变》之间存在关联，其目的在于借助《星辰变》在网络上积累的人气，吸引那些喜爱《星辰变》的读者去关注《星辰变后传》，上述行为确有不当之处，故即便两被告确有要求两位作者停止继续创作或要求其他网站停止转载《星辰变后传》的行为，其行为亦在情理之中。而我国《反垄断法》第17条第1款第4项认定构成滥用市场支配地位限定交易行为的前提条件是审查其行为有无正当理由，因此，姑且不论两被告的行为是否属于限定交易的行为，从其行为的正当性判断，上海市第一中级人民法院认定两被告未构成滥用市场支配地位的行为。

一审判决后，书生电子公司向上海市高级人民法院提起上诉，上海市高级人民法院经审理认为：上诉人指控两被上诉人滥用市场支配地位，应先证明两被上诉人具有市场支配地位。上诉人提交来源于两被上诉人网站的文章欲证明两被上诉人在“中国网络文学市场”占有80%以上的市场份额，在“中国网络原创文学市场”占有95%以上的市场份额：首先，没有清晰地界定“中国网络文学市场”或“中国网络原创文学市场”；其次，其市场份额如何计算不得而知，因为缺乏第三方相对中立、权威且经过调查统计取得的数据。上海市高级人民法院认为，上诉人没有就界定相关市场提供必要的证据，仅以其现有的证据不能证明两被上诉人具有市场支配地位，故驳回上诉人的上诉请求，维持原判。

案件评析

本案是上海法院受理的首例反垄断纠纷案件。该案的审理对相关市场界定以及滥用市场支配行为的认定提供重要的启示和借鉴意义。

“科学合理地界定相关市场，对识别竞争者和潜在竞争者、判定经营者市场份额和市场集中度、认定经营者的市场地位、分析经营者的行为对市场竞争的影响、判断经营者行为是否违法以及在违法情况下需承担的法律责任等关键问题，具有重要的作用。因此，相关市场的界定通常是对竞争行为进行分析的起点，是反垄断执法工作的重要步骤。”对相关市场界定包括相关产品市场和相关地域市场，本案中，原告书生电子公司根据被告公司的网站宣传信息，认为被告在中国“网络文学市场”“网络原创文学市场”中具有市场支配地位。就相关地域范围而言，由于两被告网站为中文文学网站，主要面向中国境内读者，因此我们可以认定相关地域市场为中国境内。另外，对于“网络文学”或者“网络原创文学”的概念和外延的理解是存在不同意见的。“网络文学”既可以是中国境内提供一般意义文学作品的专业网站,也可以是综合性门户网站上提供的文字文章。虽然最终相关市场的界定需要人民法院进行判定,但是原告应该提供支持其主张的证据资料。

关于是否具有以及如何认定市场支配地位,在中国目前的反垄断司法中主要依靠市场份额所占比重进行认定。在《反垄断法》第19条规定了依据市场份额直接推定市场支配地位的标准,即“一个经营者在相关市场的市场份额达到二分之一”或“两个经营者在相关市场的市场份额合计达到三分之二”或“三个经营者在相关市场的市场份额合计达到四分之三”的,可以推定该经营者具有市场支配地位。本案中,原告引用来源于两被告网站的文章,指称两被告经营的起点中文网、晋江原创网、红袖添香网占有“中国网络文学市场”80%以上的份额,占有“中国网络原创文学市场”95%以上的份额,依据前述《反垄断法》第19条规定应推定两被告占有市场支配地位。但是这里的问题是这个数据来源的可靠性和准确性。由于这些所谓有关市场份额的数据主要来源于企业公司自身的网站宣传,是如何计算得出的,具体数额是多少,均不得而知。正是由于缺乏最基本的数据统计分析,法院无法作为初步证据来组织有效质证,更无法采信。根据《反垄断法》第18条规定,所谓市场支配地位,是在清晰界定相关市场的基础上,通过对市场份额、定价能力、获利状况等能够反映经营者市场影响力要素的测度,所判断出的经营者在市场竞争中的优势地位。这种对市场地位的测度,应当以真实、充分的统计数据为基础,通过科学、客观的分析得出结论。同时,我们还认为,这种对市场地位的测度,应当来自当事人之外的第三方,这样才可能保证其客观、公允和准确。

虽然针对本案,均驳回了书生电子公司的诉讼请求,但是对于驳回请求的理由,一审法院和二审法院给出了不同的看法。一审法院认为,本案争议的焦点在于两被告是否实施了滥用市场支配地位的行为,即便两被告具有市场支配地位,但是仅仅具有市场支配地位并不违法,只有滥用了这种市场支配地位才构成反垄断法规定的垄断行为。因此,一审法院经审查认为两被告的行为具有正当性,而滥用的基础是行为不具有正当性,从而做出两被告未构成滥用市场支配地位行为的认定。二审法院认为,上诉人指控被上诉人实施滥用了市场支配地位的行为,首先应证明被上诉人具有市场支配地位。而本案的焦点在于上诉人能否有足够的证据证明被上诉人具有市场支配地位。要证明被上诉人具有市场支配地位,需在清晰地界定相关市场的基础上,通过对市场份额、定价能力、获利状况等能够反映经营者市场影响力要素的测度,判断经营者在市场竞争中的支配地位。这种对市场地位的测度,应当来自当事人之外的第三方,才可能保证客观、公允和准确。而上诉人对本案的相关商品(服务)市场的表述不一致,且没有给相应的范围,以致法院无法认清本案的相关商品(服务)的相关市场。另外,上诉人对被上诉人地位的评价是如何得出的,数据从何而来,是否真实权威,依据何种算法,均没有说明。二审法院是在上诉人无法界定相关市场这一点上判决上诉人败诉的。

通过对比一审和二审对本案焦点的归纳,可以判断出二审法院上海市高级人民法院对本案焦点的归纳更为合理。因为证明对方当事人实施了滥用市场支配地位的行为,必先要证明对方当事人具有市场支配地位,具有市场支配地位是实施滥用市场支配地位的基础。而在本案中,原告(上诉人)所出示的证据仅为被告或者其他网站所宣传的"市场份额",而对这种所宣传的"市场份额"又没有客观真实的依据证明之。

四、对互联网企业反垄断问题的思考与建议

(一)正确处理好互联网企业竞争与垄断的关系

互联网企业通常依托于高科技,一方面,我们要鼓励行业竞争,针对不同的市场定位和需求,提供更加人性化的服务,以实现充分竞争。同时,也要避免重复建设和高度的同质化,致使资源浪费和产能过剩。另一方面,由于我国互联网企业发展仍处于初期发展阶段,不应该干预正常的市场竞争行为坚持市场先行原则是适宜的干预策略。依据现有法规规制互联网企业发展中存在的潜在垄断行为,既要发挥互联网企业的规模优势提供资源利用效率,同时采取合理的事中监管措施防范其滥用市场支配地位,从而为中小互联网创新企业营造公平高效的市场竞争环境,真正形成互联网包容开放和谐的竞争生态。

(二)完善互联网领域反垄断法律体系和反垄断实施体制机制

在政府与市场关系重构的背景下,充分发挥市场在资源配置中决定性作用的同时,政府机构也应发挥好市场监管职能。立足中国特色国情和互联网行业的发展实际,确定互联网行业反垄断之目标与宗旨,积极推进互联网领域反垄断法律规范体系建设,提高法律规范的灵活性和可操作性,通过法律规范保障互联网行业的健康发展。完善反垄断实施体制,使反垄断公共执法与私人诉讼之间的配合更加密切。与此同时,应当建立培养专业高效的反垄断人才队伍,学习和引进国外先进的反垄断法制度与实务经验,逐步形成符合自身实际的反垄断人才队伍,以不断适应日新月异的互联网行业的发展变革。此外,增加反垄断法实施的财政预算,为反垄断法实施奠定良好的基础。

(三)建立健全互联网行业自律组织和行业行为规范

互联网企业之间在进行充分市场竞争的同时,也需要发挥行业自律组织的规范性和协调性作用。行业自律组织基于大多数企业的共同意思自发组织而形成,具有共同的价值理念,能够形成合力,是整个行业利益的代言人和维护者,在解决成员企业之间的市场经济纠纷发挥着重要的作用,同时也能成为行业与政府机构之间的沟通者和协调者。与此同时,行业自律组织能够有效汇集成员企业的意见和建议,制定互联网行业自身的行业规范,在一定程度上保证行业内公平自由竞争的市场环境。

(四)互联网企业加强自身合规建设和反垄断法律人才培养

随着互联网企业的不断壮大,其自身面临的市场竞争也愈加激烈。一方面,大型企业自身应积极主动推进自身的法律合规建设,成立专业的法律合规内设机构,紧跟国家法律政策的发展趋势,趋利避害,使企业自身的经营行为符合国家法律规范的要求,避免因违反反垄断法律规范所带来的经济惩罚和企业品牌形象的弱化。另一方面,在引入外部专业律师团队处理反垄断问题的同时,互联网企业不应培养自己的反垄断相关法律专业人才,为日常企业经营活动中提供专业的法律意见,不触及底线和原则,使企业经营行为在合法合规框架下进行。

后 记

信息时代的浪潮正以浩浩荡荡之势向人类汹涌扑过来,各领域要么选择向前拥抱,要么选择退守。时代浪潮无疑会不停地拍打着人类的堤岸,再稳固的传统界碑都会受到其影响。作为时代弄潮儿的互联网企业,就是在信息时代浪潮中产生的新型企业,并且这些企业已经成为"大众创业、万众创新"的先头部队。在市场经济条件下,自由竞争是本质,是核心,是灵魂。古代中国以"无讼是求""和谐共生"作为基本的价值理想,而在市场经济的今天,"无讼"似乎不可能,但"和谐与稳定"却是可追求、可做到的。

互联网企业之间发生诉讼,可比之于"社会和谐体"出了病痛,想要预防和治疗病状,可从两方面入手:一方面,互联网企业应承担社会责任。诚如史际春教授所言,"做好自己"也是企业对社会应当承担的一种责任。虽然企业"做好自己"是本分和本应积极追求的,但是企业的"守法责任"是最低限度的社会责任。另一方面,既然"守法责任"是最低限度的责任,那么就应该做好网络背景下的法治完善。本书就是基于网络虚拟世界立法滞后和缓慢的现实困境,对发生在互联网企业间的诉讼案件进行法律类型化研究,并尝试提出相应的完善建议。我们相信,只要企业和社会各界齐心协力,再加上立法的完善和法治的进步,互联网时代不应也不会是最坏的时代,而应是最好、最有活力的时代,我们都有责任使之成为最好的时代。

图书在版编目(CIP)数据

中国互联网企业诉讼报告 / 杨东，许坚主编. -- 北京：法律出版社，2018
ISBN 978-7-5197-0509-1

Ⅰ. ①中… Ⅱ. ①杨… ②许… Ⅲ. ①网络公司—民事诉讼—研究报告—中国 Ⅳ. ①D925.104

中国版本图书馆CIP数据核字(2017)第010990号

中国互联网企业诉讼报告
ZHONGGUO HULIANWANG QIYE SUSONG BAOGAO

杨 东 许 坚 主编

策划编辑 沈小英
责任编辑 沈小英 刘晓萌
装帧设计 汪奇峰

出版 法律出版社
总发行 中国法律图书有限公司
经销 新华书店
印刷 固安华明印业有限公司
责任校对 王晓萍
责任印制 吕亚莉

编辑统筹 财经出版分社
开本 720毫米×960毫米 1/16
印张 13.5
字数 230千
版本 2018年3月第1版
印次 2018年3月第1次印刷

法律出版社 / 北京市丰台区莲花池西里7号(100073)
网址 / www.lawpress.com.cn
投稿邮箱 / info@lawpress.com.cn
举报维权邮箱 / jbwq@lawpress.com.cn
销售热线 / 010-63939792
咨询电话 / 010-63939796

中国法律图书有限公司 / 北京市丰台区莲花池西里7号(100073)
全国各地中法图分、子公司销售电话:
统一销售客服 / 400-660-6393
第一法律书店 / 010-63939781/9782 西安分公司 / 029-85330678 重庆分公司 / 023-67453036
上海分公司 / 021-62071639/1636 深圳分公司 / 0755-83072995

书号: ISBN 978-7-5197-0509-1
定价: 49.00元